Erfahren Sie, wie betende Kinder den Erfinder der Brezel inspiriert haben, wie das französische Militär den Aperitif salonfähig machte, warum ein Biergartenbesuch den Kirchgang ersetzt und wie aus Schildläusen Campari wird.
Bezaubernde Legenden, verbriefte Wahrheiten, kuriose Anekdoten – über 80 kluge und witzige Geschichten über Speisen und Getränke aus aller Welt.

Hannes Bertschi, geboren 1952, ist seit 1980 als Buchautor und Journalist tätig.
Marcus Reckewitz, geboren 1958, arbeitet seit 1990 als Ghostwriter, Buchautor und als Lektor für verschiedene Verlage.

Unsere Adresse im Internet: www.fischerverlage.de

Hannes Bertschi und Marcus Reckewitz

Von Absinth bis Zabaione

Wie Speisen und Getränke zu ihrem Namen kamen und andere kuriose Geschichten

Fischer Taschenbuch Verlag

Veröffentlicht im Fischer Taschenbuch Verlag,
einem Unternehmen der S. Fischer Verlag GmbH,
Frankfurt am Main, Juli 2004

Lizenzausgabe mit Genehmigung des
Argon Verlages, Berlin

Druck und Bindung: Druckerei C. H. Beck, Nördlingen
Printed in Germany
ISBN 3-596-15589-4

Für Milena und Miguel,
deren Tafel immer reich gedeckt sein soll.

Inhalt

Vorwort

Es war in größerer und durchaus munterer Gesellschaft. Man hatte gut und reichhaltig gegessen. Und getrunken. Erlesene Tropfen aus Frankreich. Zu Kaffee und Espresso wurde schließlich ein Digestif gereicht. Ein erlesener Tropfen aus Italien. Und in dem wahrscheinlich einzigen und sehr kurzen Moment einer Gesprächspause stellte einer der am Tisch Anwesenden – gedankenverloren in seinem Kaffee den Zucker verrührend – eine Frage: »Warum heißt der Kaffee eigentlich Kaffee?«

Die Frage war gestellt. Was an diesem Abend jedoch von keinem unserer Tischnachbarn beantwortet werden konnte, stellte sich uns – den Autoren – als weiterführende Aufgabe. Wir wollten es wissen: Warum heißt der Kaffee Kaffee? Und überhaupt: Warum heißt das Eisbein so und nicht anders? Und wie verhält es sich mit den bayrischen Brezen, mit dem Hot Dog, dem Berliner, dem Cuba Libre und dem Sekt? Wie kamen sie zu ihrem Namen?

Wir machten uns also auf die Suche nach Antworten. Bei unserer Recherche stießen wir auf viele entzückende Geschichten, auf bezaubernde Legenden, verbriefte Wahrheiten und wahrhaft kuriose Anekdoten. Schnell war die Idee geboren, das Ergebnis unserer Arbeit einem breiten Publikum zu servieren. Also trugen wir all diese Geschichten zusammen wie die Zutaten für eine phantasievolle Speisefolge und machten uns – Köchen gleich – daran, die Rohstoffe zu einem anregenden Lese-Menü zu verarbeiten. Das Ergebnis tischen wir Ihnen mit diesem Buch auf. Von dem wir hoffen, dass es Sie vor allem unterhält.

Viele der Geschichten werden Ihnen schmecken, viele werden Sie erheitern oder überraschen. Und die meisten werden Ihren Wissenshunger stillen.

In diesem Sinne wünschen wir Ihnen bei der Lektüre einen gesegneten Appetit.

Marcus Reckewitz
Hannes Bertschi
Im Juni 2002

Absinth

Mit Wermut gegen Schwermut

Der Lauf des Schweizer Vetterli-Repetiergewehrs war einfach zu lang. Der verzweifelte Versuch, mit Hilfe einer Schnur den Abzug zu betätigen, führte lediglich zu einem Schuss ins Kinn, was dem Weinbergarbeiter Jean Lanfray jedoch nicht – wie beabsichtigt – das Leben nahm. Wenige Momente zuvor hatte er seiner schwangeren Frau bereits eins der zwölf im Magazin befindlichen 10,6-Kaliber-Geschosse in die Stirn gejagt. Auch seine zweijährige Tochter Blanche sowie seine vierjährige Tochter Rose wurden Opfer seiner rasenden Wut. Der Grund: Seine Frau hatte vergessen, ihm die Stiefel zu putzen.

Was sich in jenem Sommer 1905 in dem kleinen Schweizer Dorf Comugny bei Coppet am Genfer See abspielte, füllt von jeher in regelmäßigen Abständen die Seiten der Gazetten. Was also war das Außergewöhnliche, dass wir uns noch heute an dieses Ereignis erinnern?

Nun, Lanfrays Tat führte damals in halb Europa zum Verbot eines der beliebtesten Rauschmittel: Absinth, auch ›La Fée Verte‹, ›Die Grüne Fee‹, genannt. Denn obwohl bekannt war, dass der Amokläufer täglich bis zu fünf Liter Wein zu trinken pflegte und am Tag des Verbrechens auch dem Branntwein zugesprochen hatte, schien allein ausschlaggebend, dass er vor Ausübung der grausamen Tat angeblich zwei Gläser Absinth zu sich genommen hatte. Als Erste reagierten die Belgier, die noch im gleichen Jahr den Absinth verboten, es folgten 1908 die Schweizer, 1915 die Franzosen und 1923 schließlich die Deutschen.

Erfunden wurde der Absinth in der Schweiz, vermutlich von dem aus Frankreich in die Schweiz geflüchteten Arzt und Royalisten Dr. Ordinaire. Er praktizierte im Val-de-Travers und soll kurz vor seinem Tod im Jahre 1793 das Rezept für sein ›élixier d'absinthe‹ an seine Haushälterin weitergegeben haben, die es wiederum Henriette Henriod und ihrer Schwester verkauft haben soll. Die beiden Offizierstöchter aus Couvet waren zwar rührig, die Produktion des Elixiers blieb jedoch bescheiden, da sie ihr Elixier fast ausschließlich über Apotheken vertrieben.

Weitaus folgenreicher für den lasterhaften Teil der Menschheit war das Wirken eines weiteren Franzosen: Henri-Louis Pernod. Dessen Schwiegervater hatte den Henriod-Schwestern das Originalrezept 1797 abgekauft und gemeinsam mit seinem Schwiegersohn in Couvet eine Absinth-Brennerei gegründet. 1805 begann Pernod schließlich mit seiner eigenen Produktion kurz hinter der Grenze im französischen Pontarlier. Der Verkauf verlief anfangs jedoch schleppend: Gerade einmal 400 Liter verließen seinerzeit täglich das Werksgelände.

»Der Krieg ist der Vater aller Dinge.« So sagt man. Der Algerienkrieg der Franzosen Mitte des 19. Jahrhunderts jedenfalls war der Vater der Erfolgsgeschichte des Absinths. Ob gegen Mikroben, Durchfall, Fieber oder Feigheit vor dem Feind – die an die Soldaten ausgeteilten Absinthrationen zeigten Wirkung. Nach ihrer Heimkehr sorgten die Soldaten für die zunehmende Popularität des Wermuttropfens. Pernod musste angesichts der steigenden Nachfrage die Produktion in seinen mittlerweile 20 Destillerien erheblich steigern: Zunächst auf 20 000 Liter pro Tag, bis Ende des 19. Jahrhunderts sogar auf 100 000 Liter.

Um 1912 schließlich lag ganz Frankreich mit 220 Millionen Litern Jahreskonsum geschlossen im Absinthrausch.

Besondere Anziehungskraft übte das offensichtlich betörende Gebräu auf Künstler und Intellektuelle aus. Es scheint, als sei die gesamte europäische Elite der Literatur und der bildenden Künste im Absinthrausch durch das ausgehende 19. und angehende 20. Jahrhundert getorkelt. Oscar Wilde brachte die Stimmungslage auf den Punkt: »Es ist eine Forderung der Zeit, man muss sich vergiften, und zwar am besten mit Absinth.« Baudelaire, Verlaine, Rimbaud, Edgar Allan Poe, Degas, Toulouse-Lautrec, van Gogh, Gaugin und Picasso zählten zu den bekanntesten Absintheuren.

Absinth schien Flügel zu verleihen: Ob Picassos blaue Periode ohne Absinth wirklich so blau ausgefallen wäre, wird von Kunsthistorikern bezweifelt. Toulouse-Lautrec malte seine Bilder angeblich vollständig im wolkigen Absinthrausch. Und Baudelaire behauptete, dass Absinth dem Leben eine feierliche Färbung verleihe und seine dunklen Tiefen erhelle. »Die toten Wörter stehen auf und sind aus Stein und Bein.«

Doch Absinth hatte auch eine berüchtigte zerstörerische Wirkung. Van Gogh, der noch wenige Tage zuvor an seinen Bruder euphorisch geschrieben hatte, dass Menschen, die Absinth trinken, Kreaturen vom anderen Stern seien, soll sich sein berühmtes Ohr im Absinthrausch abgeschnitten haben, um es anschließend, in einem Kuvert verpackt, einer Prostituierten mit der Bitte um sorgfältige Aufbewahrung zu übergeben. (Oder war es doch sein Saufkumpan Gaugin, der ihm das Ohr absäbelte?) Verlaine, absinthbenebelt, schoss gar auf seinen Freund und Geliebten Rimbaud. Toulouse-Lautrec schließlich starb 37-jährig an den Folgen seiner Absinthsucht.

Die sagenhafte Wirkung ebenso wie der Name des halluzinogenen, geheimnisvoll grün schimmernden Getränks rühren von der wichtigsten Ingredienz her: *Artemisia absinthium*, so lautet der lateinische Pflanzenname des Wermutkrautes, dem der Absinth seine berühmte bittere Geschmacksnote, vor allem aber den Gehalt des Nervengiftes Thujon verdankt. Thujon ist in seiner Molekularstruktur dem bewusstseinserweiternden THC des Haschischs sehr ähnlich. Und so soll Thujon – um die Jahrhundertwende mit bis zu 80 mg pro Liter Alkohol im Absinth vorhanden – den Absinthgenießer Farben sehen lassen, vor allem Blau und Grün. Und wer sich dem Trunke besonders hingibt, dem erscheint eben ›Die Grüne Fee‹, ›La Fée Verte‹, eine Gestalt von gewaltiger erotisierender Kraft. So sagt man.

Für Bewusstseinsspaltungen, Blindheit, ja sogar für diverse Geschlechtskrankheiten, Epilepsie, Tuberkulose und Impotenz machten Ärzte und Blaukreuzler den zu häufigen und exzessiven Genuss des gut 70-prozentigen Absinths verantwortlich. Die Absinthblindheit ging jedoch nachweislich nicht auf den Wermutgehalt zurück, sondern darauf, dass Ende des Jahrhunderts immer häufiger minderwertiger und unsauber destillierter Alkohol verwendet wurde.

Man machte mobil gegen die Grüne Fee, und zwar europaweit. In Frankreich drängte besonders die Militärführung angesichts der zunehmenden Spannungen mit den europäischen Nachbarn in Kolonial- und Machtfragen auf ein Verbot des Teufelszeugs, das sie einst ihren Soldaten in Algerien noch als Medizin verabreicht hatte. Doch mit solcherlei psychoaktivem Stoff schien kein europäischer Krieg zu gewinnen zu sein. Und der stand ins Haus. Pernod ließ nach dem erfolgten Absinthverbot 1914 den Wermut einfach weg und produzierte fortan ... Pernod.

Im Schweizer Val-des-Travers, seit Ende des 18. Jahrhunderts Zentrum der Schweizer Absinthproduktion, wurde und wird freilich allen Verboten zum Trotz weiterhin Absinth hergestellt. Wer heutzutage erwischt wird, dem bescheinigt der Richter richtend, aber wohlwollend, dass die Absinthherstellung hier im Tal keine Schande, sondern eine Visitenkarte darstelle. Und die hohen Geldstrafen dürfen bisweilen in so niedrigen Raten abgezahlt werden, dass die Schuld in gut 2000 Jahren abgegolten sein dürfte.

Jenseits der Schweiz ist im vereinigten Europa seit 1998 allerdings dank eines EU-Beschlusses die Herstellung und der Vertrieb von Absinth wieder erlaubt, wenn auch nur mit einem Thujongehalt von maximal 10 mg pro Liter Alkohol. Das Interesse an Absinth ist in den Bars europäischer – auch deutscher – Großstädte seitdem enorm gestiegen. Importiert wird der grüne Stoff meist aus Spanien, Portugal oder Tschechien, wo er während all der Jahre der Prohibition ein erlaubtes Nischendasein führte.

Und wie trinkt man das neue alte Kultgetränk? Klassisch ist die Methode mit einem so genannten Absinthlöffel, der wie ein durchlöcherter Mini-Tortenheber aussieht. Zunächst gibt man einen guten Schuss Absinth in ein Glas. Auf den Löffel legt man dann ein Stück Zucker, über das man langsam kühles Wasser laufen lässt, bis der Zucker sich auflöst und in den Absinth rinnt. Die böhmische Variante: Man beträufelt den Zucker mit dem 50-prozentigen Absinth und steckt ihn an. Sobald der Zucker

Blasen wirft und zu tropfen beginnt, gibt man ihn mit kaltem Wasser in das Absinthglas. Der Zucker hebt die etwas bittere Wermutnote auf, das Wasser verhindert, dass sich der Absinth entzündet und verdünnt die hochprozentige Flüssigkeit (Mischungsverhältnis 1 : 1). Ebenso einfach wie klassisch ist ein Mischungsverhältnis von einem Teil Absinth und fünf Teilen Wasser.

Oder man macht es wie Hemingway: Der beliebte vier Zentiliter Absinth mit zwei Eiswürfeln in ein Glas zu geben und dieses mit Champagner aufzufüllen. ›Death in the Afternoon‹, ›Tod am Nachmittag‹, nannte er die Kreation. Bei näherem Hinsehen mag man skeptisch werden: Schoss sich Hemingway nicht mit einer Doppelläufigen in den Kopf? Zur Beruhigung: Das war später, als er vorzugsweise Whiskey trank.

Angostura

Exotenwürze aus Klein-Venedig

Als Kolumbus auf seiner dritten Reise 1498 an der Küste im Norden des südamerikanischen Kontinents landete, gab er dem Land wegen der zahlreichen Pfahlbauten, die die dortigen Ureinwohner errichtet hatten, den Namen Venezuela, ›Klein-Venedig‹.

Als Dr. Johann Gottlieb Benjamin Siegert Anfang des 19. Jahrhunderts im Norden des südamerikanischen Kontinents landete, waren die Südamerikaner gerade dabei, sich von den spanischen Besatzern zu befreien.

In Venezuela traf der Deutsche Siegert auf den Kreolen Simón Bolivar, der zu diesem Zeitpunkt bereits als Befreiungskämpfer berühmt und berüchtigt war. Studiert hatte der »Libertador« den Franzosen Rousseau, gelernt hatte er von der Französischen Revolution und vom amerikanischen Freiheitskampf. Im venezolanischen Angostura (heute Ciudad Bolivar) hatte man ihn 1819 zum Präsidenten des südamerikanischen Staates ausgerufen. Und bevor er sich aufmachte, die Fahnen der Freiheit auch in andere südamerikanische Staaten zu tragen, versicherte er sich der Dienste des gebürtigen Schlesiers Siegert (1796–1870). Siegert kannte sich zum Leidwesen des Revolutionsführers allerdings in militärischen Angelegenheiten nicht sonderlich gut aus. Dafür aber in medizinischen. Siegert hatte in Heidelberg Medizin studiert und war ausgebildeter Militärarzt. Und entsprechend beauftragte Bolivar ihn mit der Leitung eines Lazaretts in Angostura.

Der Deutsche machte sich umgehend an die Arbeit. Denn die Soldaten Bolivars litten durch die zehrenden Kämpfe gegen die spanische Armee unter anderem unter Malaria, Gelbfieber und Amöbenruhr. Gegen die Spanier konnte Siegert nichts ausrichten. Aber gegen die Fieberanfälle und die Magenbeschwerden: Unter Verwendung verschiedener aromatischer Kräuter, Schalen und Rinden sowie von Zuckerrohrbranntwein braute er 1824 ein hochprozentiges und chininhaltiges Tonikum, das er später nach jener Stadt am Orinoco benannte, in der sich sein Lazarett befand: Angostura Bitter.

Schon bald fand sein Tonikum vor allem in Übersee großen Anklang, wenngleich nicht als Medizin, sondern als Mixbitter zum Aromatisieren von Getränken. Englische

Seefahrer, die mit Siegerts Rezeptur ihren Gin verfeinerten, trugen vermutlich zur Verbreitung des Angosturas erheblich bei. Als Siegert 1870 starb, war Venezuela durch eine Reihe von Revolutionen und Konterrevolutionen politisch schwer angeschlagen. Seine Söhne beschlossen deshalb 1875, die Produktion in das benachbarte Trinidad zu verlegen. Dort produziert die Familie noch heute in mittlerweile fünfter Generation das Bittertonikum des Firmengründers.

Die Inhaltsstoffe des original Angostura Bitter sind nach wie vor ein streng gehütetes Familiengeheimnis. Die viergeteilte Urschrift der Rezeptur soll in vier verschiedenen Banksafes in New York aufbewahrt sein. So kann man über die tatsächlichen Inhaltsstoffe nur Vermutungen anstellen: Chinarinde, Bitterorange, Tonkabohnen, Gewürznelken, Kardamom, Muskat, Johannisbrotfrucht, Galangal-, Kurkuma- und Enzianwurzel, Zimtrinde, Rinde vom Angosturabaum und noch einiges mehr soll enthalten sein. Und das bei einem Alkoholgehalt von über 40 Prozent! Doch der Bitter ist so bitter, dass er trotz des hohen Alkoholgehalts während der Prohibition (1920–1933) in den USA nicht auf der Verbotsliste auftauchte.

Heute gehört eine Dashbottle (Kugelflasche mit Dosierdüse) Angostura Bitter zur Standardausrüstung einer jeden Cocktailbar. Angostura wird grundsätzlich nicht pur getrunken. Er findet lediglich in Form von einigen Spritzern in Gin, Wodka, Genever und Cocktails, aber auch in Süß- und Obstspeisen oder in Saucen für Fisch und Fleisch Verwendung.

War es Siegert lediglich vergönnt, der Fachwelt in Form seiner Exotenwürze im Cocktail- und Küchenregal in Erinnerung zu bleiben, so war sein revolutionärer Schirmherr Simón Bolivar in dieser Hinsicht weitaus erfolgreicher. Als Präsident Venezuelas, Hochperus (das sich zu seinen Ehren in Bolivien umbenannte) und der großkolumbianischen Republik sind heute nicht nur ein Staat und eine Stadt nach ihm benannt. Auch die Währung, ein Bergmassiv sowie ein Bundesstaat Venezuelas, ein Departamento in Kolumbien und eine Provinz von Ecuador tragen seinen Namen.

Doch der hohe Einsatz für die Freiheit forderte seinen Preis. Bolivar starb bereits 1830 mit 47 Jahren entkräftet an einem Lungenleiden. Dagegen halfen weder Ruhm noch Ehre, weder Kraut- noch Rindenextrakt. Nicht einmal Siegerts Angostura Bitter.

Aperitif

Vom Tropentherapeutikum zur Abendmahl-Ouvertüre

Wir haben ihnen viel zu verdanken, den Franzosen. In allerlei Hinsicht: politisch, kulturell und vor allem alltagsphilosophisch. Von den Franzosen zu lernen heißt, ein wenig von der Leichtigkeit des Seins zu erfahren, von der Kunst, das Leben zu genießen. Und dieses ›savoir vivre‹ ist ohne die kultivierte französische Küche nicht zu denken. Vor allem von den Franzosen wissen wir also, dass auch die alltägliche Nahrungszubereitung eine kleine Kulturleistung sein kann. Guten Köchen gerät sie bisweilen sogar zum Gesamtkunstwerk. Und so ist es fast ein Akt der Hochachtung, der eigentlichen Aufführung zur Einstimmung eine Ouvertüre voranzustellen, ein Vorspiel, einen Magenöffner. Dieses Vorspiel nennt man nicht umsonst französisch einen ›Aperitif‹, was wiederum vom lateinischen ›aperire‹ für ›öffnen‹ herrührt. In Frankreich wurde er kultiviert, von hier aus trat er seinen Siegeszug an die festlich gedeckten Tische und in die Küchen und Bars der Welt an.

Der Wegbereiter aller Aperitifs war der Arzt, Tempelritter und spätere Rektor der 1289 gegründeten Universität von Montpellier, Arnau de Vilanova. Als Teilnehmer eines Kreuzzuges lernte er im Morgenland die von den Arabern entwickelte Destillation kennen. Nach Hause zurückgekehrt, gelang es ihm zunächst, aus Wein ›eau de vin‹, ›Wasser des Weins‹, herzustellen. Weil die zu Einreibungen eingesetzte hochprozentige Flüssigkeit eine offensichtlich belebende Wirkung besaß, wurde aus dem ›eau de vin‹ bald das ›eau de vie‹, das ›Wasser des Lebens‹, das sich in seiner Wortbedeutung unter anderem auch in dem gälischen Wort für Whisky (uisgebeatha) wieder findet. Damit ist Arnau de Vilanova so etwas wie der Vater aller westlichen Spirituosen.

Doch Arnau de Vilanova entdeckte darüber hinaus, dass man bei der Herstellung von Wein durch das Hinzufügen von Alkohol die Gärung des Traubenmostes aufhalten kann, was zur Folge hat, dass der entsprechende Wein nicht nur haltbarer wird, sondern auch einen sehr hohen Anteil an natürlicher Süße beibehält. Dieses Verfahren wurde im Verlauf der folgenden beiden Jahrhunderte vorzugsweise im Mittelmeerraum angewandt. Das Ergebnis war eine Art Süßwein, den man gerne als Aperitif oder auch als Digestif zu sich nahm. Und damit ist Arnau de Vilanova quasi auch Vater der vielen Aperitifs auf Weinbasis wie Sherry, Madeira oder auch Portwein.

Doch wie ist zu erklären, dass der Aperitif, ob als Süßwein, als aromatisierter Wein, als Champagner oder als Kräuterschnaps, also in all seinen Erscheinungsformen, heute in so breiten Schichten gesellschaftlich etabliert ist? Und warum nennt man all diese Getränke so unterschiedlicher Herkunft und Machart zusammenfassend Aperitif? Die Antworten auf diese Fragen sind politischer und militärpolitischer Natur.

Bevor der Genuss eines Aperitifs und einer sich anschließenden Mahlzeit, die zu mehr als der reinen Versorgung mit Nährstoffen dient, populär wurde, musste man ihn sich zunächst einmal leisten können. Leisten konnte sich bis zum Ende des 18. Jahrhunderts solcherlei kulinarische Feinheiten in Frankreich und anderswo jedoch allein der Adel. Erst die Französische Revolution ebnete den Weg in die Zivilgesellschaft, auf dem das Bürgertum und immer breitere Schichten des Volkes schließlich den Zugang zu gefüllten Töpfen und Gläsern erhielten. Und je mehr Menschen in Frankreich sich ein gutes Essen leisten konnten, desto mehr machten sie sich Gedanken darüber, wie sie ihren Appetit mit einem Aperitif anregen konnten.

Hinzu kam, dass sich die Lebens- und Arbeitsgewohnheiten vor allem der Pariser Verwaltungsangestellten im 19. Jahrhundert gravierend änderten. Im Gegensatz zu früheren Zeiten nahm man nun die Hauptmahlzeit nicht mehr mittags, sondern zunehmend gegen Abend zu sich. Und die Zeit zwischen Feierabend und Abendessen wartete nur darauf, mit einem appetitanregenden Glas vertrieben zu werden. Bekannte Gourmets empfahlen entweder einen mit Kräutern aromatisierten Wein, wie er bereits seit dem Ende des 18. Jahrhunderts als so genannter ›Vermouth‹ in Italien kommerziell hergestellt und vertrieben wurde. Oder sie rieten zum Absinth (s. S. 15), einem Anisschnaps, der sich trotz oder gerade wegen der bizarren Wirkungen des in ihm enthaltenen Nervengiftes Thujon gegen Ende des 19. Jahrhunderts in allen sozialen Schichten Frankreichs größter Beliebtheit erfreute. Seiner Farbe entsprechend nannte man die Zeit, in der man ihn genoss, auch die ›grüne Stunde‹.

Doch für den endgültigen Durchbruch des Aperitifs sorgten Mitte des 19. Jahrhunderts französische Soldaten. Frankreich war im 19. Jahrhundert nicht nur eine führende europäische Kontinentalmacht. Frankreich war auch Kolonialmacht. Und zum Erobern und Sichern von Kolonien brauchte es Soldaten. Diese neigten jedoch – vor allem in tropischen Breitengraden – dazu, an Magen- und Darmleiden zu erkranken. Dagegen versprach Absinth Abhilfe. Also gaben die Generäle in den Kolonien ihren Soldaten hochprozentigen Absinth zu trinken. Was die Soldaten sehr erfreute. Zurück in Frankreich wandelten sie sich zu unbezahlten Werbeträgern des wichtigsten Absinth-Produzenten Henri-Louis Pernod. Absinth wurde zum Mode-Aperitif par excellence.

Nicht allein Absinth, sondern auch die Chinarinde war als Therapeutikum gegen Tropenkrankheiten und als Appetitanreger bekannt, wegen ihres bitteren Geschmacks bei den Soldaten aber eher unbeliebt. Abhilfe versprach in diesem Fall ein Getränk, bestehend aus Traubensaft, Alkohol und einem Aufguss aus aromatischen Pflanzen und Chinarinde. Dieses Grundrezept aller ›apéritifs à base de vin‹ war das Ergebnis eines Wettbewerbs, den man staatlicherseits ausgerufen hatte, um den Soldaten den Wirkstoff Chinin schmackhaft zu machen. Was auch gelang. Die ›apéritifs à base de vin‹ wiederum waren schon bald so beliebt, dass man sie fortan einfach ›Aperitifs‹ nannte.

Und damit war nicht nur die kulinarische Chiffre für alle Magenöffner gefunden, sondern auch der Beweis erbracht, dass das Militär sogar zu etwas Sinnvollem nütze sein kann. Und dass politische Entwicklungen bisweilen ausgesprochen appetitanregende Folgen haben können.

Bagel

Exil-Pole zum Reinbeißen

Kritische Geister fragen: Ist es gerechtfertigt, einen Lehrling drei Jahre lang lernen zu lassen, wie man Tüten aufreißt? Sehr viel mehr scheint er nämlich nicht mehr lernen zu müssen, der Bäckerlehrling. Gut 98 Prozent der Zunft arbeiten heute vorzugsweise mit Fertigmischungen, die nur noch mit Hefe und Wasser verquirlt werden müssen. Ganze Brotsortimente und zahlreiche Brötchenvarianten werden so tagtäglich mit Hilfe einer breiten Palette von Feinchemikalien auf idiotensichere Weise in den ›Backstuben‹ hergestellt und dann ›ofenfrisch‹ angeboten. Doch zumindest für die mit Luft aufgepumpten Industriebrötchen gibt es seit geraumer Zeit auch im deutschsprachigen Raum eine echte Alternative: Bagels!

Und das liegt an ihrer Herstellungsweise. Ein echter Bagel ist eigentlich nichts weiter als ein Brötchen mit einem Loch in der Mitte. Aber er besteht aus ›ehrlichen‹ Zutaten:

Mehl, Wasser, Zucker, Salz und Hefe. Fertig! Keine Emulgatoren, keine Phosphate, keine Lipoxygenasen und keine Schimmelpilzenzyme. Nichts aus der Tüte! Die Zutaten werden verrührt, der Teig im besten Fall noch von Hand und um den Daumen in kleine Kringel geformt. Dann lässt man ihn gehen. Anschließend – und das ist wichtig – werden die Teigkringel einen halben Tag oder auch länger bei circa zwei Grad Celsius gekühlt. Ohne diesen Kühlvorgang und das im Anschluss vorgenommene Bad in kochendem Wasser lässt sich die einmalige Konsistenz des im Ofen schließlich fertig gebackenen Bagels nicht erzielen. ›Chewy‹ muss er sein: weich, ein wenig zäh und knusprig zugleich.

Ein Bagel ist also kein Schnellprodukt. Für die Herstellung eines Bagels lässt man sich Zeit. Die Gründe sind nicht allein backtechnischer Natur. Sie haben vor allem einen religiösen Hintergrund. Und der bringt uns zugleich auf die Fährte der Herkunft und Bedeutung des seltsamen Namens. Der Bagel stammt aller Wahrscheinlichkeit nach aus dem jüdischen Kulturkreis Osteuropas, genauer gesagt aus Polen. Bei den dort lebenden Juden war der ›beygel‹ besonders als Sabbat-Gebäck beliebt. Vor dem Sabbat wurden die Hefekringel vorbereitet. Am Sabbat selbst, an dem die Gläubigen nicht arbeiten dürfen, ruhten sie. Und nach dem Sabbat wurden sie aus ihrem Tiefkühlschlaf mit einem heißen Bad erweckt und anschließend gebacken.

Der jiddische Begriff ›beygel‹ bezieht sich auf die Form des Gebäcks und bedeutet nichts anderes als ›gebogen‹. Vom Wortstamm her steht er in naher Verwandtschaft zum mittelhochdeutschen ›boug‹ für Ring beziehungsweise ›Bügel‹ als Bezeichnung für ein rundes Brot. Doch eine hartnäckig verbreitete Legende will den Ursprung und die Bedeutung des Bagels ganz woanders ansiedeln: in Wien!

Nach der erfolgreich abgewehrten Belagerung Wiens durch die Türken 1683 sollen demnach die ersten Bagels zu Ehren des polnischen Königs Johann III. Sobieski gebacken worden sein, weil dieser das deutsch-österreichisch-polnische Entsatzheer zum Erfolg geführt hatte. Der österreichische ›Bäugl‹ war demzufolge eine Anspielung auf die formähnlichen Steig-›Bügel‹ Ihrer polnischen Majestät, an denen der König als begeisterter Reiter besonders hing und an denen sich die ebenso begeisterten Wiener während der Siegesparade freudetrunken festhielten. Eine wirklich hübsche Anekdote, die allerdings nicht erklären kann, wieso Bagels bereits 1610 in Krakau als exklusive Gabe für Wöchnerinnen Erwähnung finden.

Das Loch im Bagel geht angeblich auf eine alte Hygieneverordnung in der polnischen Stadt Bialystok zurück. Die untersagte nämlich, das Gebäck vom Brett zu verkaufen und dabei anzufassen. Also bot man die Hefebrötchen fortan als Rundstück, am Stock hängend, der Kundschaft feil.

Wo auch immer der ›beygel‹ das erste Mal gebacken wurde und wie auch immer er zu seinem Namen fand, im Reisegepäck jüdischer Auswanderer fand er jedenfalls nach Amerika. Hier wurde er zum ›Bagel‹, und hier hat er sich seit den Dreißigern des 20. Jahrhunderts zu einem absoluten Renner entwickelt. Angeboten wird er heute in Coffeeshops, an einfachen Verkaufsständen, in Bäckereien und vor allem in den so genannten Delis, Takeaway-Bars, die sich mit einem speziellen, meist ethnisch orientierten Delikatessenangebot an ihre Kundschaft wenden. Und nun kommen sie aus den USA zu uns nach Europa (zurück) – auch nach Deutschland, in die Schweiz und nach Österreich. Ob in Basel, Wien oder Hamburg, ob in Leipzig, in Frankfurt oder gar in den Arkaden am Potsdamer Platz in Berlin – immer mehr Bistros, Snackbars und Cafés bieten die kalorienarmen Bagels an, die mit den fetttriefenden Doughnuts nichts zu tun haben.

Die Darreichungsvarianten der Bagels sind kaum aufzählbar. Man erhält sie wie einfache Brötchen ›ohne alles‹, mit Mohn- oder Sesamstreuseln, mit Zwiebeln und Knoblauch, als Vollkorn-Bagel, getoastet, als Pizza- und Spinat-Käse-Bagel, überbacken, in dünne Scheiben geschnitten, gesalzen und anschließend zu krossen Chips geröstet. Beliebt ist es auch, die Bagels wie Brötchen zu halbieren und zu belegen beziehungsweise zu füllen. In New York ist die Kombination von ›Cream Cheese‹ und Räucherlachs in aller Munde, aber Avocadocreme, Kaviar, Leberpastete oder Putenbrust sind ebenso beliebt. Auch süß geht, etwa einfach mit Sahnecreme oder mit Vanilleeis und Zimt, Zucker und Sahne.

Es gibt unendliche Möglichkeiten, zum fanatischen Bagel-Fan zu werden. Man sollte sich der Versuchung hingeben. Dem Bagel eine Chance!

Baiser (Meringue)

Meiringer Schaumschläger

Nehmen wir an, Sie sind Deutscher. Nehmen wir weiterhin an, Sie befinden sich in Frankreich im Urlaub und schlendern an einer Patisserie vorbei. Nehmen wir nun abschließend an, dass Sie angesichts der im Schaufenster ausgestellten Leckereien plötzlich Heißhunger auf Süßes überfällt, auf ein ›Baiser‹ zum Beispiel. Das alles angenommen, kann man Ihnen nur den Rat erteilen, nun nicht in die Patisserie zu stürmen und freudestrahlend ein ›Baiser‹ zu erbitten. Die Dame hinter dem Verkaufstresen könnte geneigt sein, Ihnen auf Ihr Verlangen hin eine schallende Ohrfeige zu verpassen. Denn Baiser hört sich zwar sehr französisch an, meint im Französischen aber nicht Baiser, sondern ›Kuss‹. Wonach Ihnen hingegen gelüstet, nennt man im Französischen ›Meringue‹.

Beide Bezeichnungen werden dem Schaumgebäck aus Eischnee und Zucker durchaus gerecht. Normalerweise wird das bei Temperaturen von 120 bis 150 Grad gut ein bis drei Stunden getrocknete, luftige Baiser gerne zu einer Schale ausgehöhlt und mit Sahne und Obst gefüllt. Die Bezeichnung ›Baiser‹, also ›Kuss‹, nimmt eher Bezug auf den Geschmack, denn was könnte süßer sein als ein Kuss. Und süß sind sie, die Baisers, weshalb sie am königlichen Hof in England auch ›Kiss‹ genannt worden sein sollen. Die Bezeichnung ›Meringue‹ hingegen verweist auf die Herkunft der Leckerei: Meiringen im Berner Oberland in der Schweiz. Auf dieses Meiringen deuten auch die älteren Bezeichnungen im süddeutschen und österreichischen Raum hin. Hier nannte man das Schaumgebackene auch Meirinken oder Merinken.

Dass es Meiringen war, wo ein aus Italien eingewanderter Zuckerbäcker namens Gasparini oder Casparini sich einst niederließ und erstmals mit der luftigen Eiweißmasse experimentierte, davon ist man zumindest in Meiringen felsenfest überzeugt. Wenngleich alle Dokumente, die man als unbestechliche Beweise anführen könnte, verdächtig oft ein Opfer der Flammen wurden. So will man im Kochkunst-Museum in Frankfurt am Main vor dem Zweiten Weltkrieg eindeutige Quellen gefunden haben, die für Meiringen und Gasparini sprachen. Doch selbige Quellen wurden wie das Museum im Zweiten Weltkrieg zerstört. Das Gleiche gilt für die Dokumente im Stadtarchiv der Stadt Meiringen, die zwei Mal von einer vernichtenden Feuersbrunst heimgesucht wurde.

Gleichwohl ist es gut vorstellbar, dass eines Tages über einen der drei Alpenpässe, in deren Zentrum Meiringen liegt, ein italienischer Zuwanderer ins Haslital hinabstieg und sich hier, beeindruckt von der Schönheit der Landschaft, eine Zeit lang niederließ. Auch dass es ein Italiener war, der die Meringue erfand, macht Sinn, muss sie doch in einem kulinarischen Umfeld erfunden worden sein, in dem Eiweiß in größeren Mengen benötigt wird, wie zum Beispiel bei der Herstellung der italienischen Zabaione. Aus demselben Grund ist es auch besonders wahrscheinlich, dass es ein Patissier war, der die Meringue erfand, weil insbesondere zu Beginn des 18. Jahrhunderts sehr viel Eigelb für die in Mode gekommene Crème anglaise verwendet wurde.

Von Meiringen aus nahm die Meringue wahrscheinlich ihren Weg Richtung Frankreich. Die Spuren weisen an den Hof des Herzogs von Lothringen, Stanislaus I. Leszczynski. Stanislaus war polnischer König gewesen. Im Zuge europäischer Ränkespiele hatte man ihn jedoch (zwei Mal!) vom polnischen Thron vertrieben und 1735 schließlich mit den Herzogtümern Lothringen und Bar abgefunden.

Stanislaus war aber nicht nur ehemaliger polnischer König und aktueller Herzog von Lothringen, sondern vor allem auch ein Leckermaul, was zu der Vermutung Anlass gab, dass der Pole bei der Namengebung der Süßspeise mitgemischt hat. Demnach leitet sich die Meringue vom polnischen ›murzynka‹ für ›das Schwarze‹ ab, was auf die Sitte verweisen könnte, die Meringue mit Schokolade zu überziehen. Doch gesichert ist das nicht. Gesichert ist lediglich, dass die Tochter von Stanislaus, Maria, bereits 1725 den französischen König Ludwig XV. geheiratet hatte und ein ebensolches Leckermaul wie ihr Vater war. Aus diesem Grund schickte der Vater das Meringue-Rezept seiner Tochter an den französischen Königshof, wo es begeistert aufgenommen wurde. Hier erhielt das Eiweißgebäck wahrscheinlich auch seinen frankophonen Zungenschlag und wurde zu Meringue. Und von hier aus machte der süße Luftikus seinen Weg ins übrige Europa und in die Welt.

Ob das Baiser beziehungsweise die Meringue nun tatsächlich im kleinen Meiringen erfunden wurde oder nicht, die Meiringer haben sich im Vermarkten ihrer süßen Attraktion als besonders pfiffige Schaumschläger erwiesen. 1986 wurde im Rahmen einer Marketing-Aktion in Meiringen die bisher größte Meringue hergestellt: 2 000 Eiweiß und 120 Kilogramm Zucker wurden dazu benötigt. 2,5 Meter lang, 1,5 Meter breit und 70 Zentimeter hoch war sie. Gefüllt wurde sie mit 60 Litern geschlagenem Rahm.

Und wo wurde sie gebacken? In einer Sauna. Zwei Wochen lang. Was einem so alles in den Sinn kommen kann. In Meiringen. Im schönen Haslital.

Béchamelsauce

Helle Mehlschwitze mit dunkler Vergangenheit

Die Béchamelsauce ist bekanntlich eine Grundsauce für weiße Saucen. Die Zubereitung: Aus Mehl und Butter bereitet man eine Mehlschwitze, die man mit Milch aufkocht, mit Salz, Pfeffer und Muskatnuss abschmeckt und abseits der Kochstelle mit etwas Rahm oder frischer Butter verfeinert. Das ist einfach.

Verbindlich zu erklären, wer sie erfunden hat und nach wem sie benannt wurde, das hingegen ist gar nicht einfach. Die verbreitetste Version über die Herkunft dieser Sauce weist nach Frankreich in die Zeit der absolutistischen Regentschaft von Ludwig XIV., dem Sonnenkönig (1638–1715). Von ihm heißt es, sein Mittagessen habe aus vier Tellern verschiedener Suppen, einem ganzen Fasan, einem Rebhuhn, einer großen Schüssel Salat, Hammelfleisch mit Knoblauch und Sauce, Schinken, Backwerk und Früchten bestanden.

In kulinarischen Fragen soll Ludwig XIV. seinen Haushofmeister ins Vertrauen gezogen haben: Louis de Béchamel (auch Béchameil), Marquis de Nointel. Béchamel war einst Heereslieferant und Bankier gewesen, kaufte sich später als Sekretär und Haushofmeister beim König ein und soll von ihm den Titel eines ›Maître d'Hôtel‹ erhalten haben. Unter dem Pseudonym ›Le Bas‹ habe er zudem ein Kochbuch geschrieben.

Besagter Béchamel soll also der Erfinder der gleichnamigen Sauce gewesen sein. Klingt gut, ist Fachleuten zufolge aber alles Unsinn. Béchamel hatte überhaupt keine Ahnung vom Kochen und konnte demnach weder ein

Kochbuch geschrieben noch die Sauce erfunden haben. Erfinder soll vielmehr einer der vielen Küchenchefs von Ludwig XIV. gewesen sein. Und der habe sie lediglich dem Haushofmeister zu Ehren Béchamelsauce genannt.

Auch alles Unsinn, befinden wieder andere. Denn die Béchamelsauce sei bereits viel früher in Italien als ›Balsamella‹ bekannt gewesen. Als solche sei sie bereits mit Katharina von Medici (1519–1589) nach Frankreich gekommen. Katharina war die berühmte Tochter des ebenso berühmten florentinischen Stadtherrn Lorenzo de' Medici, die 1533 den Herzog von Orléans heiratete, der wiederum 1547 als Heinrich II. König von Frankreich wurde.

Katharina nahm nicht nur ihre Pagen und Diener mit ins fremde Frankreich, sondern auch ihre Köche und Metzger. Von einem dieser Köche habe man schließlich am französischen Hof das Rezept der ›Balsamella‹ erfahren, die man circa 130 Jahre später Béchamel zu Ehren umtaufte. Die Italiener reklamieren bis heute die Erfindung der Sauce für sich. So steht in dem Buch ›Mangiari di Romagna‹ zu lesen: »Balsamella ist der Name der superitalienischen ›weißen Sauce aus Mehl, Butter und Milch‹. Er komme vom Marquis Béchamel … Eine Lüge! Die ›Balsamella‹ war in Italien schon im Mittelalter bekannt.«

Eine dritte und besonders volkstümliche Spur führt Udo Pini augenzwinkernd in seinem ›Gourmethandbuch‹ an. Dieser Version zufolge leitet sich der Name der Sauce von einem nicht sonderlich begabten rheinischen Koch ab, der Joachim Becher hieß, rheinisch ausgesprochen: Bescher. Dessen Mehlsaucen sollen wegen der Extradosis Mehl – dem ›Bescher Mehl‹ – regelmäßig zu pappig geraten sein. Deshalb sei er eines Tages auch eines gewaltsamen Erstickungstodes im Mehlfass gestorben.

So könnte es gewesen sein. Oder auch nicht. Wie gesagt: Verbindlich zu erklären, wer die Béchamel erfunden hat und nach wem sie benannt wurde, ist so einfach nicht.

Bénédictine D. O. M.

Deo optimo maximo

So richtig kam er nicht an, der heilige Benedikt von Nursia (480–547). Als Sohn einer vornehmen Familie in Nursia (Oberitalien) studierte er zunächst in Rom, zeigte sich aber schnell entsetzt über das von Verfall gekennzeichnete Leben in der Großstadt. Wenn Heilige entsetzt sind, ziehen sie sich gerne in Höhlen zurück. So auch Benedikt. In der Nähe von Subiaco bei Rom fand er ein passendes Steingewölbe, das man später die »Heilige Grotte« nannte. Mönche aus dem Norden Italiens luden ihn schließlich ein, Abt ihrer Gemeinschaft zu werden und ihrem religiösen Dasein Regeln zu geben. Benedikt tat dies gern. Aber, wie gesagt, so richtig kam er damit bei seinen Mönchen nicht an. Was er von ihnen verlangte, stieß auf ziemliches Unverständnis. Das Unverständnis muss sogar sehr groß gewesen sein, denn es veranlasste die Mönche, eins der wichtigsten christlichen Gebote sehr eigenwillig auszulegen.

Jeder weiß, dass religiöse wie weltliche Gesetze in ihrer Anwendung häufig eine reine Frage der Auslegung sind. Doch kaum ein Gebot dürfte so klar formuliert und in seiner Bedeutung so unmissverständlich sein wie jenes, das da lautet: »Du sollst nicht töten!« Benedikts Mönche meldeten allerdings Interpretationsbedarf an. Es schien ihnen durchaus opportun, ihren Abt mittels Gift gewaltsam aus dem hiesigen Leben in eine höhere Daseinsform zu überführen.

Benedikt überlebte das geplante Attentat und gründete daraufhin in zwölf kleineren Klöstern um Subiaco mit gehorsameren Brüdern den Benediktinerorden. Dessen Regeln legte er später in dem ebenfalls von ihm gestifteten Kloster von Monte Cassino fest. Benedikts Regelwerk sollte für das gesamte abendländische Klosterleben Geltung erlangen und sein Orden für Jahrhunderte das Rückgrat der katholischen Kirche werden. Armut, Ehelosigkeit und Gehorsam um der göttlichen Gnade willen, Askese, Gebet und Dienst am Nächsten, das waren die Gebote der Mönche. Besitz war verboten, die Mahlzeiten wurden gemeinsam eingenommen, wobei Mäßigkeit in Speise und Trank verlangt wurde, Reden oder Lachen waren verboten. Die Regeln sahen darüber hinaus vor, vier bis acht Stunden zu beten, sieben bis acht Stunden zu schlafen und den Rest der Zeit mit Arbeit und religiöser Lektüre zu verbringen. Nicht sonderlich aufregend, so ein Mönchsleben.

Nun sind Mönche von Haus aus recht geduldige Zeitgenossen. Es verwundert gleichwohl, dass es knapp 1 000 Jahre dauerte, bis endlich ein Benediktinermönch auf die Idee kam, zur Aufheiterung des Klosteralltags einen ›Heiltrank‹ zu destillieren. Dom Bernardo Vincelli war es, der in dem 958 in Fécamp in der Normandie gegründeten Kloster im Jahre 1510 erstmals ein Elixier herstellte, das die Grundlage für einen der bekanntesten Liköre der Welt darstellen sollte. Bruder Bernardos Vorliebe, mit Kräutern zu experimentieren, hatte ihn auf die Idee gebracht, aus

27 saftigen Kräuterarten der Umgebung von Fécamp, die wegen der Nähe zum Atlantik besonders würzig waren, einen Heil- und Verdauungstrank herzustellen.

Die Klosterbrüder liebten ihn sehr, den Heil- und Verdauungstrank. Bald liebten ihn aber nicht nur die Mönche. Bis an den fernen Königshof drang der Ruhm des Kräuterlikörs. Franz I. kam im Jahre 1534 vorbei, um davon zu kosten. Und auch er war begeistert vom klösterlichen Gebräu. Und so produzierten die Mönche bis zum Ende des 18. Jahrhunderts ihren Heiltrank – zum Wohle der Menschen und zur Anregung ihrer Verdauung.

Doch 1789 zogen dunkle Wolken am klösterlichen Horizont auf, eine gravierende politische Änderung der Großwetterlage: Die Französische Revolution kündigte sich an. Die Mönche werden geahnt haben, wie humorlos französische Revolutionäre sein können (siehe *Chartreuse*). Jedenfalls brachten sie vor der Zerstörung der Abtei von Fécamp das Rezept für den Kräuterlikör mit anderen Urkunden und Unterlagen des Klosters in Sicherheit. Was ihnen aber offenbar nur bedingt gelang. Denn 1791 stieß ein angesehener Bürger der Stadt Fécamp zufällig auf eine klösterliche Niederschrift, deren Wert er allerdings nicht zu schätzen wusste. Gleichwohl kaufte er die Urkunde, legte sie in seine Bibliothek und vergaß sie. Was für das Wohl und die Verdauung der Menschen ein echter Verlust gewesen wäre. Doch im Jahre 1863 entdeckte ein entfernter Verwandter des besagten Bürgers, Alexandre Le Grand, ebendiese klösterliche Niederschrift im Nachlass seines verstorbenen Vorfahren. Alexandre erkannte sehr schnell, was er da in Händen hielt, und war voller Tatendrang, die Aufzeichnungen zu übersetzen und kommerziell zu verwerten. Es ist allein seiner Beharrlichkeit und Experimentierlust zu danken, dass der edle Likör auch heute noch produziert wird – zum Wohle der Menschen und ihrer Verdauung.

Alexandre Le Grand modernisierte das Rezept und begann bald mit der Produktion des alten Klosterlikörs, den er in Erinnerung an den Gründer des Ordens Bénédictine nannte. Bereits 1873 verkaufte er 130 000 Flaschen pro Jahr. Drei Jahre später gründete er offiziell und mit einem Kapital von 2,2 Millionen Franc die Firma, die bis heute in Fécamp den Bénédictine herstellt. Die Erzeugung beginnt mit dem sorgfältigen Zusammenstellen der zueinander passenden Kräuter in vier Mischungen, die anschließend destilliert werden. Eine fünfte Mischung, in die maßgeblich Fruchtschalen und Früchte gehören, wird mazeriert. Dann werden die fünf Grundsubstanzen in große Steinguttöpfe gefüllt, wo sie so lange lagern, bis sie den nötigen Reifegrad erreicht haben. Das genaue Rezept ist natürlich wie seinerzeit bei den Klosterbrüdern ein strenges Geheimnis. Heute werden jährlich circa sechs Millionen Flaschen Bénédictine nahezu weltweit verkauft. Doch Erfolg macht neidisch. Über 800 Versuche, den weltbekannten Likör zu imitieren, sind im Palais Bénédictine in Fécamp, dessen Bau Alexandre Le Grand 1882 in Auftrag gegeben hatte, dokumentiert. Das Palais dient heute noch als Brennerei und als Museum.

Von Alexandre Le Grand stammt auch die Idee, den Likör in einer bestimmten Flasche anzubieten, nämlich in der von ihm entwickelten typischen Bouteille normande. Auch der Zusatz D. O. M. stammt vom Firmengründer, der damit wie einst die Mönche auf die geistliche Herkunft des 40-prozentigen Klosterdrinks hinweisen wollte: Deo optimo maximo – Dem größten und besten Gott. In der weltlichen Version würde die Widmung profaner, dafür aber treffender lauten: Hominibus saluti concoetionique – Zum Wohle der Menschen und ihrer Verdauung.

Berliner (Krapfen, Pfannkuchen)

Ausgebackenes Verwirrspiel

Man beißt rein und kann sicher sein: Die Füllung drückt sich garantiert nicht da aus dem Teig, wo man hineinbeißt, sondern daneben. Sie läuft mithin nicht *in* den Mund, sondern seitlich daneben am Kinn hinunter und von dort auf Jacke, Hemd und Bluse. Oder sie quillt aus dem Teig zwischen die Finger der haltenden Hand. Feine Staubzuckerwölkchen versprühend, entfährt den teiggefüllten, kauenden Backen nicht selten ein empörter Fluch (›Verdammte Sauerei‹ ist zum Beispiel sehr beliebt). Ob mit Aprikosen-, Johannisbeer- oder Himbeerkonfitüre oder gar Eierlikör gefüllt – einen Berliner unfallfrei zu verzehren ist nahezu unmöglich.

Die nächste Schwierigkeit, vor die uns der Berliner stellt, besteht in der korrekten Bezeichnung des gefüllten Siedegebäcks. Ist ein Berliner überhaupt ein Berliner? Oder ist ein Berliner nicht vielmehr ein Pfannkuchen? So sagen jedenfalls diejenigen zu einem Berliner, nach deren Stadt er anderswo Berliner genannt wird. Also die Berliner. Dabei ist der Berliner gar kein Pfannkuchen, sondern ein Krapfen. Weshalb der Berliner in Süddeutschland und in Österreich auch Krapfen beziehungsweise Faschingskrapfen heißt und nicht Berliner und schon gar nicht Pfannkuchen. Im Westen Deutschlands nennt man ihn auch gerne ›Berliner Ballen‹, anderswo heißt er ›Krebbel‹ oder ›Kreppel‹. Und in Pirmasens sagt man ›Fasnachtskiechelcher‹.

Wie er genannt wird, dürfte nunmehr klar sein. Oder auch nicht. Doch wieso ist der Berliner denn nun ein Krapfen und nicht – wie die Berliner sagen – ein Pfannkuchen? Weil ein Pfannkuchen ein flacher Eierkuchen ist, dessen Grundzutaten wie auch beim französischen Pannequet oder bei der Crêpe, beim österreichischen oder ungarischen Palatschinken, beim holländischen Pannekoeken oder bei der spanischen Tortilla aus Eiern, Milch und Mehl bestehen. Der Berliner hingegen ist ein kugelrundes, in 180 Grad heißem, siedendem Fett ausgebackenes Hefegebäck. Solcherlei Siedegebäck gab es schon bei den alten Römern in der Zeit um 140 vor Christus. Die nannten ihre mit Honig bestrichenen und mit Mohn bestreuten Krapfen ›Globuli‹, also Kügelchen. Im Mittelalter um das Jahr 1200 tauchte auf Speisezetteln von Klosterküchen das Wort ›Craphun‹ für ein offenbar gebogenes Siedegebäck auf (Althochdeutsch: Krapho, Mittelhochdeutsch: Krapfe für Haken, Klaue). Somit dürfte der heutige runde Berliner sprachlich von einem hakenartigen Gebäck des Mittelalters abstammen.

Im Laufe der Zeit wurde der Krapfen zu einem Festtagsgebäck. Vor allem vor Beginn der im Winter liegenden christlichen Fastenzeit pflegte man mit den Krapfen noch einmal eine kräftigende und nahrhafte Mahlzeit zu sich zu nehmen. Ein Brauch, der sich bis heute gehalten hat, wie man in allen Regionen weiß, in denen der Karneval beziehungsweise der Fasching eine größere Rolle spielt.

In Wien wurden die Hefegebäcke im Mittelalter sogar in öffentlichen Schmalzköchereien kommerziell hergestellt und verkauft. In Wien soll im 17. Jahrhundert auch eine Cäcilia Krapf oder Krapfen gelebt haben, deren Spezialität angeblich mit Aprikosenmarmelade gefüllte ›Cilikugeln‹ waren. Deshalb wird man sie aber kaum als die Erfinderin des Krapfens bezeichnen können, wie es bisweilen getan wird. Und in Wien setzte im Barock schließlich mit einer breiten Vorliebe für die mit Konfitüre gefüllten Gebäckwaren ein wahrer Krapfenkult ein. Man kennt in der Alpenrepublik dementsprechend nicht nur den Faschingskrapfen, sondern noch viele weitere Krapfenarten, etwa den Beichtkrapfen zu vorösterlicher Zeit oder zum Tag der Sonnenwende am 22. Juni den Hollerkrapfen (mit Wacholderbeeren), den Klee-, den Schnür-, den Kraut-, den Butter-, den Blech-, den Prügel- und den Brennnesselkrapfen oder auch den so genannten Schneeballen.

Immerhin, so viel steht fest: Der Berliner ist ein Krapfen und kein Pfannkuchen. Aber warum heißt der Berliner, bei all denen, die ihn nicht Krapfen und auch nicht Pfannkuchen, geschweige denn Fasnachtskiechelcher nennen, Berliner? Und warum sind die Berliner rund? Dafür soll der Legende zufolge ein wehruntauglicher Berliner Bäcker verantwortlich sein, den man im Siebenjährigen Krieg um 1750 statt, wie gewünscht zur preußischen Artillerie, in die Feldküche schickte. Dort sollen ihm als Ersatz für die Kanonenkugeln, mit denen er sehr viel lieber zu tun gehabt hätte, die kugelrunden Berliner in den Sinn gekommen sein, die er wie Pfannkuchen in flachen heißen Pfannen herstellte.

Man mag die Geschichte glauben oder nicht. Hübsch ist sie. Und eine Erklärung bietet sie auch, wie der Berliner zu seiner Form und zu seinem Namen kam. Und dass die Berliner ihren Berliner nicht Berliner, sondern Pfannkuchen nennen, obwohl er ein Krapfen ist, sollte man nicht so ernst nehmen. Die Berliner haben auch die Berliner Luft erfunden, worunter sie nicht, wie man meinen könnte, die berühmte »Berliner Luft, Luft, Luft« verstehen, sondern eine Süßspeise aus Eigelb mit Zucker, Zitronensaft, Gelatine und Eiweiß, die man erstarren lässt und dann mit Himbeersaft überzieht. Und hinter dem Berliner Schnitzel verbirgt sich auch kein Schnitzel, und schon gar kein Schnitzel aus Berlin, sondern ein Stück gewässertes, gekochtes und schließlich gebratenes Kuheuter.

Wie kann man da vom Berliner verlangen, dass er den Berliner beim Namen nennt?

Beurre Café de Paris

Schwiegermutters Kräuterbutter

Um Ihnen vorweg jede Illusion zu nehmen: Sie können rühren, fein hacken, beifügen, unterheben, vermengen und abschmecken, so viel und nach welchem der vielen Rezepte auch immer Sie wollen: Die berühmte Original-Kräuterbutter ›Café de Paris‹ wird nicht das Ergebnis Ihrer Bemühungen sein. Deren Rezeptur ist nämlich bis heute ein streng gehütetes Geheimnis. Wie das Original schmeckt, vor allem, *wie gut* es schmeckt, das können Sie selbst einer kritischen Prüfung unterziehen, wenn Sie einmal in Genf sind. In der Rue du Mont-Blanc 26, unweit der Pont du Mont-Blanc, die über die Rhône führt, sind Sie im legendären ›Café de Paris‹ jederzeit eingeladen, das berühmte ›Entrecôte Café de Paris‹ mit Pommes frites und Salade verte zu verköstigen. Sie werden begeistert sein vom Entrecôte (Zwischenrippenstück vom Rind). Entzücken und hinreißen allerdings wird Sie die Sauce, die aus der Kräuterbutter hergestellt wird.

Begonnen hatte alles in Rive, einem kleinen Ort in der Nähe von Genf, im Restaurant ›Du Coq d'Or‹. Die Besitzerin, Frau Boubier, experimentierte dort in den dreißiger Jahren des 20. Jahrhunderts mit der Zubereitung einer speziellen Butter, in die sie verschiedenste Kräuter und Gewürze einrührte. Eines Tages hatte sie die ideale Rezeptur gefunden. Die Kräuterbutter-Sauce entwickelte sich schnell zum Renner. Das Rezept für die bis dahin namenlose Butter behielt sie jedoch für sich. Lediglich ihre Tochter wurde eingeweiht.

Diese wiederum heiratete einen gewissen, ebenfalls in der Gastronomie tätigen Dumont. Und Dumont war offensichtlich ein sehr cleverer Geschäftsmann, denn als er im Jahre 1942 in Genf das besagte ›Café de Paris‹ in der Rue de Mont-Blanc 26 übernahm, erkannte er intuitiv, dass er über zwei schwergewichtige Wettbewerbsvorteile verfügte: erstens das geniale Saucen-Rezept der Schwiegermutter. Und zweitens war sein Restaurant nach einem der berühmtesten Pariser Restaurants benannt, das von 1878 bis 1953 in der französischen Hauptstadt als Tempel der Eleganz und Gastronomie schlechthin galt.

Und nun entwickelte Herr Dumont ein ebenso geniales wie mutiges und vor allem sehr erfolgreiches Konzept: Er kombinierte den berühmten Namen seines Lokals mit der Kräuterbutter seiner Schwiegermutter zur ›Sauce‹ beziehungsweise ›Beurre Café de Paris‹ und bot fortan als einziges Gericht ein ›Entrecôte Café de Paris‹ an. Und so ist es geblieben, bis heute, auch unter der Regie des jetzigen Besitzers.

Wer also in Genf ist und ein kleines Kapitel europäischer Küchengeschichte erleben möchte, sollte das in der Nähe des Bahnhofs Cornavin gelegene Restaurant einmal aufsuchen. Um in den Genuss der berühmten Buttersauce zu kommen, muss man aber nicht unbedingt in der illustren Gesellschaft des sehr gemischten Publikums (von Promi bis Student) speisen. Man kann hier die Butter auch pfundweise fertig abgepackt und nach Originalrezept hergestellt kaufen und zu Hause selbst zu Grill- oder Bratgut anrichten.

Natürlich kann man auch selbst versuchen, die berühmte Butter nach einem der vielen Rezepte, die in den verschiedensten Kochbüchern angeboten werden, herzustellen. Hinein in die Butter kommt wohl Salz, Majoran, Thymian, Rosmarin, Dill, Paprika, Curry, Pfeffer, Schalotten, Petersilie, Knoblauch, Cognac, Madeira, Worcestershiresauce, Zitronensaft, Zitronen- und Orangenschale, Estragon, Kapern, Sardellen, Senf, ganze Eier und Eigelbe.

Doch wie gesagt: Was Sie da so alles zusammenrühren und unterheben, vermengen und abschmecken, wird geschmacklich bestenfalls sehr nahe an die tatsächliche ›Beurre Café de Paris‹ herankommen. Das Original-Rezept bleibt wie das von Coca-Cola und Maggi ein Geheimnis. Und das ist auch gut so. Denn was wäre das Leben ohne Geheimnisse?

Birchermüesli

Gesundes Naschwerk vom Dökterli

In den 70er Jahren war ein Müsli nicht einfach ein Müsli. Ein Müsli war Programm, war Weltanschauung. Müsli essen war ›alternativ‹, Ausdruck einer Protesthaltung gegenüber Mainstream, Establishment, Umweltzerstörung und Ausbeutung der Dritten Welt. Wer zur ›Müsli‹- und ›Jute-Fraktion‹ gehörte, war auch gegen den Vietnamkrieg, war ein Gutmensch.

Heute sind die Protestler von einst saturiert, haben Karriere gemacht, sind Lehrer, Ärzte oder Ministerialbeamte. Karriere gemacht hat auch die Überzeugung, dass eine natürliche Ernährung gesund ist. Und wie kaum eine andere Speise symbolisiert das Müsli ebendiese Überzeugung. Kaum ein Hotel, in dem das Müsli nicht schon seit langem selbstverständlicher Bestandteil des Frühstücksbuffets ist. Die englische Soziologie kennt sogar den Begriff des so genannten muesli belt. Womit jener Wohngürtel gemeint ist, in dem sich begüterte und besonders gesundheitsorientierte Mittelklassebürger mit ausgeprägtem Ernährungsbewusstein niedergelassen haben. Hier blüht der Glaube an die Leben spendende Kraft der Kornmühle.

Das Ur-Müsli verdankt die Welt einem Schweizer: Maximilian Oskar Bircher-Benner (1867–1939). Bircher war Anhänger einer ganzheitlich orientierten Medizin und Ernährungslehre und mithin ein Überzeugungstäter. Schon als Kind zeigte er ein ausgeprägtes Interesse an der menschlichen Gesundheit. Seine Familie nannte ihn liebevoll nur das ›Dökterli‹. Nach seinen Studienjahren in

Zürich und Berlin eröffnete er in Zürich eine Praxis, heiratete die Apothekertochter Elisabeth Benner, zog nach der Geburt des zweiten Sohnes nach Mülhausen im Elsass, kehrte später nach Zürich zurück und eröffnete eine Privatklinik.

Seine Forschungsergebnisse über den Zusammenhang zwischen Diätküche und guter Gesundheit stießen jedoch bei den Schweizer Vertretern der Schulmedizin nur auf Unverständnis. Als ›Rohköstler‹ und ›Vegetarianer‹ wurde er gar verspottet. Die Patienten hingegen nahmen seine Dienste gerne und in immer größerer Zahl in Anspruch. Auch Berühmtheiten wie Thomas Mann unterzogen sich in Birchers Sanatorium freiwillig einer recht asketischen Rosskur, bestehend aus frühem Aufstehen, Gartenarbeit, Spaziergängen, vegetarischer Ernährung und frühem Zubettgehen.

Zentraler Bestandteil seiner Ernährungslehre war ein Mus (Schweizer Diminutiv: Müesli) aus Getreideschrot, Obst, Joghurt (beziehungsweise Milch) und Nüssen, das berühmte Birchermüesli. Doch das original Birchermüesli ist entgegen einem landläufigen Vorurteil keine Getreide-, sondern eine *Obst*speise. Das Obst ist die Hauptsache, alles andere Zutat. So gehören in eine Portion lediglich 8 Gramm (1 gestrichener Esslöffel) Haferflocken, dafür aber 200 Gramm geriebene Äpfel sowie 1 Esslöffel Zitronensaft, 1 Esslöffel Joghurt, 1 Esslöffel geriebene Haselnüsse oder Mandeln, etwas Honig und eventuell 1–2 Esslöffel Wasser.

Das Birchermüesli ist aber nicht nur eine Obst-, sondern vor allem auch eine Frischspeise! Fertige Dosen- oder Tütenkost mit getrockneten Früchten widerspricht den ernährungsphysiologischen Erkenntnissen ebenso wie der ursprünglichen Idee des Erfinders. Die hatte Bircher von den Schweizer Eidgenossen in den obstreichen Gegenden seiner Heimat. Hier war es über lange Zeit hinweg Brauch gewesen, kleinere Mahlzeiten aus Obst (auch Dörrobst), Getreide, Milch und Nüssen zu bereiten. Die Zutaten wurden jedoch in der Regel unzerkleinert zerkaut und zermahlen. Ende des 19. Jahrhunderts war dieser Brauch allerdings weitgehend vergessen. Die Obsternte wurde mehrheitlich zur Herstellung von Wein oder Schnaps verwendet. Allein Bircher verhalf der Ernährungstradition seiner Landsleute zu neuer Ehre.

Oder stammt am Ende das gesundheitsspendende Müsli vielleicht gar nicht aus der Schweiz, sondern aus dem fernen Pakistan? Ende des 19. Jahrhunderts entdeckte der englische Offizier und Asienforscher Sir Francis Younghusband das Hunzatal im Norden Pakistans. Beeindruckt zeigte er sich nicht allein von der Schönheit der Landschaft im Hindukusch, sondern auch von der großen Anzahl Hundertjähriger bei den Hunzaleuten. Nachfolgende Forscher suchten nach Gründen für die Langlebigkeit des Bergvolkes und stellten fest, dass neben anderen Faktoren besonders die Ernährung für das Altersphänomen eine Rolle spielte. Und was bevorzugten die einfachen Hunzaleute auf ihrem Speiseplan? Eine Mischung aus Getreideflocken, Obst und Milch!

Bircher scheint von jenem fernen Bergvolk und seiner robusten Gesundheit gewusst zu haben. Für ihn waren die Erkenntnisse der Asienforscher eine späte Bestätigung seiner Theorien und Genugtuung zugleich. Noch auf dem Sterbebett soll er gefragt haben: »Wie heißt es, jenes Volk, das keine Krankheiten kennt? Die Hunza, sie sind der Beweis!«

Bismarckhering

Vom Eisernen Kanzler zum grätenlosen Fisch

Er war zeitlebens hungrig. In jeder Hinsicht. Politisch stillte Bismarck seinen Hunger mit »Blut und Eisen«, also mit Krieg. Auf diese Weise verschlang er 1864 von Dänemarks gedeckten Tischen gemeinsam mit Österreich die Herzogtümer Schleswig, Holstein und Lauenburg. Österreich, die führende Präsidialmacht im Deutschen Bund, schlug er gleich hernach (1866) militärisch in die Pfanne. Den französischen Nachbarn 1870/71. Im Anschluss trug er den europäischen Mächten im Spiegelsaal zu Versailles das Deutsche Reich auf, setzte Wilhelm I. als Deutschen Kaiser an das eine Tafelende und nahm als Kanzler des Deutschen Reiches, Ministerpräsident Preußens und schließlich als preußischer Minister für Handel und Gewerbe in Personalunion am anderen Ende der Tafel Platz. Danach erklärte er Deutschland für saturiert. Was man ihm fast glaubte.

Als Deutschland Mitte der 80er Jahre des 19. Jahrhunderts die Behauptung, satt zu sein, widerlegte und in Form von Kolonien in Afrika und Asien einen deftigen Nachschlag verlangte, warnte Bismarck davor, sich zu überfressen. Er selbst hatte sich im Innern kurz zuvor an den Sozialistengesetzen fast verschluckt.

Während Bismarck wusste, dass die Sicherheit Deutschlands nur mit Zurückhaltung und einem fein abgestimmten Bündnissystem aufrechtzuerhalten war, konnte Wilhelm II. mit den außenpolitischen Diätplänen Bismarcks nichts anfangen. Immer häufiger spuckte er seinem politischen Großküchenmeister in die Suppe. Der Kanzler musste schließlich gehen. Die Welt sollte sich alsdann an

Wilhelm II. noch kräftig den Magen verderben. Als machtpolitischer Nimmersatt führte er Deutschland in den ersten der beiden verheerenden Weltkriege.

Was Bismarck politisch gelang, nämlich bei allem Appetit in den entscheidenden Situationen auch Maß zu halten, misslang ihm körperlich ganz und gar: Zeitzeugen zufolge waren sein Hunger auf Kulinarisches unersättlich und sein Durst nach Alkoholischem nicht zu löschen. Schon in jungen Jahren, als er, noch fernab von politischer Verantwortung, die väterlichen Güter in Pommern auf Vordermann brachte, schrieb er in einem Brief an Freunde: »Mein Umgang besteht in Hunden, Pferden und Landjunkern, und bei Letzteren erfreue ich mich einigen Ansehens, weil ich … ein Stück Wild mit der Akkuratesse eines Metzgers zerwirke, ruhig und dreist reite, ganz schwere Zigarren rauche und meine Gäste mit freundlicher Kaltblütigkeit unter den Tisch trinke.«

Um Bismarcks zügelloses Rekordverhalten ranken sich viele Geschichten und Anekdoten. Mitglieder einer Tafelrunde bezeugten, dass er in ihrem Beisein 150 Austern verschlungen habe, was für eine solide Eiweißvergiftung gereicht haben dürfte. 5 000 Flaschen Champagner soll er nach eigenem Bekunden in seinem Leben getrunken haben. Doch er war auch Bier, Burgunder und Bordeaux nicht abgeneigt. Seinem Leibarzt zufolge gehörten zu einem Frühstück des Staatsmanns gut und gerne 16 Eier. Anschließend versuchte er mit mehreren Gläsern Portwein sein ›Blut in Wallung zu bringen‹. Bismarck pflegte zusätzlich zwei Mal am Tag eine Mahlzeit von fünf Gängen zu sich zu nehmen. Häufig zitiert auch die von Augenzeugen kolportierte Zusammenstellung eines ›leichten‹ Mittagsmahls, das aus Kaviar, geräuchertem Aal, kalten Speisen, Königsberger Klopsen, Hausmacherwurst, in Bouillon eingelegten Heringen, Kartoffelsalat und pommerschem Gänsefett bestanden haben soll.

Kein Wunder: Bismarcks Gesundheit litt alsbald unter dem Druck der politischen Verantwortung und seiner exzessiven Völlerei. Geplagt von Gesichtsneuralgien, Arterienentzündungen, Verdauungsbeschwerden, Hämorrhoiden und einem stattlichen Gewicht von gut 125 Kilo verschrieb ihm schließlich ein junger Arzt eine strenge Diät, die er erstaunlicherweise mit Erfolg überlebte.

Als Bismarck schließlich 83-jährig starb, gedachte ihm die Nachwelt in vielerlei Hinsicht. Kaum eine größere Stadt, in der nicht ein oder mehrere Denkmäler vom ›Eisernen Kanzler‹ standen, hoch zu Ross oder profan stehend. Zumeist in eherner Rüstung, in jedem Fall aber in die Weite blickend. Zigarren, Sekt, Seife und Kegelclubs wurden nach seiner Fürstlichkeit benannt. Und neben dem Bismarcksalat (Kopfsalat, Rotkohlstreifen mit einer Öl-Essig-Marinade, abgeschmeckt mit Meerrettich), den Seezungenfilets à la Bismarck (Seezungen, gefüllt mit einer mit Trüffeln gewürzten Fischfarce auf Artischockenboden, bedeckt mit einer Auster und übergossen mit einer Weißweinsauce sowie einer Sauce hollandaise) und dem italienischen ›bistecca alle Bismarck‹ (Steak mit zwei Spiegeleiern), gab man auch jenem mit Gewürzen in Essig eingelegten Hering den Namen des Reichskanzlers.

Doch wie der kopf-, schwanz- und grätenlose Fisch zu dieser Ehre kam, kann niemand mehr mit Sicherheit sagen. Möglicherweise war es ein Restaurantbesitzer, bei dem Bismarck 1864 zu Gast war und der sein Heringsrezept nach dem damals noch preußischen Ministerpräsidenten benannte. Einer anderen Quelle zufolge gaben die Einwohner

Stralsunds dem Fisch den Namen. Und wieder eine andere Version besagt, dass der Hausarzt des Reichskanzlers aus gesundheitlichen Gründen empfohlen hatte, möglichst oft Hering zu essen.

Hin wie her: Es wird ihm recht gewesen sein, dem Kanzler. Wem nach eigener Aussage ein Glas Medoc wichtiger war als 30 Seiten Weltgeschichte, dem gereicht es wohl zur Ehre, wenn man seiner in Form eines Katerfrühstücks gedenkt.

Bloody Mary

Katholischer Katercocktail

Dieses unbestimmte Gefühl am nächsten Morgen, dass nächtens eine Dampfwalze oder vergleichbar schweres Gerät über den im Kopfkissen gebetteten Schädel gerollt sein muss, ist kein wirklich gutes Gefühl. Auch die an Brechreiz grenzende Übelkeit, die Empfindlichkeit gegen Licht und laute Geräusche tragen nicht dazu bei, ›den Tag danach‹ freudig zu begrüßen.

Wie er sich physisch anfühlt, der Kater, weiß jeder, der Alkoholisches nicht als Werk des Teufels, sondern als anregendes Genussmittel begreift, das bisweilen auch zum Genuss im Überfluss anregt. Nicht selten lamentiert der Leidende am nächsten Tag, nie, aber auch nie wieder Alkohol trinken zu wollen. Wirklich nie mehr!

Für alle, die realistisch genug sind, zu wissen, dass es ein nächstes Mal geben wird, sei an dieser Stelle ein Mittel empfohlen, auf das Profis schon seit 1921 schwören: Bloody Mary! Am treffendsten umschreiben Hervé Chayette und Alain Weill in ihrem Buch ›Les Cocktails‹ Genuss und Wirkung einer Bloody Mary: »Selten erlebt man das Gefühl, nicht ganz genau zu wissen, ob man isst oder trinkt, ob es schlecht oder gut sei, ob man noch die Exzesse der vorangegangenen Nacht verteufeln oder sich der Lust hingeben soll, gleich wieder einzusteigen, wo man aufgehört hat.«

Bloody Mary, ein Cocktail, der das unbarmherzige Hämmern im Kopf beendet, der die Nebelschwaden der alkoholdurchzechten Nacht hinwegbläst, der die Augen öffnet, den Geist belebt und den Magen beruhigt – der perfekte Katerdrink. Doch stimmt das wirklich? Oder handelt es sich beim Lobgesang auf seine sagenhafte Wirkung um gehaltloses Bargeflüster, um Cocktail-Folklore? Keineswegs. Die Biochemie billigt einigen Zutaten der Bloody Mary tatsächlich eine katerheilsame Wirkung zu. Das Rezept: Zwei Spritzer Zitronensaft, eine Prise Selleriesalz, eine Prise schwarzen Pfeffer, zwei Spritzer Worcestersauce und ein Spritzer Tabasco werden (im Tumbler) verrührt, anschließend gibt man 4 cl eiskalten Wodka und 10 cl gekühlten Tomatensaft hinzu. Rühren – fertig.

Aus biochemischer Sicht sind in erster Linie der Wodka und das Salz interessant. Der Wodka deshalb, weil der Kater nach Ansicht einiger Wissenschaftler das Ergebnis der giftigen Ameisensäure ist, ein Abbauprodukt des Fuselalkohols Methanol. Da Alkohol (Äthanol) von den gleichen Enzymen abgebaut wird wie Methanol, beim Abbau durch die Enzyme aber bevorzugt wird, empfindet man die negativen Auswirkungen der Ameisensäure erst dann, wenn der Alkohol bereits abgebaut ist. Durch den Wodka konzentrieren sich die Enzyme wieder auf den neu zugeführten Alkohol, und der Körper kann sich so mit der bis dahin entstandenen Ameisensäure beschäftigen.

Das Salz ist deshalb wichtig, weil durch den Alkoholgenuss in der Hypophyse, einer wichtigen Hormon regulierenden Drüse, jene Hormone im Übermaß freigesetzt werden, die eine Entwässerung des Körpers anregen. So verliert der Körper mehr Wasser und Salz, als ihm zugeführt wird. Das fehlende Wasser wiederum holt sich der Körper in seinen Organen. Unter anderem im Gehirn, das auf feinste Ungleichgewichte sehr sensibel reagiert: mit Kopfschmerzen. Bloody Mary führt dem Körper erstens verloren gegangenes Salz zu, das zweitens den Durst anregt, um so den Wasserhaushalt des Körpers wieder ins Gleichgewicht zu bringen.

Erfunden wurde der auch als Pick-me-up-Drink (Aperitif) sehr beliebte Cocktail 1921 von Ferdinand »Pete« Petiot, einem Barmann in der legendären Pariser New York Bar. Gründer dieses Etablissements waren der Jockey Tod Sloan und der amerikanische Barbesitzer Clancey, der seine komplette New Yorker Bar nach Paris transportieren ließ. Später gaben sich hier Stars wie Ernest Hemingway und Marlene Dietrich die Klinke in die Hand.

Wie der Cocktail-Klassiker zu seinem Namen kam, ist allerdings nicht sicher. Der amerikanische Entertainer und Liebhaber des roten Tomaten-Cocktails, Roy Barton, soll ihn liebevoll ›bucket of blood‹, einen ›Eimer Blut‹, genannt haben. In der Tat, der Drink sieht ziemlich ›bloody‹ aus. Und weil ein Cocktail nun einmal einen griffigen Namen braucht und zu ›bloody‹ vorzugsweise Tudors ›blutige Mary‹ passt, wurde aus dem ›bucket of blood‹ irgendwann und irgendwo die bis heute beliebte ›Bloody Mary‹.

Die historische ›Bloody Mary‹ hingegen war alles andere als beliebt. Geboren in dem von Religionskriegen geprägten 16. Jahrhundert, geriet ihr Leben summa summarum zu einem einzigen Fiasko. Ihr erster Fehler: Sie wurde als Mädchen geboren. Gewünscht hingegen war ein Junge. Ein Thronfolger. Denn sie war das ›erste‹ Kind eines englischen Königs, genauer Heinrichs VIII., der berühmt dafür wurde, seine Ehefrauen so zu wechseln, wie ihm erotisch oder politisch gerade zumute war. Die von Heinrich betriebene Scheidung von seiner ersten Frau und Marys Mutter führte naturgemäß zu einem langjährigen scharfen Konflikt mit Rom. Heinrich löste das Problem auf seine Weise: Er löste sich von Rom, gründete die anglikanische Kirche und rief sich selbst zu deren Chef aus. Als Mary nach seinem Tod und nach einigem genealogischem Hin und Her schließlich wider alles Erwarten dennoch den englischen Thron bestieg, tat sie so ziemlich alles, um sich ihren Beinamen ›bloody‹ zu verdienen.

In dem von Glaubenseifer getriebenen Versuch, das Land zu rekatholisieren, griff Mary zu dem religionshistorisch probaten Mittel, ›Ketzer‹ und ›Aufrührer‹ hinrichten zu lassen. Was allerdings weniger ›bloody‹ ablief: Sie ließ die Delinquenten vornehmlich aufhängen und verbrennen. Letzteres allerdings erledigten ihre Henker bisweilen so stümperhaft, dass sich eines der ersten Opfer – auf einem leidlich flämmelnden Scheiterhaufen stehend – veranlasst sah, verzweifelt um mehr Feuer zu bitten. Das Volk begann zu zweifeln, ob dies alles so gottgefällig war, wie Mary vorgab.

Weiteres Ungemach zog sie sich durch die Heirat mit Philipp II. zu. Denn der war Spanier und als solcher vom englischen Volk besonders gehasst. Die beiden vermeintlichen Schwangerschaften, von denen man sich einen männlichen Thronfolger erhofft hatte, erwiesen sich zudem nicht als die fruchtbare Folge königlichen Beischlafs. Eine Wassersucht hatte Marys Unterleib anschwellen lassen.

Als sie ihrem spanischen Gemahl gegen den Willen des englischen Kronrats dann auch noch im Krieg gegen Frankreich zur Seite stand, war das Maß voll. Denn das englische Engagement hatte eine besonders pikante Folge: England verlor mit Calais seine letzte Bastion auf dem Festland an die Franzosen. Bürgerkrieg drohte. Doch bevor es dazu kam, starb die von Selbstzweifeln, Depressionen und Fieberschüben gesundheitlich ausgezehrte ›Bloody Mary‹ 42-jährig. Ihre Halbschwester Elisabeth I. bestieg den Thron. Das glorreiche Elisabethanische Zeitalter folgte.

Mary hingegen wurde ein Fall für die Geschichte. Und die hinterlässt bisweilen sogar in Cocktail-Bars ihre Spuren.

Bourbon

Dank an die Franzosen

Haben Sie es auch nie so recht verstanden? Wann schreibt man eigentlich Whiskey und wann Whisky? Und warum nennt man den amerikanischen Whiskey gemeinhin ›Bourbon‹ und nicht ›American Whiskey‹? Den irischen nennt man doch auch ›Irish Whiskey‹ und den schottischen ›Scotch Whisky‹ oder einfach ›Malt‹, weil der ›Malt‹ eben ein ›Malz-Whisky‹ ist, also aus Malz, gekeimter und gerösteter Gerste, destilliert wird. Aber ›Bourbon‹?

Zur ersten Frage: In den USA und in Irland schreibt man Whiskey mit -ey. Und in Schottland (auch in Kanada) schreibt man Whisky ohne e. Das ist unumstritten. Warum das so ist, darüber wird wiederum gestritten. Uns sollen die folgenden Erklärungen genügen: Zum einen signalisiert das -ey einen Unterschied in der Herstellung zwischen amerikanischem und schottischem Whisk(e)y. Während beim amerikanischen Bourbon der Mais die Hauptrolle spielt, bevorzugt man in Schottland Gerste. Die Iren ziehen zwar wie die Schotten Gerste vor, verwenden aber auch ungemälzte Gerste. Zudem sind sie von jeher bemüht, sich gegen die übermächtige schottische Whisky-Konkurrenz abzugrenzen. Deshalb *bestehen* sie auf ihrem -ey. Es sei ihnen gegönnt. Ihr Whiskey schmeckt deswegen ja nicht schlechter.

Warum aber ›Bourbon‹? Nun, die Bezeichnung Bourbon geht auf das berühmte französische Herrschergeschlecht zurück, das vor der Französischen Revolution die Politik 200 Jahre maßgeblich bestimmte. Die Bezeichnung Bourbon ist aber wie das Destillat selber vor allem die Folge politischer Entwicklungen, die mit der Besiedlung und mit dem Unabhängigkeitsstreben Amerikas verknüpft sind. Zunächst: Das Bedürfnis nach Rauschmitteln ist so alt wie die Menschheit. Im Falle der europäischen Siedler in Amerika aber besonders nachvollziehbar. Der Siedleralltag im 16. und 17. Jahrhundert war beschwerlich. Und was beschwerlich ist, macht Durst auf Berauschendes. Folglich waren die ersten Siedler für schwere alkoholische Destillate jedweder Art sehr empfänglich. Die Engländer hatten bereits den Gin mitgebracht, aus Mittelamerika kannte man den Rum. Unter den Einwanderern befanden sich aber auch Iren und Schotten, die auf ihren geliebten

Whisk(e)y nicht verzichten wollten. Also begann man, mit den aus der Heimat mitgebrachten Destillierapparaturen zu experimentieren. Man versuchte aus allem, was man in der neuen Heimat vorfand, so etwas wie Whisk(e)y herzustellen. Man fermentierte Beeren, Äpfel, Getreide, Kartoffeln, Baumrinde und Melasse. Das Ergebnis war in der Regel schauderhaft.

Doch je länger die Siedler das Land urbar machten, desto mehr Getreide, insbesondere Roggen, stand zur Verfügung. Damit konnte man wenigstens Roggen-Whiskey (›Rye‹) brennen. Schnell machte er dem Gin und allen anderen Getränken Konkurrenz: In Pennsylvania, Maryland und Virginia schossen Brennereien wie Pilze aus dem Boden. Doch immer, wenn etwas besonderen Spaß macht, lauert irgendwo ein Spielverderber. In diesem Fall hieß er George Washington (1732–1799), der erste gewählte Präsident (1789–1797) der gerade gegründeten Vereinigten Staaten. Er belegte den Whiskey mit einer Branntweinsteuer. Washington und die ehedem 13 britischen Kolonien hatten sich mit einem Unabhängigkeitskrieg (1776–1783) gerade von der englischen Bevormundung befreit. Unabhängigkeitskriege sind teuer. Sehr teuer. Die Staatskassen waren also leer. Und wenn Staatskassen leer sind, erhebt man gerne Steuern auf alles, was Spaß macht. Also auch auf Branntwein.

Die Folge war eine handfeste ›Whiskey-Rebellion‹ durch die Brennereibesitzer, die die Steuerfahnder zu teeren und zu federn beliebten, wo sich die Gelegenheit nur bot. Nur unter massivem Militäreinsatz konnte die Rebellion unterdrückt werden. Wer die Steuerlast nicht zu tragen bereit war oder nicht zahlen konnte, zog sich in die Bergregionen zurück und produzierte bei Nacht und illegal die so genannten Moonshiners oder auch White lightnings – Whiskeys von zweifelhafter Qualität.

Einige Steuerflüchtlinge wanderten mitsamt ihrer Destillen nach Süden Richtung Kentucky und Tennessee aus. Und hier, im so genannten County Bourbon, benannt nach jenem Bourbonengeschlecht, das einstmals die Kolonialherrschaft im amerikanischen Süden ausübte, soll der Bourbon zum ersten Mal gebrannt worden sein. Die Franzosen hatten ihre Besitzungen im nordamerikanischen Kernland zu diesem Zeitpunkt nach mehreren Kriegen im 18. Jahrhundert an die Briten abtreten müssen. Aus Rache halfen sie den Amerikanern im Unabhängigkeitskrieg, was ihnen die Amerikaner symbolisch unter anderem mit dem Namen des betreffenden Countys dankten und indem sie 1780 Louisville in Kentucky nach Ludwig XVI. benannten. Und so ist auch der Bourbon-Whiskey quasi ein kleines symbolisches Dankeschön für die französische Schützenhilfe.

Auf der Rankingliste derer, die sich um den Bourbon verdient gemacht haben, steht James Pepper ganz weit oben. Er war aus Pennsylvania vor den Steuerschnüfflern nach Kentucky geflohen und hatte hier nach alter Sitte Roggen-Whiskey gebrannt. Eine Missernte zwang ihn, wie andere auch, sich dem in Kentucky besonders reichlich wachsenden Mais zuzuwenden. Das Ergebnis war ein Mais-Roggen-Whiskey. Auch der Baptistenprediger Elijah Craig wird namentlich erwähnt, gelang ihm doch angeblich ein bereits sehr sauberer Mais-Gersten-Whiskey.

Der Name Bourbon für die in Kentucky gebrannten Whiskeys setzte sich schließlich zunehmend durch und hat sich bis heute als Synonym für alle amerikanischen Whiskeys gehalten. Doch erst 1964 wurde gesetzlich geregelt, was ein Bourbon genau ist: Er muss einen Maisanteil von mindestens 51 Prozent aufweisen und mindestens zwei Jahre in einem ausgekohlten Eichenfass gelagert werden.

Brezen (Brezel)

Gottgefälliges Hefegebäck

Die Bayern sind ein gottesfürchtiges Volk. Was sie in höheren Sphären, aber auch in den Niederungen des Alltags zu manifestieren wissen. So ist Ihnen seit Jahr und Tag eine christliche Staatsregierung ebenso heilig wie das selbstverständliche ›Grüß Gott‹. In jedem Dorf eine Kapelle, an jedem Wegesrand ein überdachter Leidensmann, auf jeder Alpenspitze ein Gipfelkreuz.

Dass auch das größte weltliche Vergnügen der Bayern, welches gemeinhin aus einem schattigen Biergarten unter weiß-blauem Himmel, einer Maß und einer Brezen (dt. Brezel) besteht, von christlichem Geist durchdrungen ist, dürfte die gläubigen Freistaatler besonders erfreuen. Beginnen wir mit dem bayrischen Himmel. Dass hier unter den Augen der höchsten christlichen Instanz von ›Engerln‹ frohlockt, Hosianna gesungen und Manna verzehrt wird und dass man von hier aus – wenn auch vergebens – versucht, der bayrischen Staatsregierung hin und wieder göttliche Ratschläge zu übermitteln, wissen wir spätestens seit Ludwig Thomas ›Münchner im Himmel‹. Der weiß-blaue bayrische Himmel ist also zweifelsfrei der Sitz von sehr, sehr hohen Mächten.

Und wie verhält es sich mit dem Biertrinken unter weißblauem Himmel? Bier trinken unter weiß-blauem Himmel muss eine durchaus gottgefällige Angelegenheit sein. Denn es waren besonders bayrische Klöster, die das Bierbrauen und -trinken in Deutschland kultivierten und populär machten. Der Grund liegt auf der Hand: Die Mönche suchten ein nahrhaftes und wohlschmeckendes Getränk zu den kargen Mahlzeiten in der Fastenzeit. Und für die Mönche im Mittelalter galt: Liquida non frangunt ieunum – Flüssiges bricht das Fasten nicht. Also war Bier erlaubt – und beliebt. Bis zu 5 Liter am Tag nahmen die Gottesmänner Chronisten zufolge zu sich.

Schon bald erhielten die Mönche die Lizenz zum gewerblichen Biervertrieb in so genannten Klosterschänken. So wurde bereits im Jahre 1040 dem bayrischen Kloster Weihenstephan vom Freisinger Bischof das Brau- und Schankrecht verliehen. Weihenstephan ist die älteste heute noch bestehende Brauerei.

So weit, so gut. Doch wie verhält es sich mit den Brezen? Ist auch dieses typisch bayrische Hefe-Kleingebäck Ausdruck des wahren Glaubens? In der Tat. Bereits Name und Form verweisen auf den religiösen Hintergrund der Brezelexistenz. Der Name ›Brezen‹ beziehungsweise ›Brezel‹, leitet sich ab vom italienischen ›bracciatelli‹ (lat. brachium, Unterarm), was zu deutsch so viel wie ›kleine Ärmchen‹ bedeutet. ›Bracciatelli‹ nannte der Legende nach im siebten Jahrhundert ein italienischer Mönch jene von ihm kreierten und seltsam verschlungenen Gebäckstücke, die er seinen Schülern als Belohnung für ihr gelehriges Verhalten schenkte. Inspiriert war die Form der ›bracciatelli‹ von der Körperhaltung der betenden Kinder. Im Mittelalter verschränkte man nämlich zum Gebet die Arme vor der

Brust, sodass die Hände auf der jeweils entgegengesetzten Schulter ruhten.

Im 13. Jahrhundert fanden die Brezeln schließlich ihren Weg nach Deutschland, wo sie ›brezzitella‹ genannt wurden und zunächst als Süßgebäck Karriere machten. Die salzige Laugenbrezel hingegen ist dem Volksglauben zufolge eine bayrische Erfindung des 19. Jahrhunderts: Als der königlich-württembergische Gesandte Wilhelm Eugen von Ursingen im Jahre 1839 in München weilte, pflegte er im Kaffeehaus des Hoflieferanten Johann Eilles in der Residenzstraße zu frühstücken. Beim Biss in eine der bestellten Brezeln musste er zu seiner Verwunderung feststellen, dass sie salzig und nicht wie üblich süß schmeckte. Was war geschehen? Ein Versehen! Der Bäckerlehrling hatte in einem Moment der Unachtsamkeit den Teig nicht wie üblich mit Zuckerwasser bestrichen, sondern mit Natronlauge, die man zum Reinigen der Bleche bereitgestellt hatte. Fortan wusste man jedoch in Bayern, dass auch herzhafte, späterhin mit Salz bestreute Laugenbrezeln sehr gut schmecken – vor allem zum Bier.

Und so ist streng genommen jeder Aufenthalt in einem bayrischen Biergarten unter weiß-blauem Himmel, bei Bier und Brezen ein zutiefst religiöser, ehrfürchtiger Akt von nahezu liturgischer Würde – was man auch als Bayer freilich nicht glauben muss, woran man aber glauben kann. Zumal dann, wenn man sonntags einmal keine Zeit findet, zum Gottesdienst in die Dorfkirche zu gehen. Ein Abend im Biergarten tut's dann ausnahmsweise auch. Wahrscheinlich.

Camembert

Rustikal-klerikaler Kaiserkäse

In einem durchschnittlichen deutschen Hotelrestaurant: Ein durchschnittlicher deutscher Gast gibt bei einem durchschnittlichen Hotelkellner nach einem durchaus durchschnittlichen ›Rahmschnitzel‹ eine Bestellung auf: »Bitte die ›Kleine Käseauswahl‹.« Denn der durchschnittliche Deutsche weiß (immerhin das weiß er): ›Käse schließt den Magen!‹

Was sodann aufgetischt wird, ist für einen Käseliebhaber in der Tat dazu angetan, den Magen zu verschließen. Allerdings *vor* Verzehr der ›Kleinen Käseauswahl‹. In der Mitte des Tellers türmen sich junge Goudawürfel unter Zwiebelringen und Paprikapulver zu einem kulinarischen Scheiterhäufchen auf. Salzstangen durchstoßen formhaltend gerollte Scheibletten, deren druckgemaserte Oberfläche verrät, dass sie vor wenigen Minuten noch in ihrer vakuumgepressten Kunststoffverpackung schlummerten. Und auf einem randwelken Salatblatt thront eine Ecke geschmacksneutraler Camembert oder Brie oder was man in einer durchschnittlichen deutschen Hotelküche dafür hält. Am Tellerrand mühen sich einige Streifen roter Paprika sowie Radieschen und grüne Gurkenscheiben verzweifelt um ein wenig Heiterkeit. Dazu wird heller Toast und eingepackte Butter gereicht.

Wer weiß, welche Käse-Köstlichkeiten bereits ein mittelprächtig ausgestatteter Käsewagen oder ein wirklich liebevoll arrangierter Käseteller tatsächlich bieten können, möchte angesichts solcher Unkultur weinen. Dabei ist es so einfach! (Auch wenn Spezialisten behaupten, dass wahre

Käsekennerschaft wie Weinkenntnis ein Leben lang trainiert werden muss.) Für den Normalsterblichen gilt beim Käse (wie beim Wein), sich keinem Genuss zu verschließen und zu probieren, was sich zu probieren anbietet. Zum Beispiel an einem gut sortierten Käsebuffet. Zum Beispiel einen guten Camembert. Zentraler Bestandteil eines jeden Käsebuffets, egal wie sortenreich es sein mag und egal wie viele Käsenationen vertreten sein mögen, wird nämlich immer auch ein Camembert sein. Denn der Camembert zählt zweifelsohne zu den bekanntesten Sorten der französischen Käsekultur, die einen legendären Ruf genießt. Charles de Gaulle (1890–1970), französischer General und erster Präsident (1959–1969) der V. Republik, fragte unter Hinweis auf die vielen regionalen Unterschiede seines Landes: »Wie ist es möglich, ein Land zu regieren, das mehr als 370 verschiedene Käsesorten produziert?«

Unter den traditionellen französischen Käsesorten ist der Camembert allerdings eine eher jüngere Errungenschaft. Gerade einmal vor etwas mehr als 200 Jahren wurde er in der Normandie von einer Bäuerin erfunden. Marie Harel hatte sich, wie damals üblich, per Ehevertrag gegenüber ihrem Mann verpflichtet, auf der gemeinsam bewirtschafteten Domaine de Beaumoncel die Käsebereitung zu übernehmen. Was sie auch tat. Doch der Käse, den sie allwöchentlich auf dem nahe gelegenen Markt von Vimoutiers verkaufte, hatte mit dem Camembert zunächst einmal nichts zu tun. Das änderte sich erst infolge der großen revolutionären Unruhen, als im Jahre 1791 eines schönen Tages ihr Cousin, Abbé Gobert, vor der Tür stand und um Unterschlupf bat. Abbé Gobert kam vermutlich aus Meaux, einer Stadt nordöstlich von Paris. Und da es in Paris besonders revolutionär zuging und auch der Klerus nicht verschont wurde, hatte der Abbé kurz entschlossen sein Heil in der Flucht gesucht.

Marie Harel nahm ihn selbstverständlich bei sich auf. Zum Dank unterwies sie der Abbé in der Art der Käsezubereitung, wie er sie aus Meaux kannte. Dort stellte man nämlich hervorragenden, cremigen Brie-Käse her. Marie begann mit den Rohstoffen ihrer normannischen Heimat zu experimentieren, und siehe da: Das Ergebnis war schließlich ein dem Brie ähnlicher Weichkäse mit Außenschimmel, an dem die Menschen auf dem Markt in Vimoutiers sehr schnell großen Gefallen fanden. Doch wirklich populär, und zwar in ganz Frankreich, wurde er erst, als Kaiser Napoleon III. die neue Käsekreation entdeckte und zu seinem Lieblingskäse deklarierte. Ob es zufällig auf einer Reise nach Argentan war, anlässlich der Eröffnung der Weltausstellung 1855 in Paris oder 1863 bei der Einweihung der Eisenbahnlinie Paris–Granville, dass der Kaiser vom Käse probierte und erstmals das Wort Camembert vernahm, darüber streiten sich die Geister. Einvernehmen herrscht allerdings hinsichtlich des Namens: Denn der Käse wurde – ganz profan – nach dem Heimatdörfchen von Madame Harel, Camembert, benannt.

Versehen mit dem marketingwirksamen Gütesiegel kaiserlicher Käselust, stiegen die Nachfrage in Paris und dementsprechend die Produktionszahlen beträchtlich. Konnten die Nachfahren von Marie Harel Ende der fünfziger Jahre des 19. Jahrhunderts lediglich 15 000 Camemberts in der Hauptstadt verkaufen, so waren es knapp zehn Jahre später bereits weit über 100 000. Zu noch größerem und vor allem internationalem Ruhm verhalfen dem Camembert zwei Erfindungen: erstens die Erfindung der Spanschachtel im Jahre 1890 durch den Ingenieur Ridel, in der man den Käse nunmehr sicher transportieren konnte. Und zweitens die Eisenbahn, mit der man den Käse entsprechend schnell transportieren konnte.

Ursprünglich wurde der Camembert als so genannte Rotschmiere hergestellt, das heißt, der Käselaib wurde mit roten Schimmelkulturen behandelt. Später erhielt der Camembert einen graublauen Schimmelrasen. Erst als man im Jahre 1910 eine neue Edelpilzkultur namens *Penicillul candidum* züchten konnte, bekam der Käse seine weiße und weiche flaumige Oberfläche, wie man sie heute kennt. Leider ist der Name Camembert nicht geschützt, weshalb es weltweit viele Hersteller von Camembert gibt, die ihre bisweilen mehr als fragwürdige Qualität aus pasteurisierter Milch schamlos in den Supermarktregalen zum Verkauf anbieten. Seit 1983 gibt es aber wenigstens für die Normandie, das Mutterland des Camemberts, eine so genannte AOC, eine ›appellation d'origine controlée‹, die wie beim französischen Wein Herkunft und Qualitätsstandard festlegt. Wer also wirklich wissen will, wie gut ein Camembert aus der Normandie schmeckt, der aus der fetten Milch normannischer Kühe nach alter Tradition hergestellt worden ist, der sollte darauf achten, dass auf dem Etikett das AOC und der Zusatz ›au lait cru, moulé à la louche‹ (aus Rohmilch hergestellt und handgeschöpft) verzeichnet ist.

Das einzige Problem, das es dann noch zu lösen gilt, besteht darin, sich zu entscheiden, ob man den Käse ›mit Seele‹, also mit einem noch weißen Kern, isst oder ob man bis zur vollständigen Reife wartet. Aber das ist reine Geschmackssache. Und darüber lässt sich bekanntlich trefflich streiten.

Campari

Bitterer Läuselikör

Machen Sie die Probe aufs Exempel: Gehen Sie in eine Bar oder in ein Restaurant, und bestellen Sie als Aperitif einen ›Bitter all'uso di Hollanda‹ oder, in der Kurzform, einen ›Bitter d'Olanda‹. Man wird Sie wahlweise verständnislos, hilflos, vielleicht auch nur mitleidig anschauen. Wenn Sie nun milde lächelnd Ihr Begehr näher erläutern und einen Campari beziehungsweise einen ›Campari Bitter‹ bestellen, werden sich die Gesichtszüge Ihres Gegenübers sichtbar lösen. Man versteht Sie. Bestenfalls wird man noch wissen wollen, ob Sie Ihren Campari mit Soda oder pur bevorzugen.

Dass sich die ursprüngliche Bezeichnung ›Bitter nach holländischer Art‹ für den knallroten italienischen und eigenartig herb schmeckenden Kräuterlikör von Anfang an nicht durchsetzte, scheint einsichtig: zu umständlich, zu lang, zu akademisch. Sein Erfinder wollte mit dem phantasievollen Namen die Außergewöhnlichkeit seiner Getränkekreation unterstreichen. Doch die Gäste seines 1867 in der berühmten Mailänder Galleria Vittorio Emanuele eröffneten Cafés bestellten, wenn sie den holländischen Bitter wollten, schon bald einfach nur einen ›Campari Bitter‹, benannt nach seinem Schöpfer Gaspare Campari.

Gaspare Campari wurde 1828 als zehntes Kind einer Bauernfamilie in der Lombardei geboren. Mit vierzehn Jahren verließ er sein Heimatdorf, um sein Glück in Turin, der Hochburg der italienischen Likörfabrikation im Piemont, zu versuchen. Als Lehrling in der Likörmacherei eines damals berühmten Cafés lernte er sein Spirituosen-Handwerk. Später nahm er eine Stellung in einem angesehenen Restaurant an. Trotz der bescheidenen Einkünfte heiratete der junge Lombarde. Und seine Frau schenkte ihm bald danach zwei Töchter. Doch das Glück währte nicht lange. Seine Frau und seine beiden Töchter starben innerhalb kurzer Zeit. Campari ging zurück in seine Heimatregion und eröffnete in Novara ein Café.

Sechs Jahre hielt es ihn in der Provinz. Dann versuchte Campari erneut sein Glück. Diesmal in Mailand. Und diesmal war das Schicksal ihm wohlgesinnt. In Mailand ehelichte er seine zweite Frau Letizia, die ihm im Laufe der Jahre fünf Kinder gebar. Und in der Nähe des Doms fand er ein geeignetes Lokal, in dem er ein Café eröffnen konnte. Zwar musste er das Lokal kurze Zeit später wieder aufgeben, weil das Gebäude den Baumaßnahmen für die neu errichtete Galleria Vittorio Emanuele II., der bis heute wohl schönsten überkuppelten Einkaufsstraße Italiens, zum Opfer fiel. Doch 1867 konnte er in ebenjener Galleria sein Café neu eröffnen.

Und damit war ein Traum von Gaspare Campari in Erfüllung gegangen. Denn jetzt vermochte er an der wohl vornehmsten Adresse Mailands seinen Gästen neben Café, Kakao, Kuchen, Gebäck, Pralinen, Pasteten und Menüs endlich auch all die von ihm selbst hergestellten Spirituosen anzubieten. Im 19. Jahrhundert war es in Italien durchaus üblich, dass renommierte Cafés Getränke aus eigener Fabrikation anboten. Und so verkaufte seine Frau Letizia im ›Caffè Campari‹, was ihr Gaspare in seiner kleinen Fabrik so herstellte: Kinal, Fernet, Grappa, Cedro, Americano, ja sogar Schwarzwälder Kirschwasser. Und eben ›Bitter all'uso di Hollanda‹ – Campari Bitter.

Dass der Campari bis heute so beliebt ist, mag zum einen an seiner Farbe liegen. Das leuchtende Rot stammt ursprünglich aus den Panzern der ungiftigen Cochenille-Schildläuse, die den Farbstoff Cochenille (Karminrot) aus dem Pflanzensaft von Feigenkakteen (Opuntien) absorbieren. Doch es ist darüber hinaus wohl vor allem die den meisten italienischen Bitter eigentümliche geschmackliche Widersprüchlichkeit aus der Süße eines Kräuterlikörs und den Bitterstoffen der Chinarinde und Bitterorangenschale, die den Erfolg des Camparis ausmacht. Vermutlich über 80 Kräuter, Wurzeln, Gewürze und Früchte lässt man heute in einem Aufguss zunächst einige Tage quellen, bevor dem Gebräu unter Zugabe von Alkohol in einem elektronisch gesteuerten Umlaufverfahren weitere Geschmacksstoffe entzogen werden. Die genaue Rezeptur und die Inhaltsstoffe sind natürlich streng geheim.

Nachdem Gaspare Campari 1882 mit nur 54 Jahren gestorben war, führten erst seine Frau, dann seine beiden Söhne Davide und Guido die Geschäfte weiter. Vor allem seinen beiden Söhnen lag der Ausbau der industriellen Fertigung des Camparis mit modernster Technologie und ständiger Laborkontrolle am Herzen. Ihnen gelang es auch, dem Produkt Campari mit Hilfe berühmter Werbefachleute ein eigenständiges Profil zu geben und eine äußerst profitable Exportstruktur aufzubauen. Das Café und die 1910 hinzugekommene Jugendstilbar ›Camparino‹ in der Galleria gaben sie allerdings im Zuge dieser Entwicklungen auf, wenngleich die ›Camparino‹-Bar unter neuer Führung nach wie vor zu einem ›Bitter all'uso di Hollanda‹ einlädt.

Heute ist das Campari-Unternehmen ein weltweit agierender Konzern mit Jahresumsatzzahlen von rund 430

Millionen Euro. Und so verwundert es nicht, dass Analysten die Campari-Aktie trotz aller Übernahmeschlachten, die zurzeit auf dem Getränkemarkt geführt werden, als ein Wertpapier mit Zukunft empfehlen. Ein Aktientipp, den man überdenken sollte, zumal angesichts des 24-prozentigen Produkts der Begriff ›Shareholder value‹ eine völlig neue Bedeutung erfährt. Ist der Kurs einmal im Keller, darf man als Aktionär auch mal etwas kräftiger zulangen. Saufen für den Kurs, lautet dann die Devise.

Es gibt schlechtere Gründe, zur Flasche zu greifen.

Carpaccio

Kreation in Rot und Weiß

Eine der wohl bekanntesten und vor allem schmackhaftesten italienischen Fleischspeisen verdankt die Welt einem amerikanischen Trunkenbold. Ohne ihn hätte es die nach ihm benannte venezianische Bar, die eigentlich ein Restaurant war und in der das so genannte Carpaccio 1950 das Licht der Welt erblickte, nie gegeben.

Es handelte sich bei diesem Amerikaner um Harry Pickering. Und obwohl der junge Harry Pickering eigentlich von seiner Verwandtschaft in Begleitung seiner Tante nach Venedig geschickt worden war, um sich von seiner Trunksucht zu kurieren, hielten sich die beiden vornehmlich an der Hotel-Bar auf, um in rauen Mengen Cocktails zu trinken. Wer wollte es ihnen verdenken? In ihrer Heimat herrschte noch immer die Prohibition und seit dem Schwarzen Freitag, dem 25. Oktober 1929, zu allem Übel auch noch die Depression.

Es war eine illustre Gesellschaft, die sich alltäglich und -abendlich an der Hotel-Bar einfand und von Barmann Giuseppe Cipriani bedienen ließ: Neben seiner Tante hatte Harry nämlich auch deren Gigolo und ihren Pekinesen im Schlepptau. Die alkoholselige Gemeinschaft zerfiel nach einigen Wochen, als Harry sich mit seiner Tante überwarf und diese das Hotel verließ. Den Gigolo nahm sie mit. Den Pekinesen nicht. Und so saß Harry fortan mit einem Hund an der Bar.

Leider wurde mit der Zeit das Geld knapp. Und Cipriani, der Barmann, musste schon tief in seine nicht sonderlich gefüllten Taschen greifen, als er sich entschloss, Harry Pickering mit einem Kredit über 10 000 Lire zu helfen. Aber es war gut angelegtes Geld. Denn Harry Pickering, der mit der geborgten Summe seine Hotelrechnung bezahlen und abreisen konnte, tauchte im Februar 1931 erneut in Venedig auf und legte aus Dankbarkeit für die gewährte Hilfe 40 000 Lire auf den Tresen. Und mit diesem Geld eröffnete Cipriani 1931 gemeinsam mit Harry Pickering das kleine venezianische Restaurant ›Harry's Bar‹.

Harry wurde als Mitbesitzer schnell sein eigener und bester Kunde. Was nicht verwunderte, aber auch nicht lange gut ging. Nach wenigen Jahren zahlte sein venezianischer Kompagnon ihn aus. Harry blieb gleichwohl ein guter Kunde. Bei jedem Besuch der Lagunenstadt kehrte er in ›Harry's Bar‹ ein und machte in altbewährter Manier seine Zeche.

Anfangs bekannt und beliebt wegen seiner fantastischen Huhnsandwiches, schrieb der nunmehr alleinige Besitzer Giuseppe Cipriani Kulinaria-Geschichte. Zunächst erfand er einen Cocktail-Klassiker, bestehend aus dem Püree weißer Pfirsiche und Prosecco. Den nannte er nach einem der bedeutendsten Meister der Frührenaissance ›Bellini-Cocktail‹. Als dann im Herbst 1950 die Comtessa Amalia Nani Mocenigo sein Restaurant betrat und Cipriani verzweifelt mitteilte, dass der Arzt ihr den Verzehr von gekochtem Fleisch verboten hatte, servierte er seiner Stammkundin hauchdünn geschnittene rohe Rindfleischscheiben mit einer speziellen Sauce und nannte die Kreation ›Carpaccio‹. Mit der Namensgebung erwies er – wie mit seinem Drink – erneut einem Renaissancemaler seine Reverenz: Vittore Carpaccio (1465–1526), der zu jener Zeit im Dogenpalast am Markusplatz ausgestellt wurde. Carpaccio war berühmt für seine brillanten Kompositionen in Rot- und Weißtönen.

Weiß und Rot sind auch die beiden vorherrschenden Farbtöne eines klassischen Carpaccio-Tellers. Und darin unterscheidet er sich auch von allen später erfundenen Variationen und von jenem italienischen Gericht aus dünnen Fleischscheiben, das schon lange vor dem Carpaccio bekannt war und sich ›carne all'albese‹ nennt. Denn das vom Sohn des Erfinders, Arrigo Cipriani, überlieferte Originalrezept sieht lediglich hauchdünn geschnittene Scheiben (nicht gefroren!) vom Contrefilet (salzen und kalt stellen) und eine Carpacciosauce vor, die aus 185 ml Mayonnaise, 1–2 TL Worcestershiresauce, 1 TL frisch gepresstem Zitronensaft, 2–3 EL Milch, Salz und frisch gemahlenem weißen Pfeffer besteht.

Huhnsandwich, Bellini-Cocktail, Rindfleisch-Carpaccio – ›Harry's Bar‹ wurde schließlich weltberühmt – und sie ist es bis heute geblieben. Das 1954 eröffnete Hotel Cipriani zählt zu den besten und schönsten Luxushotels Europas.

Dabei hätte Ciprianis noch junge Karriere vom Hotel-Barmann zu einem der beliebtesten venezianischen Gastronomen und Hoteliers beinahe ein jähes Ende gefunden. Als nämlich im September 1942 der deutsche Propagandaminister ›Harry's Bar‹ besuchte, winkte er Cipriani an seinen Tisch, erhob sein Glas und brüllte ihm ein schneidiges deutsches »Auf den Sieg!« entgegen. Cipriani schien verwirrt, also versuchte es Goebbels auf Italienisch: »Alla vittoria!« Cipriani, der mit dem deutschen Sieg nicht sonderlich viel im Sinn hatte, musste gleichwohl reagieren. Also reckte er begeistert die Arme in die Höhe und rief: »Hoffen wir, dass alles gut ausgeht.«

Damit wirklich alles gut ausging, schloss er die letzten Kriegsjahre vorsichtshalber seine Bar. Italienische Marinesoldaten nutzten sie in dieser Zeit als Mensa. Nach dem Krieg wurde Cipriani von amerikanischen Offizieren *gebeten*, das alte Etablissement wieder zu eröffnen. Bald danach florierte ›Harry's Bar‹ wie vor dem Krieg. Viele kleine und große Stars, wie zum Beispiel Hemingway, zählten nun zu den Stammgästen.

Und die Zeiten, als man in Italien auf deutsche Siege trank, waren gottlob endgültig vorbei.

Cassata

Sizilianischer Süßstoff

Das bekannteste Exportgut Siziliens ist zweifelsfrei die Mafia. Von Palermo aus, der ›Hauptstadt der Mafia‹, breitete sie sich mit ihren schmutzigen Geschäften wie Bestechung, Schutzgelderpressung, Drogenhandel, Prostitution und illegalem Glücksspiel zunächst über ganz Italien aus, dann zog sie über den großen Teich in die Neue Welt, um auch hier ihre Saat des Bösen auszustreuen. Unzählige Morde und unendliches Leid gehen auf das Konto dieser Verbrecherorganisation – und unendlich viele unvergessliche und spannende Kinostunden mit den besten (italo-)amerikanischen Schauspielern, die Hollywood zu bieten hat. Die Mafia, das war eben auch grandioser Filmstoff für Hollywood: Unvergessen Marlon Brando als Don Corleone in »Der Pate« oder Robert de Niro in »Good Fellas« – Sternstunden des amerikanischen Kinos. Die Mafia, ein kontroverser sizilianischer Exportschlager.

Zugegeben: Das verdorbene Treiben all der Don Corleones und Good Fellas war allemal besser geeignet, Sizilien zu internationaler Berühmtheit zu verhelfen. Doch Sizilien hätte es durchaus verdient, stattdessen wegen der ein oder anderen kulinarischen Attraktion berühmt zu werden. Denn aus Sizilien stammt zum Beispiel die im Vergleich zur Mafia völlig harmlose, dafür aber weitaus beliebtere Cassata. Im Ausland kennt man die Cassata in erster Linie als Eisbombe, die in der Regel aus Vanille- oder Pistazieneis und einer Schlagrahmfüllung mit kandierten Früchten, Marzipan, Nüssen und Mandelaromen hergestellt wird. Doch die ursprüngliche, die echte, die sizilianische Cassata alla siciliana, so wie sie dort und im übrigen Italien noch heute hergestellt wird, ist keine Eisbombe, sondern eine Festtagstorte, die zu Ostern oder zu anderen feierlichen Anlässen wie Hochzeiten serviert wird. Zwischen zwei oder mehrere Biskuitböden kommt eine cremige Füllung, die aus gesüßtem Ricotta, kandierten Früchten, Pistazien und Schokoladensplittern besteht. Zwischen die Biskuitböden kann zusätzlich auch noch eine Schicht aus einer weiteren sarazenisch-sizilianischen Spezialität eingezogen werden: Marzipan. Der Überzug besteht wahlweise ebenfalls aus Marzipan oder aus einem Zuckerguss, hergestellt beispielsweise aus Puderzucker und Maraschino. Den verspielt farbenfrohen und zum hellen Ton der Zuckerguss- oder Marzipanumhüllung kontrastreichen Abschluss bilden bunt kandierte Früchte, mit denen die Torte geschmückt wird. Wer sie kennt, die Cassata, der weiß: Unwiderstehlich!

Allein der Zusammenstellung der Zutaten wegen sollten alle Leckermäuler den Sizilianern also auf ewig dankbar sein. Das heißt, streng genommen sollten sie nicht den Sizilianern danken, sondern den Sarazenen, also den Arabern, die der kalorienreichen Torte auch ihren Namen gaben. Cassata stammt nämlich vom arabischen ›qas'at‹, was nichts anderes als ›tiefe runde Schüssel‹ bedeutet. In der wiederum wurde die cremige Füllung angerührt. In der wurde aber späterhin auch die Cassata-Eisbombe angerichtet. So sizilianisch, wie die Cassata alla siciliana daherkommt, ist sie also gar nicht. Was aber nicht wundernimmt, denn das italienische Sizilien, so wie wir es heute kennen, gibt es erst seit 1861, als der Freiheitskämpfer und Einigungsfanatiker Giuseppe Garibaldi mit seinen ›Rothemden‹ Palermo eroberte und Sizilien dem italienischen Königreich zugeschlagen wurde. Bis dahin war Sizilien ein Tummelplatz für alle möglichen Völker- und Herrschaften.

Vor circa 3 000 Jahren trieben sich als Erste die Sikuler, die Sikaner und die Phönizier auf Sizilien herum. Im 8. Jahrhundert v. Chr. kamen die Griechen, es folgten im 6. Jahrhundert v. Chr. die Karthager, dann im 3. Jahrhundert v. Chr. die Römer. Das Römische Reich zerbrach, und es kamen im 5. Jahrhundert die Wandalen und die Ostgoten, schließlich meldete sich im 6. Jahrhundert das Byzantinische Reich zu Wort. Ab 827 machten sich schließlich die Sarazenen auf Sizilien breit, das sie bis 1061, als die Eroberung durch die Normannen begann, beherrschten. Nach den Normannen kamen noch die Staufer, die Franzosen, die Spanier, die Franzosen, die Österreicher usw. usw. Sizilien hatte einfach keine andere Chance, als sich über die Jahrhunderte und Jahrtausende hinweg zu einem kulturellen ›melting pot‹, einem Schmelztiegel der Kulturen, zu entwickeln.

Für die Cassata erwies sich die circa 250-jährige Sarazenenherrschaft als besonders hilfreich. Bereits im Jahre 998 scheint sie in Palermo, das die arabischen Emire zur sizilianischen Hauptstadt erklärt hatten, in etwa so hergestellt worden zu sein, wie wir sie auch heute noch kennen. Palermo soll zu jener Zeit eine durchaus illustre Kapitale gewesen sein mit über 300 Nachtlokalen, in denen der Bauchtanz aufgeführt und gegen die vorgeschriebenen Sitten des Korans sogar Alkohol ausgeschenkt wurde.

Als die Sarazenen den Normannen weichen mussten, ließ Georg von Antiochien, ein getreuer Admiral des ersten Normannenkönigs Roger II., 1143 in Palermo eine Kirche bauen. Er übergab sie griechischen Nonnen, die sich zu

Allerheiligen und Allerseelen trefflich in der Herstellung von Marzipanfigürchen übten. Circa 50 Jahre später stiftete die normannische Edeldame Eloisa Martorana aus Palermo ein Kloster, das sie mit den Gebäuden der griechischen Nonnen zusammenlegte. In der fortan ›Martorana‹ genannten Klosteranlage wurde das bis heute berühmte Martorana-Marzipan mit besonderem Eifer hergestellt.

Doch nicht nur in Martorana, auch in vielen anderen sizilianischen Klöstern beschäftigte man sich mit der Herstellung von Marzipan und anderen Leckerbäckereien wie der Cassata-Torte, und das nicht nur zu den Festtagen oder in der Karwoche. Um dem klösterlichen Eifer bei der Süßwarenherstellung und der damit einhergehenden Vernachlässigung des Gebets einen kirchlich-administrativen Riegel vorzuschieben, beschloss die Diözesansynode von Mazara del Vallo 1575 schließlich ein Verbot der weiteren Marzipan- und Cassata-Herstellung. Worum sich jedoch kaum jemand wirklich kümmerte. Und so blieben uns all die süßen sarazenisch-sizilianischen Köstlichkeiten bis heute erhalten.

Chartreuse

Das grüne Kartäuserfeuer

Es braucht bisweilen viele schicksalhafte Zufälle, bis sich alles zum Guten wendet. In diesem speziellen Fall ist man sogar geneigt, von göttlicher Fügung zu sprechen. Denn bis schließlich die erste Flasche mit jener süßen, edlen und hochprozentigen Kräuterspirituose, die man heute weltweit als Chartreuse kennt und schätzt, abgefüllt werden konnte, bedurfte es zunächst einmal eines gründlich verstimmten Heiligen. Damals war er allerdings noch kein Heiliger (das kam erst 1514), sondern ein Domscholastikus, der Bruno von Köln hieß (circa 1030–1101). Und Bruno von Köln war sauer. Sehr sauer. Wie viele seiner Brüder im Geiste. Sie alle waren empört über den Sittenverfall des Klerus, über den Kauf und Verkauf geistlicher Würden, über die politische Instrumentalisierung der Kirche.

Bruno von Köln wusste, worüber er sprach, in Glaubensangelegenheiten war er nämlich Profi. In Reims hatte er studiert, war sogar aufgestiegen zum Leiter der Kathedralschule und zum Kanzler des Erzbischofs. Doch es half alles nichts. Bruno von Köln war so sauer, dass er all diese Ämter niederlegte und mit sechs Gefolgsleuten beschloss, Eremit zu werden. Eremit zu werden, den wahren Glauben zu praktizieren, Klöster und Orden zu gründen war damals in ganz Europa groß in Mode. Bruno von Köln ging 1084 nach Grenoble. Dort stellte ihm der zuständige Erzbischof das Gebiet nördlich von Grenoble, die so genannte Chartreuse (lat. Cartusia), zur Verfügung. Und hier gründete Bruno ein Kloster und den dazugehörigen Kartäuserorden.

Entgegen der nun von vielen Lesern und Leserinnen gehegten und wenig originellen Erwartung, dass die Mönche eines Morgens in den Keller gingen, um einen Kräuterlikör zu erfinden, passierte in Chartreuse erst mal gut 500 Jahre nichts. Das ist zugegebenermaßen nicht viel. Es konnte aber auch nicht viel passieren, denn das klösterliche Leben der Kartäuser bestand im Wesentlichen aus gottgefälliger Arbeit, Kontemplation, Askese und völliger Ruhe. Man sollte es dem modernen Menschen vielleicht übersetzen: Es war ein Leben ohne Volksmusikexzesse, ohne MTV, ohne Mountainbike und Bungeejumping, ohne Fußballbundesliga, ohne Oktoberfest und ohne »Wer wird Millionär?«. Das ging! War aber nicht sehr aufregend. Also gründete man in den folgenden Jahrhunderten noch ein paar weitere Klöster. Unter anderem in Vauvert bei Paris.

Hier tauchte im Jahre 1605 ein Freund des Königs Heinrich IV. auf und überreichte den Mönchen das Geheimmanuskript eines in Vergessenheit geratenen Alchimisten, in welchem er die Heilwirkung von 130 Kräutern in Kombination mit Alkohol beschrieb. Entgegen der erneut von vielen Lesern und Leserinnen gehegten und wenig originellen Erwartung, dass die Mönche nun eines Morgens in den Keller gingen, um anhand dieses Manuskriptes einen Kräuterlikör zu erfinden, passierte zunächst einmal weitere 150 Jahre nichts oder fast nichts. Das Manuskript war nämlich nur sehr schwer zu entziffern. Und so blieb es erst einmal liegen, gelangte dann nach Chartreuse, wo ein erster Versuch, die Schrift zu entschlüsseln und praktikable Verfahren zu entwickeln, an der vorzeitigen Abberufung des betreffenden Mönchs durch seinen Schöpfer scheiterte.

Doch schließlich wandte sich Bruder Antonius dem Manuskript zu. Und entsprechend der von vielen Lesern und Leserinnen schon lang gehegten und sehr originellen Erwartung, dass besagter Bruder Antonius nun eines Morgens in den Keller ging, um einen Kräuterlikör zu destillieren, lief im Jahre 1764 tatsächlich erstmals die Produktion von jenem sagenhaften Chartreuse an. Doch kaum dass der Chartreuse erfunden war, fegte die Französische

Revolution 51 Bistümer und mit ihnen die Kartäuserklöster von der Bildfläche. Das nennt man Säkularisation.

Ein Apotheker gelangte auf Umwegen und für ein Taschengeld in den Besitz des geheimen Manuskriptes und sandte es weisungsgemäß an das Ministerium des Inneren, das auf Erlass von Napoleon alle geheimen Heilmittel prüfen sollte. Das Ministerium beschied des Apothekers Gesuch jedoch abschlägig, was nicht wundernimmt. Ministerien sind eben Ministerien. So kamen die Kartäuser nach ihrer Rückkehr 1817 nach Chartreuse erneut in den Besitz der wertvollen Schrift.

Und nun begann die Erfolgsgeschichte des ›grünen Feuers‹, wie man den Kräuterlikör auch nennt. Zunächst noch auf dem Markt von Grenoble gegen Herzschmerz und Magenbeschwerden verkauft, dann von Überlebenden der Cholera-Epidemie 1832 als Lebensretter gefeiert, geriet der Chartreuse zunehmend ins Visier der Feinschmecker. Die Nachfrage stieg und stieg, die Kunden waren auf den Geschmack gekommen. Die Kartäuser auch: Mit dem Ausbau ihrer Brennerei erwiesen sie sich als geschäftstüchtige Unternehmer, die der Nachfrage gerecht zu werden wussten.

Im Jahre 1903 war es dann erneut so weit. Wieder Säkularisation! Doch diesmal ließen sich die Kartäuser nicht einfach vertreiben. Diesmal traten sie mit ihrer geheimen Rezeptesammlung unter dem Arm den geordneten Rückzug nach Tarragona in Spanien an. Die Rechte am Namen Chartreuse mussten sie allerdings in Frankreich zurücklassen. In Ermangelung des Rezeptes blieben auf französischer Seite jedoch alle Versuche, den unnachahmlichen Chartreuse zu imitieren, stümper- und laienhafte Flops. Da waren die Brüder im Glauben jenseits der Grenze weitaus erfolgreicher. Ohne Umschweife nahmen sie hier die Produktion wieder auf und verkauften das kostbare Elixier unter dem Namen ›Likör, in Tarragona durch die Kartäuser hergestellt‹. 1932 kehrten sie schließlich nach Chartreuse zurück.

Seither werden bei Tarragona für den spanischen und südamerikanischen Markt jährlich circa 750 000 Flaschen produziert, bei Grenoble etwa 1,5 Millionen für den heimischen Markt sowie den Export in gut einhundert andere Länder. In bis zu 100 Jahre alten und bis zu 50 000 Liter fassenden Holzfässern reift der Edellikör rund fünf Jahre. Die Rezepte für den 55-prozentigen grünen und den etwas süßeren 43-prozentigen gelben Chartreuse unterliegen strenger Geheimhaltung. Lediglich fünf Kartäusermönche kennen die Rezeptur. Und nur einer kennt den kompletten Herstellungsvorgang, dessen Geheimnisse erst dann an den Nachfolger weitergegeben werden, wenn der Geheimnisträger sich darauf vorzubereiten beginnt, bald nicht mehr Likör, sondern das Zeitliche zu segnen. So sagt man jedenfalls.

Der Chartreuse ist ein typischer ›After-Dinner-Likör‹. Und wenn man ihn trinkt, sollte man vielleicht – laut oder auch still – einen kurzen Gedanken an das Motto des Kartäuserordens und seine Bedeutung für den Inhalt des Glases verschwenden:

Stat crux dum volvitur orbis.

Auch wenn die Welt sich ändert, das Kreuz steht fest.

Chateaubriand

Blutiger Nachruhm

Die Welt ist ungerecht. Da müht man sich ein langes und aufregendes Leben, um in die Annalen der Geschichte im Allgemeinen und in die der Literaturgeschichte im Besonderen einzugehen, doch dem breiten Publikum bleibt man namentlich nur noch in Form eines Fleischgerichts in Erinnerung. So jedenfalls erging es dem bretonischen Romantiker François-René Chateaubriand (1768–1848). Ein gewisser Lepelletier zog hundert Jahre nach dem Tod des umstrittenen Literaten und Politikers dementsprechend ein ernüchterndes Resümee: »O Ironie, o Dank der Völker! Ein Beefsteak mit Kartoffeln ist vielleicht alles, was eines Tages übrig bleibt von einem Atlas an Gedanken, einem Archimedes der Philosophie. Eine Welt trug er in seinem gewaltigen Gehirn … und das ganze Ergebnis: ein Name auf der Speisekarte. C'est la gloire.« Ja, so ist das mit dem Ruhm: Er ist vergänglich.

Dabei verlief die politische und literarische Karriere nach anfänglichen Schwierigkeiten viel versprechend und durchaus erfolgreich. Der 1768 in der Hafenstadt Saint-Malo als zehntes Kind geborene Francois-René entstammte einem alten bretonischen Adelsgeschlecht, deren Wahlspruch »Mein Blut färbt Frankreichs Fahnen« lautete. Ein teures Versprechen, das einzulösen Chateaubriand durchaus gewillt war, wenngleich es ihm nur ansatzweise gelang.

Sein Vater hatte als Kapitän eines Handelsschiffes vom einträglichen Sklavenhandel profitiert und als Reeder die Familie, die infolge des Erbrechts über die Jahrhunderte hinweg einen Großteil ihres Besitzes eingebüßt hatte, wieder zu Reichtum geführt. Der junge René wurde auf unterschiedlichen Internaten erzogen und trat schließlich mit 18 Jahren in die Armee ein. Wie viele adlige Bekannte und hohe Offiziere wollte er mit Ausbruch der Revolution 1789 das Land verlassen, was ihm aus Geldnot jedoch bis 1791 verwehrt blieb. Mit geliehenem Geld machte er sich schließlich nach Amerika auf, um nach knapp einem Jahr wieder nach Frankreich zurückzukehren. Seinem Bruder folgend, schloss er sich in Trier einem französischen Emigrantenheer an, das die Befreiung des Königs erzwingen wollte, was jedoch insgesamt in einem Fiasko und für Chateaubriand im Speziellen mit einer Verletzung endete.

Über Jersey floh er nach London, wo französische Emigranten ein neues Heer aufzustellen bemüht waren. Doch Chateaubriand war gesundheitlich zu sehr angeschlagen und musste sich zudem mit Übersetzungen und Französischstunden finanziell über Wasser halten. Was ihm nur mit wechselhaftem Erfolg gelang. Über weite Strecken nagte er am Hungertuch.

In England, wo er von 1793 bis 1800 blieb, führte er auch die lange zuvor begonnenen ersten schriftstellerischen Arbeiten fort. Besondere Bedeutung sollten vor allem zwei Erzählungen erhalten, die er nach seiner Rückkehr nach Frankreich veröffentliche. Mit *Atala* und *René,* indirekt autobiographischen Novellen vor dem Hintergrund seiner Erfahrungen mit den indianischen Kulturen in Nordamerika, wurde er zum Begründer der französischen Romantik. Mit seinen tränenreichen, melancholischen Erzählungen gab er dem besonders von jungen Menschen empfundenen Leiden an der Welt literarischen Ausdruck. Und damit ließ sich viel Geld verdienen.

In dieser Zeit wurde auch die Politik auf ihn aufmerksam. 1803 schickte Napoleon ihn als Sekretär der französischen Botschaft nach Rom, unter der Herrschaft der Bourbonen wurde er 1821 erst Botschafter in Berlin, ein Jahr später in London. Von 1822 bis 1824 war er sogar Außenminister. Später zog er sich aus der Politik weitestgehend zurück.

Chateaubriand war über die Politik und über seinen literarischen Erfolg zu einigem Wohlstand gekommen. Doch der größte Wohlstand hilft nichts, wenn man über seine Verhältnisse lebt. Und das tat Chateaubriand in erheblichen Ausmaßen, wozu nicht zuletzt sein ausschweifender Lebensstil und eine Vielzahl von Geliebten beitrugen. Verschuldet war er permanent bis über beide Ohren. Seine Gönner, auch seine Geliebten, griffen ihm finanziell immer wieder unter die Arme. Was jedoch nicht verhindern konnte, dass er 1817 seinen Landsitz sowie seine Bibliothek verkaufen musste. Freunde richteten gegen Ende seines fast achtzigjährigen Lebens gar eine Stiftung ein, die ihm einen monatlichen Betrag auszahlte. Doch auch sie geriet in finanzielle Schwierigkeiten und veräußerte schließlich die Rechte an seine Memoiren, mit denen er sich einen glänzenden Abgang von der literarischen Bühne bereiten wollte, ans Feuilleton. Schwer rheumakrank, starb Chateaubriand schließlich im Jahre 1848.

Vielleicht war es Rache für die sieben entbehrungsreichen Jahre im Londoner Exil von 1793 bis 1800, in denen er nach eigenem Bekunden vor Hunger an Wäsche, die er in Wasser eingeweicht hatte, saugte sowie Gras und Papier kaute. Jedenfalls beauftragte er auf dem Gipfel seiner Diplomatenkarriere 1822 als Botschafter in London seinen Koch, ein Fleischgericht zu erfinden, mit dem das berühmte englische Steak in den Schatten gestellt werden sollte. Das Ergebnis seines Küchenchefs Montmirel konnte sich sehen lassen: Es handelte sich um ein circa 400–500 Gramm schweres Lendenstück aus der Mitte des Filets, das er angeblich zwischen zwei minderwertigen, nicht mitservierten Steaks briet, wobei diese das Filetstück mit ihrem blutigen Saft durchtränkten.

Heute spart man sich den Aufwand mit den beiden Steaks minderer Qualität und grilliert oder brät das mit Öl eingeriebene Filet vier bis sieben Minuten von jeder Seite, sodass es innen noch rosa bis leicht blutig ist. Serviert wird es mit einem Stich Kräuterbutter sowie mit Kresse bestreut oder mit einer Sauce béarnaise.

Und den Hinweis berufener Fachleute, dass der wahre Erfinder des Chateaubriands gar nicht Montmirel hieß und auch nichts mit dem bretonischen Romantiker zu tun hatte, sondern Chabrillon, dessen Name nur zu Chateaubriand verballhornt wurde, nehmen wir zwar zur Kenntnis. Aber aus Ehrfurcht vor der Lebensleistung des französischen Autors schenken wir ihm einfach keine weitere Beachtung.

Cocktail

Coquetier und Hahnenschwanz

Cock's tail oder Coquetier, Hahnenschwanz oder Eierbecher, ›Savoir vivre‹ oder American Way of Life, Alte oder Neue Welt – das ist hier die Frage. Eine Frage, die jedoch leider nicht eindeutig zu klären ist. Denn woher der Begriff ›Cocktail‹ kommt, ist bis heute alles andere als sicher.

Nur so viel ist sicher: Cocktails sind alkoholische Mixgetränke. Die meisten werden im Shaker geschüttelt. Teilweise werden sie aber auch, wie der Dry Martini, nur gerührt. Oder man bereitet sie im Glas, in dem man sie serviert, ohne jedes Rühren und Schütteln zu. Ein echter Cocktail ist weder zu süß noch allzu nahrhaft oder fruchtig. Er soll den Appetit anregen und nicht mindern. Unter den unzähligen Drinks erleben viele nur eine Saison, andere, wie der Dry Martini, werden zu Klassikern.

So viel also ist sicher.

Doch wie ist es nun zu der sonderbaren Bezeichnung Cocktail gekommen? Die Anekdoten rund um die Geburtsstunde des Cocktails sind ebenso zahlreich wie amüsant. Hoch im Kurs stehen die folgenden Erklärungen, die die Entstehung des Cocktails in der Neuen Welt ansiedeln: Demnach könnte der Begriff von einer mexikanischen Schönheit herrühren, die ihren Gästen den Kopf zu verdrehen beliebte. Cocktel hieß sie und mixte spezielle Drinks. Eine andere Anekdote geht auf die Zeit des amerikanischen Unabhängigkeitskrieges von 1775 bis 1783 zurück und führt uns in die Bar von Betsy Flanagan im US-Bundesstaat New York, die ihr Etablissement mit den Federn jener Hähne dekorierte, für deren köstliche Zubereitung sie weithin berühmt war. Während des Krieges soll sie den Soldaten ein bestimmtes Mixgetränk in einem Glas gereicht haben, an das sie eine Feder von einem Hahnenschwanz (Cock's tail) klebte. Einer anderen Version zufolge soll ein französischer Offizier beim Anblick seines von Betsy zubereiteten und in allen Farben schillernden Drinks begeistert ausgerufen haben: »Vive le coq's tail!«

Besonders hartnäckig wird jene Geschichte kolportiert, der zufolge der Begriff Cocktail mit der Tradition der Hahnenkämpfe zusammenhängt. »Oft kräht der Hahn, ohne einen Sieg erfochten zu haben«, sagt ein dänisches Sprichwort. Entgegen dänischen Gepflogenheiten ließ man sieglose amerikanische Hähne jedoch nicht krähen, sondern rupfte ihnen die Federn. Hahnenkämpfe waren im 19. Jahrhundert in den USA weit verbreitet. Die ›Cockfights‹ zählten vor allem an Wochenenden zu den beliebtesten Freizeitvergnügen. Und der Sieger hatte nach dem blutigen Kampf das Recht, dem unterlegenen (also getöteten) Hahn die bunten Schwanzfedern auszureißen. Mit dieser Trophäe stieß man anschließend in der nahen Taverne lautstark auf den Siegerhahn an. Mit dem Spruch »Let's have a drink on the cock's tail« begoss man den Sieg und leerte das erste Glas.

Eine hübsche Geschichte. Doch ob sie deswegen auch stimmt, ist eine andere Frage. Einer weiteren, nicht weniger glaubwürdigen Version zufolge verdanken wir die Entstehung des Cocktails nämlich der Alten Welt, genauer gesagt der Französischen Revolution. Bekanntermaßen fegte man im Zuge der revolutionären Aufführung den Adel von der politischen Bühne. Doch nachdem der Vorhang gefallen war, fand das Volk an einigen Requisiten des untergegangenen Ancien Régime durchaus Gefallen. So zum Beispiel an einem Mixgetränk, dass vom Adel vorzugsweise aus gläsernen Schalen getrunken und ›Coquetel‹ (›coque‹ gleich Eierschale) genannt wurde. Im Rucksack französischer Auswanderer fand der ›Coquetel‹ den Weg in die Neue Welt, wo man sich des adeligen Mixgetränks fortan als Cocktail dankbar annahm.

Diese Spur führt auf direktem Weg zu Monsieur Peychaud, einem Apotheker, der seit 1793 in New Orleans Hunderte von verschiedenen Bittern verkaufte. Eine besondere Mixtur aus Cognac und einigen Tropfen Bitter schenkte er als therapeutische Sofortmaßnahme in Eierbechern – französisch ›Coquetier‹ – aus.

Ob die Amerikaner nun aus ›Coquetel‹ oder aus ›Coquetier‹ den Cocktail machten, sei dahingestellt. ›Cocktail‹ ging jedenfalls fortan als Pseudonym für alles, was ›gemixt‹ oder nicht reinrassig war, in die amerikanische Umgangssprache ein: halbblütige oder Pferde mit gestutztem Schweif zählten ebenso dazu wie Menschen zweifelhafter Herkunft. So wurden entgegen der landläufigen Meinung auch das ›Cocktail-Kleid‹ oder der ›Cocktail-Dress‹ nicht für die ›Cocktail-Partys‹ erfunden. Diese modische Besonderheit geht vielmehr auf die mageren Jahre während des zweiten Weltkriegs zurück: In Zeiten, da Stoffe, Leder und Seide von der Armee für Uniformen, Stiefel und Fallschirme benötigt wurden, musste die zivile Gesellschaft auf spezielle Dinner-, Nachmittags- und Abendgarderobe verzichten. Es entstand das schlichte Cocktail-Kleid für alle Gelegenheiten. Höhere modische Weihen erhielt der Cocktail-Dress erst in den Fünfzigern. Nunmehr wurde er als eigenständiges Mode-Modell in den frühen Abendstunden auf gleichnamigen Partys getragen, wo man beim zwanglosen Gespräch Cocktails als Aperitif zu sich zu nahm.

Über deren (auch politische) Wirkung wurde erstmals im Magazin ›The Balance‹ im Jahre 1806 geschrieben: »Cocktail ist ein anregendes Getränk, zusammengestellt aus Spirituosen irgendwelcher Art, Zucker, Wasser und Bitter. Er wird ordinär als ›bittered sling‹ bezeichnet und soll bei Wahlkämpfen als ausgezeichnetes Gebräu von Nutzen sein.«

Bei Wahlkämpfen von Nutzen? Man könnte auf Gedanken kommen …

Consommé à la Pompadour

Die Suppe der Mätresse

Konfuzius sagt: »Essen und Beischlaf sind die beiden großen Begierden des Mannes.«

Es ist nicht überliefert, ob Madame Jeanne-Antoinette Poisson, die 1721 in Paris geboren wurde, jemals von Konfuzius gehört oder ihn gar gelesen hat. Für tiefer gehende weibliche Einsichten in die Beschaffenheit der männlichen Natur bedarf es auch nicht unbedingt der Schriften des Konfuzius. Erfahrungen des Alltags dürften in der Regel reichen. Madame Poisson jedenfalls schien früh begriffen zu haben, worum es ging. Ihr Credo lautete: »Die Liebe eines Mannes wird im Bett gewonnen und bei Tisch erhalten.« Und dass dieses Naturgesetz auch in den Betten und an den Tischen gesalbter Häupter nicht außer Kraft gesetzt wird, durfte sie aus nächster Nähe erfahren. Denn als Mätresse Ludwigs XV. (1710–1778) lebte sie über zwanzig Jahre an der Seite eines der – nominell – mächtigsten Männer Europas. Und am Ende ihres relativ kurzen Lebens vermochte sie resümierend mitzuteilen: »Auch ein König ist ein Mann.«

Schon früh, streng genommen von Geburt an, war sie in erotische Affären verwickelt. Denn ob Monsieur Poisson wirklich ihr Vater war, wurde wegen des ausgesprochen rührigen Liebhabers der Mutter bezweifelt. Gerade einmal 16 Jahre alt, hatte auch Jeanne-Antoinette bereits einen Liebhaber, der ihr eine Erziehung in allerlei nützlichen Disziplinen angedeihen ließ. Vor allem aber lehrte er das bezaubernde junge Geschöpf höfisches Benehmen, wovon sie später noch profitieren sollte. Der Liebhaber ihrer Mutter fädelte 1741 schließlich ihre Heirat mit dem Unterfinanzpächter Normant d'Etoiles ein. Doch Jeanne-Antoinette war ehrgeizig, fühlte sich zu Höherem berufen und befähigt. Und sie hatte eine betörende erotische Ausstrahlung – beste Voraussetzungen für eine Karriere in royalen Diensten. Drei Jahre nach ihrer Vermählung wurde sie von ihrem Finanzbeamten wieder geschieden. Mit gerade 23 Jahren lernte sie dann auf einem Ball in Paris Ludwig XV. kennen. Es sollte nicht lange dauern, bis sie schließlich bei Hof eingeführt wurde. Der König war beeindruckt von ihrer mädchenhaften Schönheit und ihrer Fähigkeit, ihn mit den absonderlichsten Vergnügungen abzulenken. Schon bald machte Ludwig Jeanne-Antoinette zu seiner Mätresse und erhob sie in den Adelsstand. Fortan nannte sie sich nach dem Gut, das der König ihr vermachte, Marquise de Pompadour.

Sich eine Mätresse zu halten war in gehobenen Ständen – weltlich wie geistlich – per se nichts Ungewöhnliches. Überhaupt galt die frivole Liebhaberei allenthalben als eine modische Attitüde. Es war die Zeit des Rokoko, eine Epoche auch der erotischen Décadence. Alle Welt nahm Liebespillen, bediente sich ›spanischer Fliegen‹ und betrachtete amouröse Abenteuer als zeitgemäße Stimulanz. Es ging weniger um Liebe und Leidenschaft als um Vergnügung. Bestenfalls um die Verfeinerung der Liebestechnik. Hierin allerdings erwies sich die Marquise de Pompadour offenbar als ausgesprochene Meisterin. Was ihr Leben, ähnlich dem ihres männlichen Gegenstücks Casanova (1725–1798), zur Legende und den König von ihr abhängig machte. Mit seiner Frau, der Königin, verstand sie sich gleichwohl gut, erteilte ihr gar Unterricht in Liebesdingen. Und als sie mit zunehmendem Alter das Verlangen Ludwigs nach jüngeren Gespielinnen verspürte, führte sie ihm in ihrem berühmten ›Parc aux Cerfs‹ (Hirschpark) junge anonyme Schönheiten zu, die ihren Einfluss und ihre Stellung am Hofe nicht gefährden konnten.

Das Leben Ludwigs XV. war bis zum Einzug seiner Mätresse am Hof eher von Schwermut, Oberflächlichkeit und Lethargie gekennzeichnet. Es war ein übersättigtes Leben mit flüchtigen Vergnügungen. Die politischen Geschäfte hatte er Kardinal Fleury überlassen, der gut 17 Jahre allmächtig regierte. Die Marquise hingegen, von der Hofkamarilla wegen ihrer bürgerlichen Herkunft und bald auch wegen ihrer politischen Einflussnahme gehasst, verstand es, den blasierten König zu fesseln. Sie konnte reiten, malen, singen, veranstaltete rauschende Feste, organisierte Theater-, Opern- und Ballettauftritte, und sie vermochte den König immer wieder aufs Neue zu überraschen. Nicht zuletzt auch mit kulinarischen Raffinessen, an denen der König besondere Freude zeigte. Ludwig ließ sich daraufhin von seinem Leibkoch sogar selbst in die Kunst des Kochens einführen und bot seine Künste bei offiziellen Soupers den Geladenen zur Begutachtung. Wovon die hochwohlgeborenen Gäste in der Regel weniger erbaut waren, ließen des Königs Fähigkeiten im gestalterischen Detail für den verwöhnten Gaumen doch zu wünschen übrig. Wer isst schon gerne verbrannte Eierkuchen?

Die Kochkünste der Pompadour hingegen waren legendär. Zu den besseren Schöpfungen zählt allerdings weniger der Hecht à la Pompadour, ein Rezept für ihren minderbegabten Ludwig, das selbst er nachzukochen verstand. Aber die Consommé á la Pompadour, eine klare Geflügelkraftbrühe mit pochierten Geflügelfarceklößchen, Trüffelstreifen, in Fleischbrühe pochierten Selleriejulienne und in Champagner gegarten Krebsschwänzen, wird bis heute als absolute Suppendelikatesse gelobt.

Keine so glückliche Hand bewies die Marquise de Pompadour hingegen in außenpolitischen Belangen. Zwar mischte sie sich sehr erfolgreich in die ministerielle Personalpolitik ein, konnte Minister ›machen‹ und wieder entmachten. So protegierte sie beispielsweise die Karriere des Herzogs von Choiseil, der schließlich im Sessel des Außenministeriums Platz nehmen durfte – ein Dankeschön für die intrigante Hilfe des Herzogs gegen potenzielle Nebenbuhlerinnen der Pompadour. Doch als sie im Siebenjährigen Krieg Frankreich an die Seite Österreichs gegen Preußen führte, beging sie einen dramatischen Fehler. 1756 musste die französische Armee bei Rossbach in Sachsen eine unerwartete, aber verheerende Niederlage gegen die preußische Armee unter Friedrich dem Großen einstecken. 22 000 preußische Soldaten schlugen eine doppelt so starke und zu drei Vierteln aus Franzosen bestehende feindliche Armee. 10 000 Soldaten der Allianz fielen. Die Preußen zählten lediglich 500 Tote. Es mochte die Marquise besonders schmerzen. Hatte Friedrich doch mehrfach in Versform über sie gelästert und sie als »Ihrer Majestät Unterrock« verspottet. Zudem bog sich ganz Paris vor Lachen, als bekannt wurde, dass sie ihrem Günstling, dem Prinzen von Soubise, der auf ihr Betreiben hin zum Feldmarschall ernannt wurde, einen Trostbrief geschickt hatte. Man gönnte der höfischen Kamarilla die Blamage. Besonders die Pompadour war im Volk wegen ihrer Verschwendungssucht und ihrer Skandale verhasst.

»Nach uns die Sintflut« soll die Devise Ludwigs und der Marquise gewesen sein. Nun, Rossbach und der Siebenjährige Krieg waren die erste Welle. Bevor jedoch die beschworene Sintflut kam, starb die Marquise an Schwindsucht (1764). Sie wurde nur 43 Jahre alt. Auch ihr Ludwig erlebte die Sintflut nicht mehr in ihrer ganzen Wucht. Er starb 1774. Die Französische Revolution spülte erst seinen Enkel, Ludwig XVI., vom Thron.

Cordon bleu

Schweizer Tellermine

Um es vorwegzunehmen und direkt auf den Punkt zu bringen: Nichts Genaues weiß man nicht über das Cordon bleu. Man weiß nicht, wie das Ur-Rezept aussah, man weiß nicht, wer es wann erfunden hat, man weiß nicht, wie es zu seinem Namen kam. Es gibt lediglich Indizien. Wie diese jedoch zu gewichten sind, ist umstritten. Mit anderen Worten: Das Cordon bleu ist und bleibt eine Tellermine.

Beginnen wir mit dem, was man weiß, auch wenn das nicht viel ist. Ein Cordon bleu – ein blaues Band also – ist eine Auszeichnung für eine wie auch immer geartete herausragende Leistung. Und der blauen Bänder gibt es gar viele: Sie wurden und werden von Seglerverbänden vergeben, von Skiverbänden, von Galopprennveranstaltern, von Königen und Kochschulen. In Hannover erhält man sogar als Geflügelzüchter das begehrte blaue Band, sofern die zur Begutachtung eingereichte ›Steinbacher Kampfgans‹ als hervorragend eingestuft wird. Da kann man stolz sein, als Geflügelzüchter.

Ein Cordon bleu ist aber eben auch ein Schnitzel und als solches ein Klassiker nicht nur, aber besonders der Schweizer Fleischküche. Und hier beginnen schon die Probleme. Erstens: Es gibt berufene Gourmets, die behaupten, dass die Synonymie von Cordon bleu als Schnitzel und Cordon bleu als Auszeichnung eine Contradictio in adjecto darstelle – also einen Widerspruch in sich. Denn eine solcherlei zubereitete Speise verdiene keine Auszeichnung, bestenfalls Verachtung.

Zweitens: Zubereitung und Auswahl der Cordon-bleu-Zutaten sind mangels eines dokumentierten Ur-Rezepts der Vorliebe und damit der Willkür des Kochs oder der Köchin anheim gestellt. Es beginnt beim Fleisch: Nimmt man nun Kalbs- oder Schweineschnitzel? Ersteres schreibt die Lebensmittelverordnung vor, Letzteres ist kräftiger im Geschmack. Hat man weiterhin den Käse und den Schinken nun zwischen zwei Schnitzel oder in ein dickeres und seitlich aufgeschnittenes Stück Fleisch zu legen? Darf man das Fleisch vor dem Einlegen von Schinken und Käse mit – dem Feinschmecker graut es – Ketchup bestreichen oder nicht? Darf man bei der Käseauswahl nur an Gruyère, nur an Emmentaler oder etwa auch – dem Feinschmecker graut es erneut – an Scheiblettenkäse denken? Und serviert man das Cordon bleu, nachdem es in einer Panade goldbraun ausgebacken wurde, nun einfach nur mit einem Zitronenschnitz oder mit Pommes frites oder mit Kartoffelgratin oder mit – der Feinschmecker übergibt sich – Erbsen aus der Dose?

Nichts Genaues weiß man nicht!

Doch geben wir nicht allzu schnell auf. Eine, wenn auch nicht sonderlich viel versprechende, Spur auf der Suche nach dem möglichen Taufort oder Taufpaten des Cordon bleu führt nach Frankreich. Hier treten blaue Bänder in erstaunlich großer Vielfalt auf. König Heinrich III. verlieh ein solches an die Ritter des von ihm 1578 ins Leben gerufenen ›Ordre des Chevaliers du Saint-Esprit‹. Zu den solchermaßen Geehrten zählten auch Köche. Ludwig der XV. zeichnete wegen besonderer kulinarischer Verdienste die Köchin seiner Mätresse Gräfin Dubarry mit einem blauen Band aus. Um das sexuelle Begehren des Königs auf Trab zu halten, ließ seine Geliebte vorzugsweise Artischockengerichte zubereiten, gilt die Artischocke doch als ein natürliches Aphrodisiakum. Und über die Grenzen Frankreichs hinaus bekannt ist die 1880 in Paris gegründete berühmte ›L'École de Cordon Bleu‹, eine Kochschule, in der man als höchsten Abschluss ein Grand Diplôme erwerben kann und die sogar eine amerikanische Dependance sowie ein Restaurant, das ›Le Petit Cordon Bleu‹, in New York unterhält.

Doch bei all diesen bedeutenden französischen blauen Bändern gibt es nicht einen einzigen Hinweis darauf, dass das Cordon-bleu-Schnitzel französischer Herkunft wäre. Im Gegenteil: Das Panieren gilt in der französischen Küche eher als verpönt, wird bestenfalls als ländliche Marotte toleriert. Zudem liebt der Franzose keine Schichtung von Lebensmitteln, die man mit weitaus größerem Genuss auch getrennt voneinander verspeisen kann. Was den Franzosen ehrt.

Eine zweite, auf den ersten Blick sehr viel erfolgversprechendere Spur führt in die Weiten des Atlantiks. Genauer gesagt in die Kombüse des Schnelldampfers ›Bremen‹. Wie die ›Bremen‹ bewarben sich seit 1838 immer wieder schnelle Passagierdampfer, die so genannten Windhunde des Ozeans, um das für die schnellste Befahrung der Nordatlantikroute von Europa nach Nordamerika ausgelobte Blaue Band. 1929 erhielt die ›Bremen‹ die begehrte Auszeichnung, wurde jedoch ein Jahr später von ihrem Schwesterschiff ›Europa‹ geschlagen. 1933 holte sich die ›Bremen‹ die Trophäe zurück, die übrigens niemals wirklich als blaues Band, sondern in Form eines silbernen Pokals überreicht wurde. Kapitän Ziegenbein forderte ob des neuerlichen Triumphes den Küchenchef auf, zur Feier des Tages etwas Besonderes zu kochen. Und weil der Koch Schweizer war, meinte er, sich irgendetwas mit Käse einfallen lassen zu müssen. Das Ergebnis soll dem Blauen Band zu Ehren Cordon bleu genannt worden sein.

Man möchte aufatmen und das Rätsel um die Herkunft des Käseschnitzels für gelöst erklären. Doch da macht uns der ehemalige Chefsteward der ›Bremen‹ böswillig einen Strich durch die Rechnung: Der Koch habe wohl tatsächlich Cordon bleu aufgetischt, doch das Rezept habe er aus der Schweiz oder aus Frankreich mitgebracht.

Was soll man sagen? Doch Frankreich? Oder Schweiz? Nichts Genaues weiß man nicht!

Ein letzter Versuch. In Fachkreisen wird die folgende, nach alter Väter Sitte mündlich überlieferte Version diskutiert. Und die führt in die Schweiz. Der zufolge fiel vor 200 Jahren eine Gruppe von 30 Personen in ein Restaurant bei Brig im Kanton Wallis ein und bestellte Schweinscarré. Die Köchin machte sich ans Werk. Doch unvermittelt stellte sich eine weitere Gruppe von 30 Personen ein, was die Köchin erst ins Schwitzen, dann ins Grübeln und schließlich auf eine Idee brachte: Sie schnitt das Carré in 60 statt in 30 Portionen und füllte zum Ausgleich die einzelnen Fleischportionen mit Walliser Schinken und Käse. Dafür gebühre ihr das blaue Band, entschied der überglückliche Besitzer des Wirtshauses. Sie brauche kein blaues Band, erwiderte die gepriesene Köchin, aber man könne ja ihre Kreation nach besagter Auszeichnung benennen. Voilà, das Cordon bleu war geboren!

Ja, so soll es gewesen sein.

Aber jetzt mal ehrlich: Wer glaubt das?

Croissant

Getürktes Kipferl

Das Croissant gehört zu Frankreich wie die Spaghetti zu Italien. Wer jemals in einer Pariser Frühstücksbar seine Nase in diese unnachahmliche olfaktorische Doppelwolke aus einem ofenfrischen, warmen Blätterteighörnchen und frisch aufgebrühtem Kaffee gehalten hat, der weiß, wie morgendliches Glück auf Französisch riecht. Ein Biss in das knusprig-braune, luftig-buttrige Gebäck, dazu ein Schluck schwarz gebrannten Kaffees, in dem sich Milchnebel zu einem sanften ›au lait‹ verwirbeln, und man weiß, wie Frankreich zum Frühstück schmeckt. Kein Zweifel: Das Croissant kommt aus Frankreich!

Das jedenfalls glauben die meisten Menschen, wahrscheinlich sogar die meisten Franzosen. Auf die Gefahr hin, nun ein lieb gewonnenes frankophiles Bild zu zerstören: Es kommt nicht aus Frankreich, das Croissant. Es kommt aus Wien. Und zu allem Übel hing seine Erfindung auch noch mit den Kriegswirren des 17. Jahrhunderts zusammen. Und die waren durchaus dramatisch. Denn der abendländische Albtraum schlechthin schien damals Wirklichkeit zu werden: Die Türken standen 1683 bis an die Zähne bewaffnet vor Wien. Und da standen sie nicht nur einfach so rum. Sie schossen auch noch auf die Stadt! Ihre Kanonen hatten den Stadtmauern bereits klaffende Wunden zugefügt. Die Wiener waren der Erschöpfung nahe, und die Munition neigte sich dem Ende zu. Es sah wahrlich nicht gut aus. Der islamische Krummsäbel bedrohte die letzte östliche Bastion des Christentums. Die Stadt der Habsburger drohte dem Großwesir der Köprülü, Kara Mustafa Pascha, anheim zu fallen. Wenn Wien fiel ... Nicht auszumalen! Wien fiel aber nicht. Wien wurde von einem deutsch-polnischen Entsatzheer unter Führung des polnischen Königs Johann III. Sobieski befreit. Was im Westen mit Jubel aufgenommen wurde und im Osten zum Niedergang des Osmanischen Reiches beitrug.

So viel zu den gesicherten historischen Rahmenbedingungen für die Erfindung des weltbekannten französischen

Blätterteiggebäcks. Alles Weitere ist Legende, variantenreiche Legende. Denn jeder erzählt oder schreibt etwas anderes. Aber keiner weiß genau, wie es denn nun wirklich war mit dem Croissant. So führen wir denn (fast) alle Geschichten auf und stellen es Ihnen, liebe Leserinnen und Leser, anheim, selbst zu entscheiden, welche der Geschichten glaubhaft genug erscheint, Ihre geneigte Anerkennung zu finden.

Version 1) Die Türken graben während der Belagerung einen Tunnel unter der Stadtmauer, um Wien auf diesem arglistigen Weg einzunehmen. Eine nicht näher zu quantifizierende Gruppe von Bäckern, die als Frühaufsteher in der Ruhe der morgendlichen Stunden die Grabgeräusche vernehmen, alarmieren wie einst die Gänse Roms die Behörden und verhindern so die Einnahme der Stadt. Zur Erinnerung an dieses Ereignis lassen sich die Bäcker ein Gebäck in der Form des türkischen Halbmondes einfallen.

Version 2) Während der Belagerung sucht man in der Stadt nach einem Boten, der dem erhofften Entsatzheer die Nachricht von der verzweifelten Situation in der Stadt übermitteln soll. Er muss des Türkischen mächtig sein, um den Belagerungsring unerkannt überwinden zu können. Man findet schließlich einen Serben namens Kolschitzky, der geeignet erscheint. Als Türke verkleidet, spaziert Kolschitzky nächtens singend durch die türkischen Zeltlager. Ein Aga spricht den Tollkühnen an und lädt ihn auf eine Tasse Kaffee ein, den man bis dahin in Wien noch nicht kannte. Anschließend gelingt es ihm, nach dem Durchschwimmen der Donau bis zum Herzog Karl von Lothringen vorzudringen und seine Nachricht zu übermitteln. Nach der Befreiung Wiens erhält Kolschitzky die Erlaubnis, ein Gewerbe freier Wahl auszuüben und sich etwas aus den zurückgelassenen Türkenvorräten auszusuchen. Kolschitzky bemächtigt sich der Säcke mit Kaffeebohnen, die man in Wien noch für Kamelfutter hält, eröffnet am 27. Februar 1684 in der Domgasse 6 (oder im Schlossergassl) das erste Kaffeehaus und legt somit den Grundstein für das später berühmte Kaffeehaus Wien. (Was nun aber wirklich eine Legende ist. Das Wiener Kaffeehaus geht auf J. Diodato zurück, der nachweislich am 17. Januar 1685 die Erlaubnis erhielt, das ›orientalische Getränk‹ anzubieten.) Zur Erinnerung an die Ereignisse und als Begleiter zum Kaffee lässt Kolschitzky ein Gebäck in der Form des türkischen Halbmondes backen.

Version 3) Der Wiener Bäckermeister Leo Navrantil wird während der Belagerung aus nicht näher verifizierbaren Gründen von einem osmanischen Soldaten mit einem Sack Kaffee beschenkt und in der Kunst des Kaffeebrühens unterwiesen. Leo Navrantil eröffnete das erste Kaffeehaus und legt somit den Grundstein für das späterhin berühmte Kafeehaus-Wien. Zum Dank erfindet Leo Navrantil ein Gebäck in der Form des türkischen Halbmondes.

Version 4) Der Wiener Bäckermeister Peter Wendler erfindet nach der Befreiung der Stadt zum Hohne auf den türkischen Halbmond die Hörnchen, die man fortan ›Kipferl‹ nennt.

Version 5) Das Hörnchen wird überhaupt nicht in Wien, sondern im belagerten ungarischen Budapest erfunden.

Es gibt sicherlich noch einige Versionen mehr. Doch wir sollten es dabei belassen. Version fünf sollten wir wegen Fantasielosigkeit mit Missachtung strafen ebenso wie den Hinweis völlig humorloser Historiker, dass die Wiener Kipferl, also die Hörnchen, bereits als ›chipfen‹ (von ›kipf‹

für Stab oder gebogener Splint) im Jahre 1227 dem Fürsten Leopold mit auf seinen Kreuzzug gegeben worden seien.

Dass die Hörnchen oder auch Kipferl im Wien der Kaffeehäuser Karriere machten, verwundert nicht weiter. Seither begegnen sie uns als semmelige Kaffeehörnchen, als Plunderteilchen, als Mürbeteigplätzchen mit Mandeln und Vanille, als Germteiggebäck, als Nuss- oder Mohnkipferl und als Blätterteiggebäck, also als Croissant. Den Blätterteig hatten die Wiener wie den Kaffee wahrscheinlich auch von den Türken, die bereits seit dem 12. Jahrhundert mit geschichtetem Teig experimentierten, bis sie schließlich im 15. Jahrhundert das honigsüße Baklava erfunden hatten, an dem sich bis heute selbst die süßesten Geister scheiden.

Es war Marie Antoinette, die Tochter von Kaiser Franz I. und Maria Theresia, die schließlich das Hörnchen in seiner Blätterteigausführung nach Frankreich mitnahm, als sie 1770 den französischen Dauphin Ludwig XVI. heiratete. Und hier in Frankreich nannte man das Türkenhörnchen schließlich Croissant, was nichts anderes heißt als ›zunehmender Mond‹ oder ›Halbmond‹, was sich wiederum vom altfranzösischen ›croistre‹ (lat. crescere) für ›wachsen‹ beziehungsweise ›zunehmen‹ herleitet.

Nicht nur am Hof fand man Gefallen am Croissant. Auch das Volk begeisterte sich schnell für das krumme Gebäck. So war es denn eine österreichische Prinzessin, die das Croissant aus ihrer Heimat mitbrachte und dem französischen Volk schenkte.

Und was machte das Volk? Revolution. Und was machte das Volk mit Marie Antoinette? Guillotinieren. Man liebte sie wohl nicht sonderlich, die ›Autrichienne‹. Trotz Croissant.

Das Volk kann manchmal sehr undankbar sein.

Cuba Libre

Entspannung im Glas

Der Cuba Libre ist ein klassisches Erfrischungsgetränk. Er besteht aus einigen Eiswürfeln, 4–6 cl weißem Rum, 15 cl Coca-Cola und dem Saft einer Limette in einem Longdrinkglas. So wurde er populär. Auf der ganzen Welt. In seiner besonders populären Anwendung gerät er allerdings auch gerne zum Balzstoff: »Ei, tu mal 'nen Bacardi-Cola!« So in etwa läuten junge Männer an den Disco-Theken allwöchentlich den Samstagabend ein. Von diesem erhoffen sich die jungen Männer in der Regel dann, dass er im Bett derer enden möge, die sie unter Einwirkung möglichst vieler »Bacardi-Cola« möglichst gelassen anzubaggern gedenken. Was den jungen Männern mit einer statistischen Auffälligkeit misslingt, die ihnen zu denken geben sollte. Die wenigsten dieser jungen Männer wissen zudem, dass der Cuba Libre ein über einhundert Jahre alter Drink ist, dessen Entstehung mit einem besonders spannenden Kapitel der Weltgeschichte verknüpft ist.

Es begann 1823 mit der so genannten Monroe-Doktrin. James Monroe war von 1817 bis 1825 der Präsident der Vereinigten Staaten von Amerika. Amerikanische Präsidenten sind sehr mächtige Männer. Und hin und wieder machen sie sich Gedanken zur Außenpolitik. Wenn alles gut geht, ist das Ergebnis eine nach dem jeweiligen Präsidenten benannte Theorie oder Doktrin. Harry S. Truman zum Beispiel versprach 1947 in einer Kongressrede allen ›freien‹ Staaten, die sich dem sowjetischen Expansionsdrang widersetzten, materielle Hilfe. Das war die Truman-Doktrin. Präsident Dwight D. Eisenhower entwickelte 1954 die so genannte Dominosteintheorie und meinte damit, dass jeder kommunistische Umsturz in einem Land die Gefahr eines ebensolchen im Nachbarland in sich berge. Was die Amerikaner damals nicht sehr komisch fanden. Das war – die Älteren von uns erinnern sich – zu Zeiten des Kalten Krieges.

Theorien und Doktrinen amerikanischer Präsidenten sind also für den Rest der Welt von Bedeutung, denn die USA sind eine Weltmacht. Unter James Monroe waren die USA allerdings noch keine Weltmacht, wollten aber eine werden. In seiner vor dem Kongress formulierten Doktrin forderte der Präsident von den europäischen Kolonialmächten dementsprechend, sich vom ›amerikanischen Kontinent‹ in Zukunft fern zu halten. Und mit amerikanischem Kontinent meinte er Nord- *und* Südamerika *und* die Karibik. Dafür seien fortan allein die USA zuständig: Amerika den Amerikanern!

Die Spanier auf Kuba, im karibischen Hinterhof der Vereinigten Staaten, schienen das nicht ernst zu nehmen. Sie blieben. Was nicht nur die Amerikaner nervte, sondern vor allem auch die Kubaner. Von 1868 bis 1878 hatten sie in einem ersten Unabhängigkeitskrieg bereits vergeblich versucht, die Spanier von der Insel zu vertreiben. Als die Kubaner sich in einem zweiten Anlauf 1895 ihrer Kolonialherren zu entledigen versuchten, schickten die Vereinigten Staaten das Schlachtschiff ›U. S. S. Maine‹ nach Kuba, um Eigentum und Bürger der USA zu schützen. Im Februar 1898 explodierte die ›Maine‹ im Hafen von Havanna und sank. 266 Menschen kamen dabei ums Leben. Gesunkene Schlachtschiffe sind immer schlecht fürs amerikanische Image. Dass die ›Maine‹ allerdings nicht, wie vermutet, durch einen spanischen Sabotageakt gesunken war, sondern infolge eines defekten Dampfkessels, war zwar peinlich, wusste aber niemand, denn das kam erst 1969 heraus. Also erklärte man vorsichtshalber den Spaniern den Krieg.

Und dann ging alles sehr, sehr schnell: Erst wurde in der Bucht von Manila auf den Philippinen die spanische Pazifikflotte vernichtet. Dann landeten die Amerikaner auf Kuba, errichteten eine Seeblockade und versenkten anschließend das spanische Seegeschwader, das die Seeblockade zu durchbrechen versuchte. Und weil sie einmal dabei waren, besetzten die Amerikaner auch das bis dahin noch spanische Puerto Rico. Im anschließenden Friedensvertrag von Paris wurden Guam, Puerto Rico und die Philippinen von Spanien an die USA offiziell abgetreten. Kuba wurde unabhängig und rief 1902 die Republik aus, gestand den USA allerdings ein uneingeschränktes Interventionsrecht zu. Mit anderen Worten: Die Vereinigten Staaten waren die Erben des einst so stolzen kolonialen Spaniens und mit einem kleinen unspektakulären Krieg zur Weltmacht aufgerückt!

Wenn das kein Grund war, sich ordentlich zu besaufen. Das dachten sich jedenfalls jene Soldaten einer US-Army-Nachrichtentruppe, die gemeinsam mit Lieutenant Colonel Theodore Roosevelt und der Rough-Riders-Kavallerie Kuba 1898 besetzt hatten. Regelmäßig fanden sich die Soldaten nach Dienst in einer Bar in der Altstadt von Havanna ein. Ein junger Kurier, Fausto Rodriguez, beobachtete eines Abends, wie ein hoher Offizier jene Bar betrat und beim Bartender einen Bacardi-Rum mit Coca-Cola und einer Limettenscheibe bestellte. Die übrigen Soldaten wurden neugierig. Schnell war die erste Lokalrunde bestellt, und siehe da, das seltsame Offiziersgetränk schmeckte. Es lag in der Natur der Sache, dass einer der Soldaten zu fortgeschrittener Stunde einen Trinkspruch »auf das freie Kuba« ausbrachte. Daraufhin erhob der Offizier sein Glas und ließ jenen Schlachtruf ertönen, mit dem die Kubaner sich im Kampf um die Unabhängigkeit angetrieben hatten: »Cuba Libre!«

Bald wurde dieser Schlachtruf zur gängigen Bezeichnung für jene entspannte Vereinigung Kubas und Amerikas in einem Glas. Dabei wird es vorerst wohl auch bleiben. Wegen dem Che. Und dem Fidel. Aber das ist nun wieder eine ganz andere Geschichte.

Curry

Koloniales Wurstpuder

Herbert Grönemeyer, Edelbarde mit Hang zur Ruhrpottfolklore, hat sie besungen, die scharfe Wurst:

gehsse inne stadt
wat macht dich da satt
'ne currywurst

kommsse vonne schicht
wat schönret gibt et nich
als wie currywurst
...
rutscht dat ding dir aus
gehsse dann nach haus

voll currywurst
auf'm hemd auffer jacke
ker wat is dat ne k … alles voll currywurst

Es war am 4. September 1949 in Berlin, als Herta Heuwer an der Ecke Kaiser-Friedrich-/Kantstraße der Menschheit einen unschätzbaren Dienst erwies. An jenem 4. September regnete es ›Kindsköppe‹, was wohl der Grund dafür war, dass sich keine Kundschaft an ihrem Imbissstand einfand. Herta Heuwer nutzte die Stunde der Muße und schuf sie: die Currywurst. Hertas Geheimnis liegt bis heute vor allem in der Rezeptur der Soße, die nach eigenem Bekunden der mittlerweile verstorbenen Erfinderin nichts mit dem heute allgegenwärtigen Ketchup zu tun hatte. Das Wurst-Dressing bestand vor allem aus Tomatenmark und zehn bis zwölf unterschiedlichen Gewürzen. Und Curry.

Wohl kaum eine andere Leidenschaft wie die von Herta Heuwer geweckte plebejische Passion für die kurze Würstchennummer im Stehen verhalf dem gelben Gewürzpulver zu derartiger Popularität. In Berlin, in Hamburg, im Rheinland und vor allem im Ruhrpott wuchsen ganze Nachkriegsgenerationen mit der Currywurst auf. Im Wirtschaftswunderland roch es nach deutschem Brät und indischem Curry.

Aus Indien stammt es nämlich, das Currypulver. Doch es wird nicht, wie viele Curry-Liebhaber noch heute meinen, aus den so genannten Curryblättern gewonnen. Die Curryblätter sprießen an einem Baum namens *Murraya koenigii* (wächst wild in Südindien und auf Sri Lanka), schmecken und riechen aber nur in frischem und gequetschtem Zustand nach Curry. Getrocknet oder gar pulverisiert haben sie hingegen kaum einen Geschmack. Curry-Blätter können als Gewürz also nur frisch verwendet werden, was hierzulande kein Normalsterblicher tut. Der verwendet das im Handel üblicherweise angebotene Curry-Pulver. Und das ist eine Gewürzmischung, in der je nach Schärfe in unterschiedlichen Anteilen 12 bis 20 einzelne fein gemahlene Gewürze enthalten sind. Dazu zählen in der Standardausstattung Cayennepfeffer, Ingwer, Koriander, Nelken, Kardamom, Kurkuma, Kreuzkümmel, Muskatnuss, Paprika, Zimt, Macis, Fenchel etc. Mit Leguminosenmehl wie Bockshornkleesamen wird die Schärfe des Currys schließlich auf europäische Geschmackstoleranzen gestreckt.

Bleibt die Frage, wie es bei dieser Vielzahl von Ingredienzen zu dem seltsamen Namen Curry kam. Es handelt sich dabei um eine englische Verballhornung zweier indischer Wörter, die seltsamerweise aber beide keine Gewürzmischung meinen, sondern eine besondere Form der Speisezubereitung. Das im tamilischen Süden Indiens gebräuchliche Wort *kaari* beschreibt Gerichte, die im Wesentlichen aus Fisch, Fleisch, Geflügel oder Gemüse (Letzteres für die sich vegetarisch ernährende höchste Priesterkaste der Brahmanen), Reis sowie gut und pikant gewürzten Saucen, Joghurt oder Kokosmilch und frisch zubereiteten Gewürzmischungen bestehen. Im indischen Norden der Punjab-Region nennt man diverse Gerichte beziehungsweise die dazu gereichten scharfen Saucen *kahdi*. Die frisch zubereiteten Gewürzmischungen, wie zum Beispiel unser Curry-Pulver, die zu diesen Speisen gereicht werden, nennt man im Indischen hingegen Masala. Diese Masalas gibt es in den unterschiedlichsten Zusammensetzungen, Schärfegraden und Geschmacksrichtungen. Im Norden Indiens bevorzugt man die pulverisierten Gewürzmischungen aus gerösteten Gewürzen, im Süden eher Pasten aus frischen Zutaten.

Auf dem Weg von der englischen Kronkolonie Indien nach England und Westeuropa im 18. Jahrhundert wurde schließlich vereinfachend aus kaari und kahdi das auch im Deutschen gängige Curry als Sammelbezeichnung für a) indische Speisen mit Fisch, Geflügel, Fleisch oder Gemüse wie auch b) für die hier mittlerweile übliche Curry-Gewürzmischung, wie sie für indische Currys und unter anderem auch bei der Currywurst Anwendung findet.

In Deutschland bemühte sich eine Firma besonders um die Verwertbarkeit von Curry als Gewürz. Im Appetitlexikon aus dem 19. Jahrhundert wird darauf verwiesen, dass »neuerdings eine gewisse Firma C. H. Knorr in Heilbronn unter der »Bezeichnung Curry-Suppe eine Art Fleischextrakt-Konserve« herstelle, eine Suppe von »kräftigem, aber keineswegs scharfem Geschmack«, die aber »sicher (und zu ihrem Vorteil!) mit dem echten Curry-Pulver nichts zu tun« habe. Scharf hingegen war Knorr mehr als hundert Jahre später auf das Original-Rezept der ›Chillup-Sauce‹ für die Currywürste von Herta Heuwer, die sich die Imbissbesitzerin 1959 hatte patentieren lassen. Die gebürtige Königsbergerin blieb jedoch standhaft. Ihre Wurstbude und das Schwätzchen mit der Kundschaft waren ihr wichtiger. Obwohl sie wohl reich geworden wäre, die Herta.

So aber konnte sie stolz über ihren Imbissstand schreiben: »Oft kopiert und nie erreicht!«

Was ist mehr wert?

Daiquiri

Karibischer Weichspüler

Der Daiquiri ist ein echter Cocktail-Klassiker. An einem heißen Sonnentag getrunken, vermag dieser traditionelle ›sunshine drink‹ auch fernab seines eigentlichen Geburtsortes auf Kuba karibische Gefühle zu wecken: Spätestens nach dem fünften Glas meint man den Rhythmus leise rotierender Deckenventilatoren zu hören, schnell stellt sich jenes typische Lebensgefühl tropischer Hängematten-Gelassenheit ein, und mit jedem weiteren Glas wird die Welt ein wenig heller, bunter und leuchtender – ein betörender Zaubertrunk, ein Weichspüler.

Erfunden wurde der Ur-Daiquiri wahrscheinlich 1896 oder 1898 von einem amerikanischen Bergbauingenieur namens Jennings Cox, der mit einer Gruppe von Kollegen in den Kupferminen der Provinz Oriente an der Ostküste Kubas arbeitete. Cox war eigentlich begeisterter Gin-Trinker. Als er eines Abends einige Gäste aus der amerikanischen Heimat beköstigen wollte, musste er zu seinem Bedauern feststellen, keinen Gin mehr im Haus zu haben. So griff er zum weniger geliebten karibischen Rum, den er ›geschmacksverbessernd‹ mit Limettensaft, Zucker und Eis mischte. Seine Gäste zeigten sich von der spontanen Cocktail-Rezeptur mehr als begeistert. Cox nannte daraufhin seinen Drink nach der in der Nähe liegenden Stadt Daiquiri. Eine Zufallsbekanntschaft von Cox, Admiral Lucius Johnson, nahm das Rezept im Jahre 1909 mit in die USA und stellte es im Washingtoner Army and Navy Club vor, wo der karibische Drink sogleich auf große Resonanz stieß. Von hier aus soll er seinen Weg in die bekanntesten Bars der Welt genommen haben.

Weltberühmt wurde der Daiquiri vor allem durch die Angewohnheit des amerikanischen Präsidenten John F. Kennedy, den Daiquiri als ›Before-Dinner-Drink‹ zu sich zu nehmen. Doch jeder Cocktail-Liebhaber weiß natürlich, dass die eigentlichen Helden der Daiquiri-Geschichte zwei andere große Männer sind: Der eine war eine Berühmtheit vor dem Tresen, der andere eine Koryphäe hinter dem Tresen. Der eine hieß Ernest Hemingway, der andere hieß Constantino Ribailagua. Letzterer zählte zu jenen Bartender-Legenden, die den weltweiten Ruhm der kubanischen Mixer in den 1920er und 1930er Jahren begründeten. Ribailagua nannte man auch ›El Rey de los Coteleros‹, den König der Cocktails. Er war ein Perfektionist und ein absoluter Meister seines Fachs. Ab 1912 arbeitete er in der legendären ›Floridita‹-Bar in Havanna, die er später als Besitzer übernahm und bis 1952 führte. Viele klassische Cocktails soll er kreiert haben. Der bei weitem berühmteste war der Frozen Daiquiri, den er mit dem von ihm erfundenen Flash-Blending-Verfahren im Elektromixer zu absoluter Perfektion führte. Das ›Floridita‹ nannte man damals auch ›La Catedral del Daiquiri‹, die Kathedrale des Daiquiris.

An der Entwicklung des Frozen Daiquiris soll der Legende nach auch Ernest Hemingway beteiligt gewesen sein, der sich mit der Finca Vigia 1940 auf Kuba ein Domizil gekauft hatte. Durch seine permanente Anwesenheit im ›Floridita‹ verhalf er der Bar zu Weltberühmtheit. Sein häufiger Aufenthalt am Tresen der legendären Bar hatte seine Gründe: Hemingway war nicht nur bekannt für seine nüchterne Prosa, sondern vor allem auch für seine Affinität zu Hochprozentigem. Um es präziser zu formulieren: Auf Kuba hatte sich sein Alkoholkonsum vom einst jugendlichen Imponiergehabe längst zum klinischen Alkoholismus gewandelt. Hemingway selbst konstatierte, mit Alkohol seine »bösen Riesen« bekämpfen zu wollen: Einsamkeit, Angst, Depressionen. Doch damit befand er sich in guter Gesellschaft. Alkoholismus scheint bei vielen amerikanischen Literatur-Nobelpreisträgern eine treibende Kraft gewesen zu sein: Sinclair Lewis, Eugene O'Neill, William Faulkner – alles gestandene Zecher. Psychiater neigen dazu, Schriftstellern ähnlich wie Alkoholikern ein pathologisches Einzelgängertum zu attestieren. Tief im Inneren sind sie allein – weshalb sie unentwegt trauern. Der Alkoholiker trinkt gegen die Trauer und Einsamkeit an. Der Schriftsteller schreibt dagegen an. Der saufende Schriftsteller geht auf Nummer sicher.

Auf Nummer sicher ging Hemingway auch an jenem Abend, als er im ›Floridita‹ unter Zeugen 16 doppelte Frozen Daiquiris trank. Den doppelten nannte man ihm zu Ehren auch ›Papa Doble‹. Demnach hätte er an diesem Abend ungefähr 1,6 Liter Rum und den Saft von circa 32 Limonen zu sich genommen. In Harry' Bar in Venedig sollen es an einem Tag 46 normale Daiquiris gewesen sein, abends weitere 15.

Dass er dem Daiquiri eine Zeit lang besonders zugetan schien, mag nicht überraschen. Der Daiquiri ist ein Klassiker, der durch seine Klarheit ebenso wie durch seine Raffinesse überzeugt. Der traditionelle Frozen Daiquiri wird aus einer Barschaufel gestoßenem Eis, dem Saft einer halben Limette, zwei Barlöffeln feinem Zucker und 5 cl weißem Rum im Elektromixer (Blender) hergestellt und in einem Champagnerkelch oder einer Cocktailschale serviert. Man sollte sich von der Einfachheit des Rezeptes nicht täuschen lassen: Ein leichtes Ungleichgewicht der Zutaten kann die Ausgewogenheit der perfekten Komposition bereits kippen. Seit den 1950ern sind unzählige Abwandlungen des Klassikers erfunden worden. Den Hemingway-Daiquiri serviert man statt mit Zucker mit Maraschino. Aber auch Grenadine, Grapefruitsaft, Banane oder Ananas werden für die unterschiedlichsten Varianten in den Blender gegeben.

Hemingway selbst bevorzugte die einfache Version. Warum, hat er in ›Inseln im Strom‹ mit überzeugender Klarheit formuliert: »Er trank noch einen gefrorenen Daiquiri ohne Zucker, und als er das schwere, frostbeschlagene Glas hob, sah er die klare Schicht unter dem geraspelten Eis, und sie erinnerte ihn an das Meer. Das geraspelte Eis sah aus wie das Kielwasser eines Schiffs, und das Klare darunter sah wie das Bugwasser aus, wenn der Steven es zerschnitt und das Schiff im flachen Wasser war, über sandigem Grund. Es war fast genau dieselbe Farbe.«

Was man in einer einfachen Cocktailschale nicht alles sehen kann.

Dom Pérignon

Charmanter Champagner-Schwindel

»Nach dem Sieg verdienst du ihn, nach der Niederlage brauchst du ihn!« Die Rede ist vom Champagner. Und wer den Champagner da so nüchtern zum unverzichtbaren Bestandteil seines Handwerks erklärte, war – natürlich –

ein Franzose. Und ein weithin bekannter dazu: Napoleon Bonaparte.

Champagner! Gibt es ein bekannteres und schmackhafteres Symbol für die französische Leichtigkeit des Seins? Wohl kaum. Verständlich, dass die Franzosen ›ihre Erfindung‹ schließlich auch vertraglich und international schützen ließen: im Vertrag von Versailles 1919 und im Madrider Abkommen 1932. Seither darf sich nur Champagner nennen, was auch tatsächlich aus der Champagne kommt – und prickelt. Letzteres als Folge der ›Méthode champenoise‹.

Das Flaggschiff des Champagner-Hauses Moët & Chandon ist die 1936 eingeführte Prestige-Cuvée *Dom Pérignon*. Der aus Pinot Noir und Chardonnay hergestellte Champagner in der dunkelgrünen, dem Stil des 18. Jahrhunderts nachempfundenen Flasche ist ein flüssiges Statussymbol, er ist das Teuerste vom Teuren, die berühmteste und meistverkaufte Luxus-Cuvée überhaupt. Benannt ist sie nach jenem Benediktinermönch, der gemeinhin als Erfinder des Champagners gilt: Dom Pérignon. Kaum eine Innovation, kaum eine technische Neuerung, kaum ein Handgriff in der Champagnerherstellung, die der Legende nach nicht auf den blinden Benediktinermönch zurückgehen sollen.

Pierre Pérignon wurde 1638 als Sohn eines Gerichtsschreibers geboren. Mit 19 Jahren trat er als Mönch ins Benediktinerkloster von Saint-Vannes ein. 1668 wurde er Prokurator der königlichen Abtei Saint-Pierre d'Hautvillers. Bis zu seinem Tod im Jahre 1715 war er für das gesamte weltliche Gut der Abtei verantwortlich. Ihm oblag die Organisation der Finanzen, das Instandhalten der Gebäude und vieles mehr. Der Weinbau jedoch lag ihm ganz besonders am Herzen. Unter seiner Leitung und nach dem

Bau einer neuen Kellerei entwickelte sich der Weinverkauf zu einer der lukrativsten Einnahmequellen der Abtei.

Dom Pérignon war unbestritten ein Meister seines Fachs. Doch aller Wahrscheinlichkeit nach ist er weder der Erfinder der ›Méthode champenoise‹, noch führte er den dafür notwendigen Korken ein, noch das berühmte Rüttelpult. Stattdessen scheint der Champagner und eine Vielzahl der zu seiner Herstellung notwendigen Arbeitsschritte eher das Ergebnis einer ungewollten europäischen Kooperation gewesen zu sein.

Das Wichtigste bei der Champagnerherstellung ist die so genannte zweite Gärung in der Flasche. Heutzutage wird sie künstlich eingeleitet: Nachdem man den fertigen Weißwein in die Flasche gefüllt hat, wird ihm ein klein wenig von einem Gemisch aus Wein, Zucker und speziellen Hefen zugefügt. Diese Fülldosage setzt die zweite Gärung in der Flasche in Gang. Das dabei entstehende Kohlendioxid kann jedoch wegen des festen Korkenverschlusses nicht entweichen und bleibt so als Kohlensäure im Wein enthalten. Je nach Typ bleibt nun der werdende Champagner zwischen mehreren Monaten und mehreren Jahren waagerecht ›auf der Hefe‹ im Weinkeller liegen. Um die Hefe am Ende der Prozedur aus der Flasche zu bekommen, werden die Flaschen kopfüber in ein Rüttelpult gesteckt und drei Wochen täglich gedreht, bis sich die Hefe im Flaschenhals gesammelt hat. Der Flaschenkopf wird dann vereist, der Hefepfropf schießt aus der Flasche, und der Schaumwein ist anschließend wieder klar. Bevor die Flasche endgültig verkorkt wird, gibt man dem Champagner noch ein wenig Wein mit Zuckersirup zu, um die Flasche wieder aufzufüllen und um den Champagner geschmacklich zu harmonisieren.

Die Erfindung der zweiten Gärung geht wahrscheinlich auf einen Zufall im 17. Jahrhundert zurück. Seinerzeit lieferten die Weinbauern der Champagne ihren noch ziemlich unausgegorenen Wein fassweise nach England. Und dies meist im Winter, wodurch die teilweise noch laufende Gärung in den Fässern unterbrochen wurde. In England füllte man den Wein in verkorkte Flaschen, in denen im Frühling dann mit zunehmenden Temperaturen die Gärung wieder einsetzte. Was die Engländer zu ihrer Überraschung anschließend in den mit einem Knall geöffneten Flaschen vorfanden, war prickelnder und schäumender Champagner.

In England, nicht in Frankreich, begann man auch, mit der zweiten Gärung künstlich zu experimentieren, was aus einem Dokument des Jahres 1662 hervorgeht – sechs Jahre bevor Dom Pérignon sein Amt als Prokurator in Frankreich antrat. Und während man in Frankreich den Wein noch mit ölgetränkten Lumpen verschloss, kannten die Engländer bereits den festen Verschluss mit einem Korken vom Verschließen von Bierflaschen. Und ohne die Entwicklung festerer Glasflaschen in England wäre die seit 1700 in der Champagne gezielt angewandte Flaschengärung erfolglos geblieben. Das berühmte Rüttelpult wurde ebenso wenig von Dom Pérignon erfunden, war aber wenigstens eine französische Idee: Die Witwe Veuve Nicole Cliquot (s. S. 267) ließ Löcher in ihren Küchentisch bohren, um so die Flaschen vor der Entnahme der Hefe einige Tage kopfüber lagern zu können.

Dom Pérignon, der zunächst alles tat, um die Schaumbildung des Weines zu verhindern, machte sich jedoch zweifellos verdient um die Kunstfertigkeit, aus verschiedenen Weinen der Gegend die geschmacklich beste Mischung zu entwickeln – eine der wichtigsten Voraussetzungen für einen qualitativ hochwertigen Champagner.

Der Champagner-Boom setzte schließlich ein, als der französische König 1728, 13 Jahre nach dem Ableben von Dom Pérignon, die Genehmigung erteilte, Champagner nicht mehr nur in Fässern, sondern auch in Flaschen zu transportieren. Bereits ein Jahr darauf widmeten sich die ersten Firmen ganz dem Verkauf von Champagner. 1743 stieg der Weinmakler Claude Moët ins Champagnergeschäft ein, und nachdem sein Schwiegersohn Graf Pierre-Gabriel Chandon 1825 die Abtei gekauft hatte, firmierte das Unternehmen seit 1832 unter dem heutigen Namen Moët & Chandon.

Und seither geistert der Schwindel von Dom Pérignon als dem Erfinder des Champagners durch die Weinliteratur. Ein Schelm, wer Böses dabei denkt.

Dönerkebab

Türkischer Fastfood-Star

Wer kennt sie nicht, die mit Fleischschnipseln, Salat oder Gemüse, Knoblauch- oder scharfer Sauce gefüllte türkische Brottasche? 720 Millionen Portionen Dönerkebab werden jährlich in Deutschland über die Tresen von circa 10 000 Dönerbuden gereicht. 3,6 Milliarden Mark setzt die Dönerindustrie in Deutschland jedes Jahr um – mehr als McDonald's, Burger King und die Wienerwald-Kette zusammen. Aus und vorbei also die Zeiten, als Brathendl,

Hamburger und Currywurst mit Fritten die deutsche Fastfood-Leitkultur bestimmten. Das neue Nationalgericht der Deutschen ist der türkische Döner!

Und damit hat der Döner wahrscheinlich mehr für die Völkerverständigung geleistet als jede noch so gut gemeinte Folkloreveranstaltung oder Dichterlesung – zum Leidwesen vieler Intellektueller und Integrationsspezialisten auf beiden Seiten, die sich redlich Mühe gaben und geben, das deutsch-türkische Projekt zum Gegenstand der Hochkultur zu machen.

Die Erfolgsgeschichte des Dönerkebab, was nichts anderes als ›drehendes‹ (Döner) ›Fleisch‹ (Kebab) bedeutet, beginnt in Deutschland Anfang der Siebziger wahrscheinlich in Berlin. Als einer der ersten, die es wagten, das von einem senkrecht rotierenden Spieß abgesäbelte Fleisch mit frischem Gemüse in eine Weißbrottasche zu füllen, gilt Mehmet Aygün. Kaum 16 Jahre alt, arbeitete er 1971 im Laden seines Onkels am Kottbusser Damm 76 in Berlin-Kreuzberg, als ihm die Idee kam, dem englischen Sandwich und dem amerikanischen Hamburger eine türkische Fastfood-Variante zur Seite zu stellen. Anfangs hatte er Schwierigkeiten, seine Kundschaft an den neuen Imbiss zu gewöhnen. Doch mit der Zeit – und oft genug am gemeinsamen Arbeitsplatz – sprach sich bei Deutschen wie Türken herum, dass die Kombination der Zutaten durchaus schmackhaft war. Was fehlte, war eine Sauce. Denn vor allem der Deutsche liebt Sauce zum Fleisch. Also experimentierte Aygün mit verschiedenen Rezepturen, bis er eine Saucenauswahl anzubieten hatte, die bei Deutschen und Türken gleichermaßen Anklang fand.

Den Durchbruch erzielte der Döner jedoch erst mit der Weltwirtschaftskrise 1974/75. Sahen die bis dahin gut

600 000 türkischen Arbeitnehmer in Deutschland angesichts sicherer Arbeitsplätze, garantierter Tariflöhne, Urlaubsanspruch und Altersvorsorge keinen Anlass, sich mit einem Geschäft selbständig zu machen, änderte sich diese Einstellung angesichts der konjunkturbedingten Entlassungen. Und der Döner verhieß gute Umsatzzahlen. Immer mehr türkische Imbissbuden wurden eröffnet. Vor allem in Berlin: Gab es Anfang der Achtziger noch 200 Grillspieße, so waren es Mitte der Neunziger bereits 1300. Täglich gut 25 Tonnen Dönerfleisch wurden an eine hungrige Berliner Kundschaft verkauft. Bundesweit waren es bereits 200 Tonnen pro Tag.

Anfangs stellten die Imbissbesitzer ihre Spieße noch selbst her. Die Fleischscheiben, traditionell hauptsächlich vom Lamm und vom Hammel, wurden in einer Marinade aus Zwiebelsaft, Milch, Olivenöl, Salz, Pfeffer, Paprika, Kümmel, Eiern und Pimentpulver eingelegt, anschließend spindelförmig auf den Spieß gesteckt, unterbrochen von Hackfleischschichten, die gewährleisten, dass die einzelnen Fleischschichten zusammenbacken. Für den deutschen Geschmack erwies sich Lamm- und Hammelfleisch allerdings als zu streng. So wurde mehr Kalb- und Rindfleisch verwendet. Je mehr der Döner im Laufe der Jahre jedoch zu einem industriell gefertigten Billigvergnügen zu verkommen drohte, desto mehr wurde billigeres und leichter zu verarbeitendes Hackfleisch, ja sogar Schweinefleisch verwendet. Gegen den Wildwuchs am Spieß sah sich der Berliner Senat 1991 gezwungen, mit einer Verordnung, der ›Verkehrsauffassung für das Fleischerzeugnis Dönerkebab‹, einzuschreiten. Demnach darf nur noch grob entsehntes Kalb-, Rind- oder Lammfleisch verwendet werden. Der Hackfleischanteil darf 60 Prozent nicht überschreiten.

Doch in einen wirklich guten Döner gehören Aygün zufolge, der mittlerweile mehrere türkische Feinschmeckerlokale in Berlin sein Eigen nennt, nur Lamm- und Kalbfleisch.

Immer wieder machte in der Vergangenheit das Gerücht die Runde, der Dönerkebab sei eine Erfindung aus Deutschland. Tatsächlich war der Fleischspieß jedoch schon seit mindestens 200 Jahren in der Türkei bekannt, bevor er hier Karriere machte. In der Türkei handelt es sich allerdings um ein Tellergericht und nicht um eine Fastfood-Variante. Es widerspricht der türkischen Esskultur, auf die Schnelle und im Gehen zwischen zwei Terminen seine Mittagsmahlzeit hinunterzuschlingen.

Mittlerweile soll der Döner sogar in Japan auf eine begeisterte Anhängerschaft zählen können. Und auch in China hat vor nicht allzu langer Zeit eine Döner-Bude aufgemacht. Dort glaubt man, dass die Fleischtasche eine *deutsche* Spezialität ist. Eine dankbare Aufgabe für türkische PR-Spezialisten.

Aber überzeugen Sie mal 1,2 Milliarden Chinesen.

Dry Martini

Drink für geile Gastgeber

Von Dorothy Parker, der berühmten New Yorker Literatur- und Theaterkritikerin (1893–1967), die bekannt war für ihren sarkastischen Witz, stammt der folgende Vierzeiler:

I like to have a martini
Two at the very most
After three I'm under the table
After four, I'm under my host

Ich liebe Martinis
Aber höchstens zwei
Drei, da bin ich unter'm Tisch
Vier, da liege ich unter meinem Gastgeber

James Bond, von Beruf Brite, Weltenretter und Womanizer, nach seiner Dienstnummer auch einfach 007 genannt, wäre wohl ein solcher Gastgeber gewesen, unter dem sich Mrs. Parker hätte wiederfinden können. Kaum sonst jemand hat dem Martini zu so viel Popularität verholfen wie der Geheimagent Seiner Majestät mit der Lizenz zum Töten. Und weil immer wieder gefragt wird, ob Bond seinen Martini nun gerührt oder geschüttelt haben möchte, sei an dieser Stelle aus dem Ur-Bond ›Casino Royale‹ zitiert, in dem der Agent einem Barmann genaue Anweisung erteilt, wie der echte ›Bond-Martini‹ herzustellen war:

»Einen trockenen Martini«, sagte Bond. »Einen. In einem tiefen Champagnerglas … Drei Teile Gordon's, einen Teil Wodka und einen halben Teil Kina Lillet. Schütteln Sie das Ganze, bis es eiskalt ist, und garnieren Sie es mit einer großen, dünnen Scheibe Zitronenschale. Haben Sie das?«

Damit wäre erstens klar, dass Bond seinen Martini geschüttelt und nicht gerührt haben wollte, und zweitens, dass Bond einen Martini bevorzugte, der mit dem original Dry Martini so gut wie nichts mehr zu tun hatte. Denn der Dry Martini, der König aller Cocktails, besteht erstens aus nur zwei flüssigen Bestandteilen, Gin und (hellem) Vermouth (z. B. Noilly Prat), die zweitens in einem Rührglas mit Eis verrührt und durch ein Barsieb in ein Cocktailglas geseiht werden. Punktum!

Wer den Dry Martini, den »Fixstern am Himmel, mit dem sicher durch den Dschungel der Cocktailgeschichte navigiert werden kann«, wie es der Kulturkritiker William Grimes formulierte, erfunden hat, ist einmal mehr umstritten. Die wahrscheinlichste Geschichte scheint jene zu sein, die der italienische Barmann Luigi einem Journalisten in den 1960er Jahren aufs Tonband gesprochen haben soll. Demzufolge war Luigi Anfang des letzten Jahrhunderts nach New York gekommen, um Barmann zu werden. Häufig ließ er sich an der Bar des noblen New Yorker Knickerbocker Hotel nieder, um dort die Cocktail-Künste des Barkeepers Martini di Arma di Taggia zu bewundern, der unter anderen an seiner Bar auch Caruso und John D. Rockefeller bediente. Die Gefolgschaft im Schlepptau des Letztgenannten taufte den von Martini erfundenen und besonders beliebten Cocktail irgendwann »Dry Martini«. Dieser Ur-Dry-Martini soll zu gleichen Teilen aus Dry Gin und Vermouth bestanden haben, verfeinert mit einer Spur Orange Bitter. Später fügten dann einige findige Gäste noch eine grüne Olive am Zahnstocher hinzu.

Kaum dass er geboren war, entwickelte sich auch schon ein bis heute vehement geführter Streit um das richtige Mischungsverhältnis von Gin und Vermouth. Hier gehen die Meinungen allerdings weit auseinander. Barmixer-Legende John Doxan empfiehlt ein Verhältnis von 11 : 1, höchstens 7 : 1. Ernest Hemingway wird nachgesagt, dass er seinen Martini nach dem Montgomery-Prinzip zubereiten ließ: Montgomery, legendärer englischer General des Zweiten Weltkriegs, führte seine Truppen in einer Übermacht von 15 : 1 gegen den deutschen Gegner. Der spanische Filmregisseur Luis Buñuel bevorzugte eine etwas extravagantere Zubereitungsform: Der Gin, das Rührglas sowie das Trinkglas mussten einen Tag vor der Zubereitung in den Kühlschrank gestellt werden. Am folgenden Tag ließ er über das Eis im Rührglas einige Tropfen Noilly Prat und einen halben Teelöffel Angostura Bitter laufen. Die Eiswürfel wurden gerührt, anschließend schüttete er die Flüssigkeit aus, und erst jetzt durfte der Gin in das Rührglas eingefüllt werden. Buñuel war sicher sehr puritanisch, was die Berechnung des Vermouth-Anteils betraf. Noch puritanischer war Humphrey Bogart. Er ließ lediglich den Schatten der Vermouth-Flasche auf sein Gin-Glas fallen.

So viel dürfte bis hierher also klar sein: James Bond mochte erfolgreicher Agent und Frauenheld sein, mit dem klassischen Dry Martini hatte sein geschüttelter Cocktail nichts zu tun! Doch vielleicht lag Mr. Bond mit seinem Drink gar nicht so falsch. Kanadische Forscher der Universität von Westontario haben festgestellt, dass ein geschüttelter Martini deutlich gesünder als ein gerührter ist. Er weist nämlich mehr von jenen Wirkstoffen auf, die das schädliche und in Körperzellen vorkommende Wasserstoffsuperoxid abbauen.

Vielleicht ist deshalb James Bond unsterblich. Wasserstoffsuperoxid! Wozu so ein bisschen Schütteln doch nicht alles gut sein kann.

Eisbein

Berliner Schlittschuh

Es ist eine klassische Spezialität des alten Berlin: das Eisbein, also der vordere oder auch hintere Unterschenkelknochen des Schweins mit dem dazugehörigen Fleischansatz, der traditionell erst gepökelt und dann gekocht wird und den man mit Erbsenpüree und Sauerkraut zu einer Berliner Molle verzehrt. Erfunden hat diese Form der Zubereitung angeblich der Wirt einer kleinen Kneipe in der Nähe des Görlitzer Bahnhofs. Das war im 19. Jahrhundert. Und so wie das Eisbein auf dem Teller verhielt sich bisweilen auch die Diplomatie des alten Berlin: ein bisschen zu grobschlächtig, ein bisschen zu deftig, ein bisschen zu einfallslos. Und zu später Stunde viel zu mächtig, also schwer verdaulich. Das Eisbein und sein Sauerkraut waren sehr deutsch.

Das alte Berlin ist schon lange tot. Die neue Republik ist eigentlich rheinisch, und das neue Deutschland baut man noch. Das neue Berlin auch. Politisch. Auch städtebaulich. Und kulinarisch. Die gastronomischen Vertreter der Berliner Esskultur mühen sich redlich, das neue Berlin auch schmackhaft zu machen. Man will weg von der alten, schweren, allzu bodenständigen Küche, weg von Kasseler, Buletten, Bollenfleisch und Kalbsleber mit Apfelringen. Man will sie zerstören, die Berliner Pfannkuchen- und Currywurst-Folklore. Selbst das Eisbein mit Sauerkraut und Erbsenpüree soll entsorgt werden. Doch die wenigsten derer, die die gepökelte Haxe auf die Abfallhalden der Berliner Gastronomiegeschichte wünschen, noch derer, die den Fleischknochen mit Zähnen und Klauen verteidigen, wissen, warum das Eisbein eigentlich Eisbein und nicht einfach Haxe oder Schweinshaxe wie im deutschen Süden heißt. Drum sei für Aufklärung gesorgt, damit wenigstens bekannt wird, was der Gegenstand der Auseinandersetzung überhaupt ist.

Der Name Eisbein hat nichts mit der Art der Zubereitung oder mit der Aufbewahrung der Rohstoffe des gleichnamigen Gerichts zu tun. Vielmehr nimmt der Name Bezug auf das Schienbein des Schweins, welches ein Röhrenknochen ist. Und aus Röhrenknochen machte man in germanischer Zeit, in Skandinavien sogar bis in die Neuzeit, Schlittschuhe. So findet man im Schwedischen für diese Knochenschlittschuhe die mundartliche Bezeichnung ›isläggor‹, und im Norwegischen ›islegg‹, worin sich das ›is‹ für Eis und das ›legg‹ beziehungsweise ›lägg‹ für Bein oder Röhrenknochen findet. Ein Eisbein ist also nichts anderes als ein verwendbarer Röhrenknochen größerer Tiere zur Herstellung von Schlittschuhkufen.

Fachleute streiten noch darüber, ob sich der Begriff ›Eisbein‹ nicht doch eher aus dem lateinischen ›ischia‹ beziehungsweise althochdeutschen ›isbein‹ für Hüft- oder Oberschenkelknochen herleitet, und sich deshalb nicht auf das Schienbein des Sauerkrauteisbeins bezieht. Geschenkt! Seit dem 19. Jahrhundert tritt die Bezeichnung ›Eisbein‹ eindeutig als Umschreibung für ein Gericht aus Schweinebein auf. Wer also ein Eisbein isst, sollte wissen, dass er an einem Schlittschuhknochen nagt. Was die Resteverwertung angesichts der vielen zugefrorenen Berliner Seen in den harten Berliner Wintern in einem ganz neuen Licht erscheinen lässt.

Aber bitte, es soll ja ein neues Berlin entstehen. Also muss auch eine neue Gastro- und Speisekultur her. Doch die Erneuerer wollen das Kind gottlob nicht mit dem Bade ausschütten. Moderne regionale Küche lautet das Zauberwort – auch in Berlin. Und so streitet man mit den alten Zutaten der Region für eine neue Berliner Küche: Müritz-Maränen auf Rotkohlstreifen, Havel-Zander in Dillkruste, Berliner Pastetchen von Bollenfleisch, Kaisergranat im Nudelmantel, Berliner Flusskrebssülze und italienisches Gemüse auf Lavendel-Sauce mit Hummer. In der Tat: Das hört sich schon eher nach Hauptstadtküche an als ›Eisbein mit Sauerkraut‹. Das hört sich vor allem leichter an, das ist selbst zu später Stunde nicht zu mächtig. Und es ist nicht so deutsch.

Also liegt es auch nicht so schwer im Magen. Da kann man besser schlafen. Im neuen Berlin. Und im neuen Deutschland.

Filetspitzen Stroganow

Russische Sippenhaft

Gut 400 Jahre zählte das Geschlecht der Stroganows zu den reichsten und politisch wie wirtschaftlich einflussreichsten Familien Russlands. Und dennoch: Der Name Stroganow wäre – im Westen ohnehin – wohl schon längst in Vergessenheit geraten, hätte nicht einer der Stroganows seine Spuren auf den Tellern der europäischen Kochkunst hinterlassen und damit ein weiteres Mal bewiesen, dass eine Zutatenliste das Leben der Menschen oftmals nachhaltiger und weitreichender beeinflusst als politische, militärische oder wirtschaftliche Großtaten. Nur: Welches Familienmitglied der Stroganows es war und ob es überhaupt einer der Stroganows oder nicht vielleicht einer ihrer (französischen) Köche war, darüber gibt es seltsamerweise keine gesicherten Erkenntnisse.

Die Stroganows stammten ursprünglich aus Nowgorod, südlich des heutigen Petersburg, wo sie als Händler und Bauern ihren Unterhalt verdienten. Gegen Ende des 15. Jahrhunderts zog die Familie an den Ural, das Grenzgebirge zwischen Europa und Asien. In der Permer Gegend schufen sie durch Salzgewinnung die Grundlagen eines riesigen Vermögens. 1558 erhielten die Stroganows von Zar Iwan dem Schrecklichen große Ländereien. Mit ihrem Grundbesitz von über 3,5 Millionen Hektar Land, dem Recht auf eigene Gerichtsbarkeit sowie der Erlaubnis, eine eigene Armee zu führen, stellten die dem Zaren direkt unterstellten Stroganows eine wichtige Bastion gegen die weiter im Osten herrschenden Tataren dar. Vom Ural aus leiteten die Stroganows gegen Ende des 16. Jahrhunderts schließlich die Eroberung Sibiriens ein. 1639 erreichten die Russen die Pazifikküste.

Zar Peter der Große kassierte 1722 die Privilegien der Stroganows. Seither tauchte die Familie am Zarenhof auf und übernahm dort höchste Staatsämter. Die folgenden 200 Jahre befand sich immer irgendein Mitglied der Familie in unmittelbarer politischer Nähe zu den jeweiligen Zaren oder Zarinnen. 1790 schenkte der damalige Graf Alexander Stroganow zwölf Millionen Hektar aus dem Familienbesitz seiner Zarin Katharina der Großen. Er hatte schlicht den Überblick über seine Ländereien verloren.

Ausgedehnte Reisen nach Italien, Holland, Deutschland, Frankreich sowie in die Schweiz, aber auch längere Aufenthalte im Westen gehörten über Generationen hinweg zum Pflichtprogramm der Stroganows, um hier die neuesten Technologien zum Beispiel für die Erzgewinnung im Ural kennen zu lernen und so den Reichtum der Familie zu sichern und zu mehren. Und ohne Reichtum hätte man im 18. und 19. Jahrhundert in Petersburg weder einen Palast noch eine Kathedrale bauen noch eine Kunstakademie gründen oder eine Kunstsammlung anlegen können. Man suchte im Ausland aber auch den Kontakt zu den modernen politischen Entwicklungen, suchte die Nähe von Künstlern und Philosophen, nahm sogar, wenn auch nur kurz und unter dem Schutz eines Decknamens, auf Seiten der Revolutionäre an der Französischen Revolution teil. Und schließlich kämpfte und starb man gegen Napoleon. Einer der letzten Stroganows floh schließlich 1917 aus Russland nach Amerika, wo er zum Marineoffizier avancierte. Auf der Konferenz von Jalta wurde er als Dolmetscher für Roosevelt und Churchill bei ihren Verhandlungen mit Stalin eingesetzt. 1976 starb er bei einem Autounfall.

Eine große Familie, die Stroganows. Und nun beginnt das große Rätselraten: Nach welchem Familienmitglied wurden die Filetspitzen benannt? Die Biographin der Stroganows, Tatiana Metternich, spekuliert, es sei Sergej, der Dolmetscher, gewesen, der das Rezept dem Koch des berühmten Pariser Maxim's überreicht hätte. Das scheint aber unwahrscheinlich, erwidert der Fachmann Marcel Grauls, denn das Feinschmeckerrestaurant wurde erst 1896 eröffnet, in Auguste Escoffiers 1891 erschienenem Standardwerk ›Le Guide Culinaire‹ wurde das Gericht aber bereits erwähnt.

Oder ging es vielleicht auf Graf Grigorij Alexander Stroganow zurück, der von 1816 bis 1821 russischer Gesandter in Rom war? Oder auf Graf Sergej Grigorjewitsch Stroganow, den Bürgermeister von Odessa im 19. Jahrhundert, dessen Köche das Gericht für unerwartet vorsprechende Besucher entwickelt hatten. Es würde Sinn machen. Die kurz angebratenen Filetspitzen, die mit angedünsteten Zwiebeln und Champignons in einer Rahmsauce serviert werden, waren gut vorzubereiten und leicht zu portionieren.

Oder war das Rezept noch viel älter? Reicht es gar zurück in jene Zeit, als die Stroganows sich Richtung Sibirien aufmachten? Griff ein Koch im tiefen Sibirien schließlich verzweifelt zum scharfen Messer, weil er das tiefgefrorene Filetfleisch nur in kleine Stücke zersäbelt in der Pfanne anbraten konnte?

Wir wissen es nicht. Also nehmen wir sie in Sippenhaft, die Stroganows, und danken ihnen und ihren Köchen, dass sie der Menschheit etwas geschenkt haben, das mindestens ebenso lange Bestand haben wird wie eine Kathedrale oder ein Palast in Petersburg.

Fürst-Pückler-Eisbombe

Kalorienkracher für den Großgärtner

Von Bomben hatten die Deutschen nach dem Zweiten Weltkrieg genug. Was man brauchte, nach den Jahren des Krieges, des Hungers und der Essensmarken, waren kleine kalorienreiche Alltagsfreuden, die halfen, die schwere Zeit zu vergessen. Langnese erbarmte sich der ausgehungerten

Bäuche und Seelen. Aber nicht ›Eisbombe‹, sondern sehr treffend und zeitgemäß ›Happen‹ hieß das kleine Eisvergnügen für zwischendurch, bestehend aus Erdbeer-, Vanille- und Schokoeis zwischen zwei dünnen Teigschnitten. Seit 1951 hat die Wirtschaftswunderwaffel im Langnese-Programm einen festen Stammplatz. In den ersten Jahren deutete noch der Hinweis »nach Fürst-Pückler-Art« auf die ursprünglich edle Herkunft.

Die aristokratische Vorlage für den Volks-Happen im Straßenverkauf war nämlich in der Tat die nicht minder erfolgreiche, klassische, aber sehr viel größere Fürst-Pückler-Eisbombe. Wobei die Bezeichnung ›Eisbombe‹ auf zweierlei Wegen in die Irre führt: Erstens handelte es sich beim Original vermutlich weder um eine Bombe noch um eine Torte, sondern um ein sternförmig angeordnetes Eisarrangement, das der Grundform eines Ordens aus dem Hause Pückler nachempfunden worden war. Zweitens ist der Begriff Bombe nicht im militärischen Sinne zu verstehen, sondern auf die halbkugelförmige Bombenform bezogen, in die man das Eis in Schichten einfüllt, um es durchfrieren zu lassen. Mit Bomben im militärischen Sinn hatte der Namensgeber der kalorienreichen Kaltspeise zudem recht wenig im Sinn, wenn man von einem kurzen Intermezzo in jungen Jahren einmal absieht. Denn Hermann Ludwig Heinrich Fürst von Pückler-Muskau (1785–1871) war weder militärisch noch politisch über die Maßen engagiert. Sein Interesse, seine ganze, bis in den Bankrott reichende Leidenschaft galt vor allem der Gartengestaltung und den Frauen.

Fürst Pückler entstammte einem schlesischen Uradelsgeschlecht. Geboren wurde er in der Oberlausitz auf Gut Muskau, zu dem 550 Quadratkilometer Ländereien und

36 Dörfer gehörten. Ein solch gigantisches Erbe in Aussicht, nahm Pückler sein Jurastudium in Leipzig nicht sonderlich ernst. Auch dass er mehr, viel mehr Geld ausgab, als ihm von zu Hause zugestanden wurde, nahm er nicht sonderlich ernst. Seine Schuldner nahmen ihm das allerdings sehr übel. Also floh er. Nach Dresden. Dort trat er in das vornehmste Kavallerieregiment ein. Was wiederum sehr viel Geld kostete, ebenso wie seine Spielfreude und seine Bordellbesuche. Schließlich gab es auch hier übellaunige Schuldner. Also erneut Flucht. Diesmal nach Wien. Dort legte er sich körperlich und unter Einsatz einer Reitgerte erfolgreich mit dem Sohn des Reichskanzlers an. Was ihn schließlich ebenso wie die Tatsache, dass sein Vater die Geldmittel entnervt einfror, dazu veranlasste, auch Wien zu verlassen. Mit umherziehendem Volk bereiste er am Bettelstab die Schweiz, Italien und Frankreich.

Endlich erbte er 1811 das väterliche Gut. Doch kaum hatte er als Standesherr sein stolzes Lausitzer Erbe angetreten, beschlagnahmte die aus Russland fliehende napoleonische Armee auf ihrem Rückzug den Familiensitz. Was sich Pückler – ein Mann der Tat – nicht gefallen ließ: Als Offizier schloss er sich der sächsischen und russischen Armee an und verfolgte die Franzosen bis nach Paris. Die entscheidende Wende erfuhr sein Leben jedoch während eines Besuches in England. Hier lernte er die englischen Landschaftsgärten kennen und lieben. Nach Muskau zurückgekehrt, begann er, seine neu entbrannte und enorme Summen verschlingende Leidenschaft für die Gartengestaltung praktisch umzusetzen. Die folgenden 30 Jahre lang arbeitete er an seinem Privatpark in Muskau. Er ließ Berge versetzen, die Neiße umleiten, Hunderttausende von Bäumen umpflanzen und Seen anlegen.

Sein Vermögen schmolz unter der finanziellen Last der aufwendigen Arbeiten wie Eis in der Sonne. Eine Frau musste her. Eine reiche Frau! Die fand er in der Tochter des preußischen Staatskanzlers von Hardenberg. 1817 heiratete er Lucie. Doch knapp zehn Jahre später war auch ihr Vermögen in den Lausitzer Sand gesetzt. Lucie kam angesichts des drohenden Bankrotts auf eine geniale Idee: Sie ließ sich pro forma scheiden, damit ihr Hermann nach England reisen konnte, um dort nach einer neuen Frau zu suchen. Nach einer reichen Frau! Mit der wollte man dann in Muskau einen fürstlichen Dreierreigen tanzen. Denn seit 1822 war Pückler auf Betreiben des Schwiegervaters in den Fürstenstand aufgerückt. Also bereiste der Fürst England und andere Länder. Leider ohne Erfolg.

Sehr erfolgreich hingegen verkauften sich seine Reiseberichte. Sie wurden Bestseller, und ihr Autor avancierte zu einem der beliebtesten Reiseschriftsteller seiner Zeit. Seine Reisen führten ihn Ende der zwanziger und in den dreißiger Jahren nach Frankreich, Irland, England, in die Niederlande, nach Algier und Ägypten, nach Kleinasien und Griechenland. Doch die einzige Frau, die der mittlerweile 55-Jährige unter Protest der Gemahlin schließlich mit nach Hause brachte, war ein dreizehnjähriges, armes abessinisches Mädchen, dem er hoffnungslos verfallen war. Das Glück währte nicht lange. Kurz nach ihrer Ankunft in der Lausitz verschied das unglückliche Geschöpf an Schwindsucht.

Bestseller hin, Landschaftsgarten her: 1845 war Pückler 60 Jahre alt und pleite. Also: Was tun? Die Herrschaft Muskau musste verkauft werden. Komplett, mit Garten. Und dann? Umzug mit Lucie ins Schloss Branitz bei Cottbus. Auch ein Familienerbstück. Ein bisschen kleiner und überschaubarer. Aber man konnte das Barockschloss im orientalischen Stil umbauen, mit Goldstuck und Damast auskleiden. Und vor allem: Mit Hilfe von Gefängnisinsassen und Tagelöhnern konnte man einen wunderschönen, noch heute zu besichtigenden Landschaftsgarten anlegen! Seine Gattin bestattete der Fürst 17 Jahre vor seinem eigenen Tod in einer Pyramide, die er in einem See hatte errichten lassen. Dort legte man dann 1871 auch ihn zur Ruhe. So ging's zu bei Fürstens.

Und wer hat die aus geschlagener Sahne, Puderzucker, Maraschino (oder Vanille), Erdbeerpüree, geriebener Schokolade, zerbröselten und mit Maraschino getränkten Makronen bestehende Eistorte erfunden? War es Herman von Pückler-Muskau selbst oder ein findiger Konditor aus Cottbus namens Schul(t)z? War es bei einer Feier auf Schloss Muskau? Oder kaufte der Konditor das Recht vom Fürsten, sein Eis nach Seiner Hoheit zu benennen? Das alles ist nicht geklärt.

War es jedoch der Konditor, so tat er gut daran, seiner Eiskreation den Adelstitel zu verleihen. Eine ›Schul(t)z-Bombe‹ hätte sich in den Annalen der Konditorinnung wahrscheinlich nicht allzu lange gehalten.

Gin

Proletarischer Rachenputzer

Schuld war eigentlich Karl V. (1500–1558), Habsburger, König von Spanien und Kaiser des Heiligen Römischen Reiches. Wenn er 1555 Spanien und die Niederlande nicht an seinen Sohn, Philipp II., übergeben hätte, wäre es wohl nie zur Entwicklung des berühmten englischen Nationalgetränks gekommen. Und man muss tatsächlich von Schuld reden. Denn bis der Gin in England zu einem zivilisierten Nobelgetränk wurde, hat er dort erst einmal die Massen der verarmten Bevölkerung in großes Unglück gestürzt. Also ist er schuld, der Karl. Und das kam so.

Als Karl seinem Philipp neben Spanien und solchen Preziosen wie Mailand, Neapel, Sizilien und Sardinien auch die Niederlande übergab, hätte er als Vater wissen müssen, dass sein Sohn mit den nordeuropäischen Gebieten nicht sonderlich viel anzufangen wusste. Außer sie tyrannisch zu unterdrücken. Das aber musste naturgemäß in die Katastrophe führen. Die Niederländer konnten nämlich auch nichts mit dem spanischen Philipp und schon gar nichts mit seiner tyrannischen Unterdrückung anfangen. Also versuchten sie, ihn loszuwerden. Was wiederum Philipp nicht gefiel, der den Niederländern den für solche Fälle besonders berüchtigten Herzog Alba nach Holland schickte. Nun aber wurden die Niederländer richtig böse. Also gab's Krieg. Von 1568 bis 1648, mit einer Pause von 1609 bis 1621. Mitte des 17. Jahrhunderts hatten sie die Spanier dann endgültig vor die Tür gesetzt.

Mit der zunehmenden Unabhängigkeit von Spanien brach für das tapfere kleine Küstenvolk eine Ära blühenden Wohlstands an. Die Niederlande entwickelten sich zur führenden Wirtschafts- und Seemacht Europas. Das Goldene Zeitalter hatte begonnen. Und was machte man in den Niederlanden nach all den Jahren kriegsbedingter Entbehrungen als Erstes? Man aß sich richtig satt, denn das konnte man sich jetzt wieder leisten. Man aß sich sogar sehr satt. Dicke Bäuche aß man sich an. Und gegen ebenjene dicken niederländischen Bäuche und die sich darin abspielenden Verdauungsdramen wollte Franziskus Sylvius de Bove, Professor an der Universität zu Leyden, etwas unternehmen. Also begann er um das Jahr 1600 mit Gerste, Roggen, Mais und Wacholder zu experimentieren. Das Ergebnis, einen die Verdauung anregenden klaren Wacholderbranntwein, nannte er französisch ›Genièvre‹, was Wacholder heißt und sich vom lateinischen ›iuniperus‹ ableitet. Seine holländischen Mitbürger machten aus dem ›Genièvre‹ schnell den umgangssprachlichen sehr bekannten und beliebten ›Genever‹.

Traditionell genießt man in Holland auch heute noch gerne am späten Nachmittag oder frühen Abend in seiner Stammkneipe ein Glas *oude* oder *jonge* Genever. Wobei der Unterschied nicht im Alter liegt. Im *jonge* Genever steht die Wacholdernote mehr im Vordergrund (manchmal allerdings auch nicht). Beim *oude* Genever steht eher der ›moutwijn‹ im Vordergrund, der Malzwein, gebrannt auf der Grundlage von Mais, Roggen und Gerstenmalz. Beim letzten Brennprozess wird der Genever dann mit Wacholderbeeren, Anis oder Kümmel aromatisiert. Man kann aber auch gänzlich andere Schnäpse in der ›Borreluur‹, der Schnapsstunde, am Tresen seiner Kneipe zu sich nehmen. Dazu hält man ein Schwätzchen mit seinem Tresennachbarn und knabbert ein bisschen *oude* oder *jonge* Gouda oder ein paar Erdnüsse. Alles in allem also eine sehr entspannte und zivilisierte Form des Drogenkonsums.

Ähnliches konnte man vom Verzehr der englischen Variante des Genevers durch die armen Bevölkerungsteile Großbritanniens im 18. Jahrhundert allerdings nicht behaupten. Doch der Reihe nach: Zunächst einmal musste der Genever ja auf die Kanalinsel gebracht werden. Und das geschah durch einen Niederländer. Was nicht weiter verwundert. Doch der Niederländer war nicht, wie man meinen könnte, irgendein Schnapshändler, sondern immerhin der Generalstatthalter der Niederlande. Als solcher war der protestantische Wilhelm von Oranien von der Opposition des amtierenden englischen Königs Jakob II. um Hilfe gebeten worden. Jakob war nämlich prokatholisch und vor allem profranzösisch. Mit Katholiken und Franzosen konnte und wollte man aber nicht so recht in England. Also kam der Niederländer 1688 mit 15 000 Mann, vertrieb Jakob und ließ sich im folgenden Jahr zum Dank die englische Krone aufsetzen.

Mit im Gepäck hatte Wilhelm den niederländischen Genever, den er fortan vor allem in den besseren Kreisen der englischen Gesellschaft gegen die bis dahin dominierenden französischen Getränke propagierte, die Wilhelm mit sehr hohen Steuern belegte. Die Frontstellung gegen Frankreich war eben auch ein Kulturkampf. Weitaus größere Wirkung erzielte die Einführung des Genevers allerdings in den unteren Gesellschaftsschichten, die bis dahin vorzugsweise Bier tranken. Gegen Ende des 17. Jahrhunderts war wegen der nicht sonderlich durchdachten Steuerpolitik Bier jedoch teurer als Genever, den die Briten der sprachlichen Einfachheit halber schon bald Gin nannten. Und von diesem Gin tranken fortan vor allem weite Teile der armen Bevölkerung in rauen Mengen.

Es muss geradezu eine Branntwein-Epidemie gewesen sein. Man versuchte, soziale Not, Zukunftslosigkeit und Krankheit im Alkohol zu ertränken, viele Männer und Frauen mutierten innerhalb kurzer Zeit zu Ginleichen. Ganze Familien gingen an der Sucht nach Gin zugrunde. Trank man Ende des 17. Jahrhunderts gerade einmal 2,5 Millionen Liter Wacholderbrand, waren es um 1730 bereits 25 Millionen Liter, in den Vierzigern gar um die 100 Millionen Liter pro Jahr. In Westminster war in den Zwanzigern des 18. Jahrhunderts jedes vierte Haus eine Schnapskneipe. Doch was die Briten da auf Erlaubnis des Oraniers brannten und tranken, hatte mit dem holländischen Genever oder dem heutigen Gin nur ansatzweise etwas zu tun. Es müssen grausliche Rachenputzer gewesen sein, übelste Fuselschnäpse, an denen sich eine ganze soziale Schicht bis zum Erbrechen berauschte.

Wenngleich durch politisches Einschreiten das Trinkverhalten im Verlauf der zweiten Hälfte des 18. Jahrhunderts seinen epidemischen Charakter verlor, blieb Branntwein bis weit in das 19. Jahrhundert ein probates Mittel der nunmehr auch gerne ›Proletariat‹ genannten unteren sozialen Schicht, ihr soziales Elend im Suff zu vergessen. Friedrich Engels aus dem spätpietistischen Barmen im Tal der Wupper (1820–1895), der 1842 als 22-Jähriger für zwei Jahre nach England ging, um hier eine kaufmännische Lehre zu absolvieren, berichtet in einem zwei Jahre später geschriebenen Buch über »Die Lage der arbeitenden Klasse in England« auch vom Hang des englischen Arbeiters zum Branntwein:

»Alle Lockungen, alle möglichen Versuchungen vereinigen sich, um die Arbeiter zur Trunksucht zu bringen. Der Branntwein ist ihnen fast die einzige Freudenquelle ... Der Arbeiter kommt müde und erschlafft von seiner Arbeit heim; er findet eine Wohnung ohne alle Wohnlichkeit, feucht, unfreundlich und schmutzig; er bedarf dringend einer Aufheiterung, er muss *etwas* haben, das ihm ... den nächsten sauren Tag erträglich macht; ... sein geschwächter Körper ... verlangt mit Gewalt nach einem Stimulus von außen her ... Sein geselliges Bedürfnis kann nur in einem Wirtshaus befriedigt werden ... es ist die moralische und physische Notwendigkeit vorhanden, dass unter diesen Umständen eine sehr große Menge der Arbeiter dem Trunk verfallen *muss*.«

Die Zeiten, da man als Arbeiter dem Trunk zwangsläufig verfallen musste, sind heute gottlob vorbei. Heute weiß man Gin als Qualitätserzeugnis zu schätzen, besonders – aber nicht nur – in England und in den Vereinigten Staaten. Doch man trinkt ihn eher selten pur, vielmehr dient er als Grundspirituose für viele Cocktails. Vom ›Gin Tonic‹ über den ›Gin Fizz‹ bis zum ›Golden‹, ›Orange‹ oder auch ›Royal Fizz‹ – die Palette der Mixgetränke, in denen sich Gin befindet, ist unendlich. Und die meisten sind es wert, getrunken zu werden. Mehrfach.

Grahambrot

Brot vom Fitnesspapst

Seine Botschaft war einfach: Askese. Und es gibt kritische Stimmen, die behaupten, das von Sylvester Graham erfundene und nach ihm benannte Brot schmecke auch so. Die Zutaten stimmen auf den ersten Blick tatsächlich skeptisch: Aus Weizenschrot mit fein vermahlener Kleie (Schale mit Keimlingen) ohne Hefe- oder Sauerteigzusatz wird sein Diätbrot im Original hergestellt. Doch bis heute erfreut sich Grahams Backmischung, mittlerweile oft mit Hefe oder Sauerteig aufgelockert, einer großen Fangemeinde – und die besteht nicht nur aus Gesundbetern, wie der Erfinder selbst einer war.

Sylvester Graham wurde 1794 als jüngster Sohn eines 72-jährigen amerikanischen Geistlichen und Physikers geboren. Nach dessen Tod gab man ihn in die Obhut von Verwandten, die ihn jedoch völlig vernachlässigten. Später schlug er sich als Landarbeiter, Prediger und Lehrer durch, bis die Ärzte Anzeichen von Tuberkulose diagnostizierten. Für Sylvester war diese Hiobsbotschaft die entscheidende Wendemarke: Er wurde Vegetarier und schloss sich einem Gesundbeterverein in Pennsylvania an, wo er sich intensiv ins Studium der menschlichen Physiologie vertiefte und verschiedene Diätmethoden kennen lernte. Man schrieb das Jahr 1831, als der ›Poet von Kleiebrot und Kürbis‹, wie Sylvester von seinen Zeitgenossen oft verspottet wurde, sich aufs Predigen verlegte und regelmäßig Vorträge hielt.

Viel Brot solle man essen, aber es dürfe nicht älter als zwölf Stunden sein und müsse aus grob gemahlenem, ungesiebtem Mehl ohne weitere Zutaten gebacken werden.

Als Schlafstelle empfahl er möglichst harte Matratzen, die Fenster seien nachts offen zu halten. Kaltes Duschen gehörte ebenfalls zu seinen Vorstellungen vom gesunden Leben sowie möglichst viel Sport. Essen solle man mit Verstand, vor allem das nach seinem Rezept gebackene Brot, aber auch Obst, Gemüse und Getreide, dazu viel Wasser – was alles in allem sehr vertraut klingt: ›Fit for fun‹ lautet heutzutage der zeitgemäße Schlachtruf der Fitnessindustrie. Doch im Gegensatz zum 19. Jahrhundert wird das von Sylvester Graham erfundene Brot heute nicht mehr als probates Mittel im Kampf gegen die ›gesundheitsschädigende Masturbation‹ empfohlen. Die Zeiten ändern sich halt doch.

Grahams Anhängerschaft wuchs, aber auch die seiner Gegner. In Boston wurden Metzger und Bäcker gar handgreiflich, weil sie seine Botschaft als Boykottaufruf gegen ihre Waren interpretierten. Dass aber auch eine asketische Lebensweise kein Garant für ewiges Leben ist, musste Sylvester – wohl zur Schadenfreude seiner Gegner – schon bald am eigenen Leib erfahren. Sein Zustand verschlechterte sich zusehends. 1851 verstarb der missionarische Gesundheitspapst und Verfechter des kalten Duschens im Alter von nur 57 Jahren. Nach einem heißen Bad, so sagt man.

Grissini

Diätbrot fürs herzögliche Gedärm

Deutsche Sprache, schwere Sprache. Allein dem Dativ stellt schon viele Menschen vor Probleme. Aber auch den Nominativ anzuwenden fällt nicht jedem leicht. Vor allem, wenn sich italienisches Gemüse oder Knabberzeug in die deutsche Grammatik mischen. Also sei an dieser Stelle für Aufklärung gesorgt: Erstens sind ›die Zucchini‹ männlich und heißen folglich im Singular ›der Zucchino‹, und zweitens verhält es sich mit den Grissini ebenso. Wenn Sie also am Gemüsestand ›eine Zucchini‹ verlangen, sollten Sie konsequenterweise auch ›eine Äpfel‹ bestellen. Und wenn Sie als Kavalier in der Pizzeria ihrem weiblichen Gegenüber als feststofflichen Begleiter zum ersten Glas Wein ›eine Grissini‹ anbieten, sollten Sie als Digestif auch ›eine Amaretto‹ ordern. Was man in Deutschland selten tut, denn auch der Amaretto ist so wenig weiblich wie der Zucchino. In der Regel wird ›der Grissino‹ jedoch sowieso in der Mehrzahl und mithin als Grissini angeboten und gegessen. Und das liegt daran, dass ein einzelner italienischer Grissino in etwa so nahrhaft ist wie ein einzelner deutscher Zwieback.

Überhaupt sind sich Zwieback und Grissino ähnlicher, als man meinen möchte. Denn so wie der Zwieback heute gerne bei Magen- und Darmverstimmungen als Schonkost verordnet wird, so hatte auch der italienische Grissino ursprünglich und hauptsächlich die Aufgabe, beruhigend auf den Verdauungstrakt zu wirken. Es handelte sich dabei allerdings um einen adeligen Verdauungstrakt, was die Mühe erklärt, dass das längliche Grissino-Brot extra erfunden wurde. Bei dem Inhaber der Verdauungsorgane handelte es sich um Herzog Viktor Amadeus II. (1666–1732). Viktor Amadeus gehörte dem Haus Savoyen an, einem mächtigen norditalienischen Herrschergeschlecht. Doch bereits in den Startlöchern schwächelte das junge Geblüt. Der Legende zufolge war der kleine italienische Herzog nämlich gerade einmal neun Jahre alt, als er 1675 an einer schweren Gastroenteritis erkrankte. Immer dünner und schwächer wurde er. Der von der Mutter herbeigerufene Arzt Pecchio della Lanza glaubte den Grund für die Erkrankung des herzöglichen Gedärms in pathogenen Keimen gefunden zu haben, die sich der junge Adelige wahrscheinlich durch den Verzehr von schlecht ausgebackenem Brot zugezogen hatte. Die seinerzeit nicht unübliche mangelhafte Hygiene bei der Erzeugung von Brotteig machte jedes Brot, das nicht lang genug und mit entsprechend keimtötender Temperatur gebacken wurde, zu einem potenziellen Darmkiller.

Der Arzt erinnerte sich an ein altes Hausrezept seiner eigenen Mutter und bat daraufhin den Turiner Hofbäcker Antonio Brunero, ein einfaches längliches, gut zu knabberndes, dünnes Brot aus Mehl, Wasser, Hefe, Salz und ein klein wenig Olivenöl herzustellen und es vor allem gut auszubacken. Unter der Einwirkung der neu erfundenen Brotstäbchen soll sich das herzögliche Eingeweide tatsächlich erholt haben. Somit konnte der Hoffnungsträger der altehrwürdigen Dynastie frisch ans politische Werk gehen, was ihm schließlich 1713 sogar die Königskrone Siziliens bescherte. Die neuartigen Brotstäbchen erfreuten sich bald auch in der Bevölkerung größter Beliebtheit. Und so soll sich der Name der Knabberstangen von ›gherse‹ für ›längliches Brot‹ über die Verkleinerungsform ›ghersin‹ schließlich zu ›grissini‹ entwickelt haben.

Gleiches Schicksal wie jenes von Viktor Amadeus erzählt man sich allerdings auch von einem anderen Sprössling aus dem Hause Savoyen. Dem Sohn von Viktor Emanuel II. (1820–1878), dem ersten König von Italien (1861), soll exakt die gleiche Unpässlichkeit widerfahren sein, die gleichermaßen von einem Leibarzt und einem Hofbäcker geheilt worden sein soll. Was stutzig macht, denn schon Napoleon (1769–1821) soll Grissini geschätzt und liebevoll als »meine Turiner Stängelchen« bezeichnet haben.

Vielleicht hatte die Brotstange auch eine ganz andere, weit weniger spektakuläre Entstehungsgeschichte. Darauf verweist die Niederschrift des Florentiner Abtes Vincenzo Rucellai, der bereits 1643, also weit vor der Geburt der beiden adligen Hoffnungsträger, auf einer Reise nach Frankreich in Chivasso ein armlanges und überaus dünnes Brot gegessen haben will. Ob es sich aber dabei tatsächlich bereits um Grissini handelte, ist nicht gesichert.

Heute gelten Grissini in Verbindung mit einem Glas Rotwein als der schönste Zeitvertreib bis zum Auftragen der Vorspeise. Auch als Knabbergebäck auf Stehpartys oder mit Parmaschinken umwickelt als Fingerfood sind sie sehr beliebt. Wobei man sich mit Fug und Recht darüber streiten darf, ob die in Plastik verpackte und meist sehr fad schmeckende Fabrikware, die allenthalben angeboten wird, wirklich noch einen Genuss darstellt. Wer das Piemont besucht, sollte es auf einen Versuch ankommen lassen und eine der kleineren Bäckereien – zum Beispiel in der Turiner Gegend – aufsuchen. Wer hier einen handgefertigten Grissino probiert, wird wohl mit einer ganzen Tüte voller Grissini seinen Heimweg antreten.

Und zu Hause wird er am Gemüsestand in Zukunft nach einem Zucchino verlangen.

Grog

Gepanschter Matrosentrunk

Es begann mit einem abgeschnittenen Ohr: 1731 enterten spanische Matrosen das kleine englische Schmugglerschiff ›Rebecca‹ und beschlagnahmten die an Bord befindliche Ladung. Sie taten dies in dem Bemühen, die mit den spanischen Kolonien in Übersee bestehenden Handelsrechte ihres Heimatlandes zu verteidigen. Um ihrem Kampf gegen die unrechtmäßige englische Schmuggelei Nachdruck zu verleihen, säbelten sie dem Kapitän der englischen Brigg, Robert Jenkins, kurzerhand ein Ohr ab – was den Kapitän aufs Höchste erzürnte, obwohl die Folgen der barbarischen Tat kaum auffielen, trug er doch wie die meisten anderen Schiffsoffiziere seinerzeit eine Perücke. Jenkins pökelte sein Ohr ein. Als sich sieben Jahre später die Beziehungen zu Spanien wegen weiterer Vorkommnisse zunehmend verschlechterten, stellte Jenkins sein Pökelohr im Parlament zur Schau. Die Volksseele und die Opposition kochten vor Empörung. Die Regierung sah sich gezwungen, Spanien 1739 den Krieg zu erklären. Es war der Auftakt zu einer langen kriegerischen Phase. Zwischen 1739 und 1763 war Großbritannien fast ständig in Kriege verwickelt, britische Armeen und Kriegsschiffe kämpften in Europa, Nordamerika, in Indien und auf hoher See, erst gegen die Spanier, dann gegen die Franzosen und deren Verbündete.

Das Kriegshandwerk ist eine nüchterne Angelegenheit, und mit betrunkenen Matrosen kann man weder Seeschlachten gewinnen noch eine Weltmacht begründen.

Davon jedenfalls war Edward Vernon (1684–1757), Admiral der britischen Flotte, zutiefst überzeugt. Seine Matrosen hingegen taten das, was alle Matrosen vorzugsweise glaubten (und bis heute glauben) tun zu müssen: In vorhersehbarer Regelmäßigkeit betranken und prügelten sie sich – ein unwürdiges und kontraproduktives Verhalten in Zeiten der Bewährung. Im Jahre 1740 wurde es Seiner Admiralität Vernon schließlich zu bunt: Um für mehr Disziplin zu sorgen, befahl er in seiner ›Order to Captains‹, sämtliche Rumrationen der trinkfesten Matrosen mit Wasser zu verdünnen.

Die Matrosen ihrerseits waren von der Verfügung des Admirals nicht sonderlich begeistert. Und wer den Unmut seiner Mitmenschen auf sich zieht, braucht auf deren Spott nicht lang zu warten: Admiral Vernon trug auf seinem Schiff bei jedem Wetter einen imposanten, aus Kamelhaar und Schafswolle gewobenen Rock. Den strapazierfähigen groben Stoff nannte man in England ›grogram‹ (aus dem Französischen ›gros-grain‹ für die grobe Struktur des Gewebes). Und so nannten die auf Alkoholdiät gesetzten Seemänner ihren Admiral fortan nur noch grimmig ›Old Grog‹.

Mochte ›Old Grog‹ wegen seines Panschbefehls bei seinen Matrosen nicht sonderlich wohl gelitten sein, so fand das nach ihm kurz ›Grog‹ benannte Getränk zunehmend Gefallen. Ab wann genau das zugefügte Wasser erhitzt und Zucker eingerührt wurde, ist nicht bekannt. Weithin bekannt ist hingegen, dass Zucker und Wärme die Wirkung des Alkohols verstärken. Ein zu lockerer Umgang mit dem ›steifen Grog‹ vermag mithin den Genießer in einen Zustand zu überführen, den man in England sinnigerweise als ›groggy‹ bezeichnet. Und weil es sich geradezu aufdrängt, bezeichnen die Briten eine rote Nase, die nicht selten auf eine verstärkte Neigung zu Alkoholischem verweist, in Erinnerung an ihren tapferen Admiral ›grog blossom‹.

Aus den kriegerischen Auseinandersetzungen der Jahre 1739 bis 1763 ging Großbritannien als triumphierende Großmacht hervor – durch den Frieden von Paris 1763 erreichte das britische Empire im 18. Jahrhundert seinen Höhepunkt. Welchen Beitrag die Einführung des von Admiral Vernon gepanschten Rums zum Ruhm Großbritanniens geleistet hat, ist leider nicht überliefert. Doch ist zu befürchten, dass er unbedeutender war als von Seiner Admiralität erhofft. Gleichwohl hat die Nachwelt Grund genug, Edward Vernon auf ewig dankbar zu sein – vor allem im Winter.

Gulasch

Feuer für den Pusztahintern

Das Appetitlexikon von 1894 rät zur Vorsicht: »Ein rechter Ungarmagen verträgt einen Teelöffel voll Paprika wie Konfekt, den Deutschen aber brennt's bei gleicher Dosis wie mit Höllengluten, die weder Bacchus noch Gambrinus zu löschen vermögen – Grund genug, um jedes Wirtshaus-Gulasch so lange mit Misstrauen zu betrachten, bis es sich als mäßig papriziert ausgewiesen hat.« In der Tat: Scharf kann es sein, das Gulasch. Und aus Ungarn stammt es. Von den wilden Magyaren, den ursprünglich nomadischen

Reiterstämmen, die einst vom Ural kommend mit der Schnelligkeit, der Ausdauer und der Geschicklichkeit ihrer Pferde und mit der legendären Grausamkeit ihrer Krieger auf ihren Raubzügen halb Europa in Angst und Schrecken versetzten. Bis sie sich um 900 im ungarischen Karpatenbecken niederließen. Die haben ihn also erfunden, den deftigen und temperamentvoll scharfen Fleischeintopf. Wer so viel Feuer in seinem Pusztahintern hat, möchte in seinem Ungarmagen wohl »einen Teelöffel voll Paprika wie Konfekt« vertragen.

Den Weg nach Westeuropa fand das Gulasch über Wien zu Zeiten der k. u. k. Monarchie. Als gegen Ende des 19. Jahrhunderts im ungarischen Debreczin das 39. Infanterie-Regiment aufgestellt wurde, verpflichtete man als Soldaten unter anderen auch zahlreiche Rinderhirten aus der Puszta von Hortobagy. Und die wiederum brachten ihre traditionelle Hirtenspeise ›gulyás hús‹, das Fleisch (hús) des Rinderhirten (gulyás), mit in die Armee. Das (am besten auch heute noch) in einem ›bogrács‹, einem gusseisernen Kessel, zubereitete Fleischgericht erfreute sich bei den Kameraden schnell großer Beliebtheit. Schon bald nannte man in der Armee die Feldküchen allgemein nur noch ›Gulaschkanonen‹. Als das Regiment schließlich nach Wien verlegt wurde, hielt das Gulasch auch Einzug in die zivilen Küchen Wiens. Und von hier aus traten die Fleischwürfel schließlich ihren Weg auf die Speisekarten Europas an.

Klingt schlüssig. Vielleicht ist das alles aber nur eine hübsche Puszta-Legende. Vielleicht ist das Gulasch nämlich gar nicht mit der Armee, sondern über das slowakische Pressburg (Bratislawa) nach Wien gelangt. Dafür spricht die Tatsache, dass man in Wien zunächst nicht einen ›Gulasch‹, sondern einen ›Golasch‹ zubereitete. Denn in Wien war bekannt, dass man in der Pressburger Gegend ein ›o‹ auch gerne als ein ›u‹ aussprach (Hulz statt Holz), weshalb die Wiener glaubten, aus dem vermeintlich falschen Pressburger ›Gulasch‹ ein korrektes ›Golasch‹ machen zu müssen.

Ob nun über die ungarische Armee oder über Pressburg, das ungarische Nationalgericht fand variantenreich Gefallen in Europa. Der Umstand, dass die Grundzutaten relativ einfach und variabel einsetzbar sind, ohne dabei das Prinzip des Gulaschs aufzugeben, hat dazu geführt, dass es mittlerweile unzählige verschiedene Gulaschs und Gulaschabwandlungen gibt. So kennt man zum Beispiel das eher traditionelle Debrecziner Gulasch, das nicht minder traditionelle Szegediner Gulasch, das Kesselgulasch, das Fünfminutengulasch, das Hirten- oder Zigeunergulasch, das Znaimer Gulasch mit Salzkartoffeln und Dillgurken, das italienische Gulasch mit Spaghetti oder Polenta und das Wiener Fiakergulasch mit einem ›Einspänner‹, worunter ausnahmsweise keine Kaffeespezialität zu verstehen ist, sondern ein einzelnes Frankfurter Würstchen. Erlaubt sind je nach Rezept Rinder-, Kalb-, Hammel- oder Schweinefleisch, aber auch Mischungen.

Doch wie so häufig verbirgt sich hinter der sprachlichen Adaption des ›gulyás‹ zum ›Gulasch‹ eine kleine, aber zumindest für Ungarn-Reisende nicht unerhebliche Sprach- und Rezeptveränderung. Denn wenn Sie in Ungarn ein Gulasch, also ungarisch ein ›gulyás‹, bestellen, werden Sie kein Gulasch, sondern eine Gulaschsuppe bekommen. Wenn Sie hingegen ein Gulasch möchten, wie Sie es von zu Hause kennen, sollten Sie ein ›pörkölt‹ bestellen. Denn ursprünglich war das ›gulyás hús‹ der ungarischen Rinderhirten der Name für das Fleisch, das sie auf ihren Wanderungen in Beuteln aus Schafsmägen mitnahmen. Das gewürfelte Fleisch war zuvor in Kesseln gekocht worden, bis keine Flüssigkeit mehr vorhanden war. Anschließend wurde das Fleisch an der Sonne getrocknet. Wenn die Hirten unterwegs Hunger überkam, nahmen sie einen oder mehrere der trockenen Fleischwürfel und erhitzten sie unter Zugabe von Wasser. Das Ergebnis war eine ›gulyás leves‹, eine Gulaschsuppe.

Bei einem ›pörkölt‹ (›geröstet‹) hingegen erhält man in Ungarn ein Gericht, das unseren Vorstellungen von einem Gulasch mit einer sämigen Sauce schon sehr viel eher entspricht. Ein ›pörkölt‹ *ohne* Paprika, dafür aber mit Pfeffer als Gewürz nennt man hingegen ›tokány‹. Was darauf verweisen könnte, dass dieses Gulasch die ältere Variante darstellt, denn der Paprika kam erst im 16. Jahrhundert aus Süd- und Mittelamerika nach Europa, wo er zunächst als ›spanischer Pfeffer‹ berühmt wurde. Und wenn helles Fleisch (Huhn, Kalb, Lamm oder Fisch) sowie süße oder saure Sahne zum Gulasch verwendet werden, nennt man diese Gerichte in Ungarn ›paprikás‹.

So kompliziert geht es zu in Ungarn. Aber man muss für ein gutes Gulasch nicht unbedingt nach Ungarn fahren. Andererseits: Man weiß ja, dass landestypische Spezialitäten nur in ihrer Heimat so richtig schmecken. Das fand auch Franz-Joseph, der letzte große Habsburger und k. u. k. Monarch, als er, in seinem Salonwagen von Budapest nach Wien fahrend, ein ungarisches Paprikahenderl zu verspeisen beliebte. Als der Zug österreichisches Gebiet erreicht hatte, befahl er dem Zugführer, wieder auf ungarischen Boden zurückzufahren: »In Österreich schmeckt mir das Paprikahenderl nicht!«

Paprikahenderl im Salonwagen! Und heute? Mitropa. Was für Zeiten!

Hähnchen à la Marengo

Das erste Opfer der Schlacht

Der Kriegsherr war hungrig. Nach erfolgreich geführter Schlacht gelüstete es ihn nach Deftigem. So machte sich der Leibkoch des Kriegsherrn auf, von einem nahe gelegenen Bauernhof ein Huhn zu stehlen, das er nach kunstvoller Zubereitung unter Verwendung von Weißwein, Schinken, Eiern, Knoblauch, Tomaten, Pilzen und einigen anderen Zutaten nach dem Ort des kurz zuvor glorreich errungenen Sieges ›Hähnchen à la Marengo‹ taufte. Ohne die bei Marengo vollzogene Rückeroberung der noch jungen Zisalpinischen Republik, die einst aus der Transpadanischen und der Zispadanischen Republik errichtet worden war, hätte das Hähnchen von Marengo niemals das Licht der Welt erblickt.

Marengo? Zisalpinische Republik? Transpadanische und Zispadanische Republik? Klingt nach Gregor von Rezzori. Nach einer jener skurrilen Episoden aus den Maghrebinischen Geschichten. Doch weit gefehlt: Es handelt sich um ziemlich nüchterne und ziemlich kriegerische Realpolitik mitten im Herzen Europas. Besagter Kriegsherr war nämlich Napoleon. Und der führte im Namen Frankreichs von 1796 bis 1815 (Waterloo) Krieg gegen so ziemlich alles, was in Europa Rang und Namen hatte. 1796 waren die Österreicher dran. Man traf sich in Oberitalien. Nach vier siegreichen Schlachten hatte Napoleon die Österreicher besiegt, Oberitalien besetzt, dort erst die Transpadanische und die Zispadanische Republik gegründet und daraus schließlich die Zisalpinische Republik errichtet. Hauptstadt wurde Mailand.

Das konnten die Österreicher natürlich nicht auf sich beruhen lassen. 1899 zogen sie gemeinsam mit den Russen erneut nach Oberitalien, um verloren gegangenes Terrain zurückzuerobern. Was ihnen auch gelang. Sie nahmen Mailand ein und lösten Napoleons Zisalpinische Republik wieder auf. Napoleon, der gerade mit der wenig erfolgreichen Eroberung Ägyptens beschäftigt war, erzürnte das sehr. Und zwar so sehr, dass er Ägypten seinem Schicksal überließ und sich nach Oberitalien begab, um den Österreichern zu zeigen, dass sich ein Korse, und mochte er auch noch so klein sein, nicht einfach seine Republiken stehlen lässt. In Marengo, östlich von Turin, standen sich schließlich im Juni 1800 unter Befehl des Generals Michael von Melas 30 000 Österreicher mit 100 Geschützen und 19 000 Franzosen mit nur 14 Geschützen unter Napoleons Befehl gegenüber. Nachdem sich der Schlachtenlärm gelegt hatte und der Pulverdampf verflogen war, konnte Napoleon seine Gegner als geschlagen, die Zisalpinische Republik als zurückerobert und seinen Hunger als gerechtfertigt betrachten. Für Letzteres war (s. o.) sein Leibkoch Dunan zuständig. Und der servierte dem Ersten Konsul und seinen ruhmreichen Generälen schließlich das berühmte ›Hähnchen à la Marengo‹.

So wird die Geschichte seit gut einhundert Jahren erzählt. Denn es war einer der berühmten französischen Küchenmeister, Joseph Favre, der in seinem ›Dictionnaire universel de la cuisine‹ um 1890 behauptete, dass Dunan der Erfinder des Marengo-Hähnchens gewesen sei. Und er berief sich dabei auf Details, die Dunan einem Verwandten von Favre persönlich mitgeteilt haben soll. Doch so schön die Legende ist, so falsch ist sie aller Wahrscheinlichkeit nach auch. Denn den Behauptungen von Favre stehen jene

Informationen gegenüber, die Dunan selbst dem Zeitzeugen Antonin Carème in den Notizblock diktiert hatte. Diesem 1833 veröffentlichten Interview zufolge war Dunan erst im Jahre 1805, also fünf Jahre nach der Schlacht von Marengo, in die Dienste von Kaiser Napoleon getreten. Bis dahin befand er sich im Gefolge des Fürsten von Condé im Ausland.

Philip und Mary Hyman gelangten nach einer eingehenden Untersuchung der Kochbücher und der Fachliteratur des 19. Jahrhunderts zudem zu der Erkenntnis, dass ein Rezept des Hähnchens von Marengo erst im Jahre 1820 das erste Mal auftaucht. Auf den Speisekarten der Pariser Restaurants belegte es im Jahre 1815 hingegen bereits einen Spitzenplatz. Die beiden Autoren schließen daraus durchaus nachvollziehbar, dass das ›Hähnchen à la Marengo‹ vermutlich irgendwann zwischen 1810 und 1814 in einem Pariser Restaurant geboren wurde und erst anschließend Einzug in die europäischen Küchen hielt. Der war allerdings genauso triumphal wie der gleichnamige Sieg Napoleons.

Somit bleibt abschließend nur festzustellen, dass Legendenbildung zwar auch eine Form der Bildung ist, mit der Wahrheit aber in der Regel nichts gemein hat. In Kriegszeiten allzumal. Denn auf dem Schlachtfeld ist die Wahrheit bekanntlich immer das erste zu beklagende Opfer.

Hamburger

Hanseatischer Reimport

Sie besteht aus Segeltuch, das mit Schaumstoff ausgestopft ist, und kann im Museum of Modern Art in New York bewundert werden. Claes Oldenburg, einer der bedeutendsten Vertreter der amerikanischen Pop-Art, setzte 1962 mit der Skulptur »Dual Hamburger« dem bekanntesten amerikanischen Fastfood ein schöpferisches Denkmal. Und in der Tat: Es gibt wohl kaum einen Gegenstand, der sich neben den Coca-Cola-Flaschen und den Campbell's Konservendosen von Warhol zur künstlerischen Ikone des American Way of Life besser geeignet hätte.

Entgegen einem weit verbreiteten Irrglauben geht der Begriff Hamburger allerdings nicht auf das englische ›ham‹ für Schinken zurück, sondern tatsächlich auf die Freie Hansestadt Hamburg. Wer genau das gebratene Rinderhack in Übersee erstmals als ›Hamburger‹ bezeichnete, ist nicht genau geklärt. Angeblich soll der Name zurückzuführen sein auf die Hamburg-Amerika-Linie, auf deren Schiffen man den Passagieren, darunter auch deutsche Auswanderer, gerne das so genannte Rundstück warm servierte, eine Hamburger Spezialität, bestehend aus einem halbierten Brötchen, das mit heißem Braten belegt und mit Sauce gereicht wird. Ein ›Hamburg Steak‹ wurde erstmals in einer Tageszeitung in Boston im Jahre 1884 erwähnt. Auch das New Yorker Traditionsrestaurant Delmonico's führte ein ›Hamburger Steak‹ in seiner Speisekarte. Aus England war in den USA auch das ›Salisbury Steak‹ bekannt, benannt nach dem Arzt Dr. J. H. Salisbury, der seinen Patienten empfahl, drei Mal am Tag durch den Wolf gedrehtes Fleisch zu essen und dazu warmes Wasser zu trinken. Solcherlei Unart konnte nur dem Geist eines um die Volksgesundheit besorgten Heilers entspringen und hatte natürlich keine Aussicht auf nachhaltigen Erfolg. Dementsprechend wurde und wird das ›Salisbury Steak‹ in einer schmackhafteren Variante als gebratenes Hackfleisch mit Sauce serviert.

Der Hamburger allerdings, so wie wir ihn heute weltweit kennen, also eine Fleischscheibe aus Rinderhack (das so genannte Beef Patty) mit Senf, Ketchup und dem ›Pickle Relish‹ beziehungsweise Zwiebeln zwischen einem hellen, weichen Brötchen, soll angeblich von Louis Lassen, dessen Lunch-Imbiss noch heute existiert, in New Haven in Connecticut im Jahre 1903 erfunden worden sein. Das behaupten jedenfalls seine Nachfahren. Ob es nun Lassen war oder jener Restaurantbesitzer namens Frank Menches, dem auf einer Messe in Akron County im Jahre 1892 die Würstchen ausgegangen waren und der stattdessen auf gebratenes Rinderhack auswich, oder ob es jemand ganz anderes war – die Idee fand Gefallen, und immer häufiger wurde der Hamburger vorzugsweise auf Jahrmärkten oder in Vergnügungsparks verkauft. Anfang der 1920er Jahre machte die White-Castle-Burger-Kette als Erste den Fleischklops zur massenhaft produzierten Restaurantkost. Einen weiteren Popularitätsschub für den Burger bedeuteten die Drive-ins der 1940er und 1950er Jahre. Die Bestellung erfolgte vom Auto aus an die so genannten Carhops, die auf Rollschuhen zwischen den PKWs ihre Kundschaft bedienten. Bald waren diese Drive-ins auch sehr beliebte Treffpunkte für Jugendliche: Jeans, weißes T-Shirt, Elvis Presley, James Dean, ein Hamburger und eine Coca-Cola –

das waren die Insignien der rebellierenden Jugend in den 1950ern.

Eine entscheidende Voraussetzung für den von Amerika ausgehenden weltweiten Siegeszug des Bulettenbrötchens war jedoch eine soziale Entwicklung der Nachkriegszeit. Immer mehr Frauen wandten der häuslichen Arbeit den Rücken zu, um einer bezahlten Tätigkeit nachzugehen. Unter den veränderten Lebensverhältnissen fanden sie zwangsläufig immer seltener Zeit, die Familie am heimischen Herd zu versorgen. Die neu entstandenen Imbiss-Restaurants boten den Doppelverdiener-Familien die Möglichkeit, zu erträglichen Preisen außerhalb zu speisen – eine Alternative, die gerne und immer häufiger in Anspruch genommen wurde.

Diesem Trend entsprach auch die Idee von Ray Kroc, der im Jahre 1954 in San Bernardino in Kalifornien den Imbissstand der Brüder Dick und Maurice McDonald kaufte und damit den Grundstein für das heute global agierende Hamburger-Imperium legte. Die Hamburger bei McDonald's waren nicht besser oder schlechter als die der Konkurrenz. Es war aber die erste Restaurantkette, die sich bewusst als Familienrestaurant verstand und seine Burger, ihre Herstellung und die Einrichtung der Filialen standardisierte. Ein äußerst erfolgreiches Konzept. Heute unterhält der Hackfleischkonzern circa 28 000 Filialen in weit über 80 Ländern, allein in Deutschland sind es circa 1 100. Selbst vor den kommunistischen Toren Chinas machte McDonald's nicht Halt. 1992 wurde in Peking das ›Maidanglao‹ eröffnet. Gut 700 Menschen finden hier Platz, für deren Wohl circa 1 000 Beschäftigte sorgen. 40 000 Menschen stürmten am Eröffnungstag 29 Kassen, um sich mitten im Herzen des chinesischen Drachens erstmals die

Segnungen der westlichen Zivilisation auf der Zunge zergehen zu lassen.

Der Triumph von McDonald's ermutigte weitere Ketten wie Wendy's oder Burger King zur mehr oder weniger erfolgreichen Nachahmung. In der Anfangszeit war der Preis für die beginnende massenhafte Herstellung allzu häufig noch ein Mangel an Qualität und ein Übermaß an Fett. Selbst amerikanische Hardcorefans des Burgers scheuten sich nicht, die begehrten Buletten liebevoll ›Bauchbomben‹ (belly bombs) oder ›Darmgranaten‹ (gut grenades) zu nennen. Der weltweite Siegeszug des ›Hämbörgers‹ konnte durch solcherlei Irritationen aber nicht aufgehalten werden.

In Deutschland jedoch erwuchs den Hamburger-Ketten seit den 1970er Jahren ein Gegner, der sich als übermächtig und unschlagbar erwies. Er nahm den Kampf nicht als organisierte Restaurantkette auf. Die hätte man ja mit aggressiven Marketingkonzepten angreifen können. Nein, der Gegner hat bis heute ein anarchisches Vertriebssystem, sein Erfolg kam schleichend daher, und mit jeder Imbissbude wuchs sein Marktanteil: Es war der türkische Döner, an dem sich der Hamburger ebenso wie die Currywurst und das Wienerwald-Hendl die Zähne ausbissen. Der Dönerkebab (s. S. 116) ist in Deutschland mit 3,6 Milliarden Mark Jahresumsatz der unumstrittene und ungekrönte Fastfood-König.

Hot Dog

Heißer deutscher Dachshund

»Ein Loch ist da, wo etwas nicht ist ... Die Maus könnte nicht leben ohne es, der Mensch auch nicht: es ist beider letzte Rettung ...«, schrieb Kurt Tucholsky in seiner soziologischen Psychologie der Löcher. »Loch ist immer gut.«

Loch ist immer gut! Denkt man über die metaphysische Dimension dieser existenzialistischen Erkenntnis hinaus auch an Profaneres wie etwa den Hot Dog, muss man Tucholsky tatsächlich uneingeschränkt Recht geben. Denn auch dieser Imbiss kommt ohne Loch nicht aus. Die Rede ist von jenem Loch, das von einem erhitzten spitzen Stab aus poliertem Edelstahl in ein weiches Brötchen gebohrt wird. Selbiges Loch wird zur Herstellung eines Hot Dogs jedoch gestopft, also vernichtet. Weil ein Loch nur da ist, wo nichts ist. Vernichtet wird es mit Mayonnaise, Senf und/oder Ketchup sowie mit einem heißen Würstchen. Jedenfalls in Europa.

In den USA würde den Hot-Dog-Puristen die europäische Zubereitungsform Magenschmerzen bereiten. Hier bevorzugt man eher die klassische Variante, bei der die Wurst mit Senf und/oder Ketchup sowie mit Zwiebeln oder Sauerkraut in ein seitlich aufgeschnittenes Brötchen gelegt wird. Diese Zubereitungsform verlangt vom verzehrenden Konsumenten allerdings einiges Geschick in der Handhabung. Insbesondere Senf und Ketchup neigen wegen ihres gefürchteten Aggregatzustandes dazu, vorzugsweise weiße T-Shirts in einen tachistischen Gestaltungsentwurf zu verwandeln. Diese Darreichungsform entspricht jedoch der gut 130 Jahre alten amerikanischen Hot-Dog-

Tradition. Zeit genug also zu lernen, wie man den heißen Hund ohne Kleckern isst. Und so haben Touristen weit mehr Probleme mit dem Verzehr eines amerikanischen Hot Dogs als die Amerikaner selbst.

Nun ist der Hot Dog zwar zweifellos eine amerikanische Erfindung. Aber wie beinahe alles, was in den Vereinigten Staaten wirklich von Belang ist, hat auch der Hot Dog europäische Wurzeln. Und so waren es deutsche Einwanderer, die den wichtigsten Bestandteil für einen Hot Dog Mitte des 19. Jahrhunderts mit nach Amerika brachten: die Frankfurter oder Wiener Würstchen. Man nannte diese Würstchen auch ›Dachshund Sausages‹, wohl wegen ihres bisweilen zweifelhaften Inhalts. Vielleicht aber auch, weil ihre Form an die niedlichen kleinen, lang gewachsenen Jagdhunde erinnern, die man auch Dackel oder Teckel nennt. (Die Bezeichnung Dachshund nimmt Bezug auf den Umstand, dass diese Hunde sich wegen des niedrigen Körperbaus besonders für die Baujagd eignen.)

Mindestens zwei weitere deutschstämmige Amerikaner können für sich in Anspruch nehmen, den Quantensprung vom einfachen Frankfurter oder Wiener zum brötchenverpackten Dachshund mit Garnitur, zum Ur-Hot-Dog, vollzogen zu haben. Der eine hieß Charles Feltman und besaß vor den Toren New Yorks auf Coney Island einen Wagen, mit dem er die unzähligen Kneipen und Saloons mit Pastetchen belieferte. 1871 traten seine Kunden an ihn mit der Idee heran, den vielen Besuchern der Halbinsel auch so etwas wie ein Sandwich anzubieten. Feltman ließ seinen Wagen von seinem Wagner in Brooklyn entsprechend umrüsten und verkaufte fortan gebrühte Würstchen in einem Brötchen. Und das mit zunehmendem Erfolg: Nach wenigen Jahren kaufte er ein Grundstück und eröffnete ein Restaurant, das er kontinuierlich erweiterte. Beköstigte er noch in der 80er Jahren jährlich an die 200 000 Gäste mit seinen Würstchen, waren es im Jahre 1923 sagenhafte 5 230 000. Sein größter Rekord lag bei 100 000 Gästen und 40 000 verkauften Hot Dogs an einem Tag! Der Hot-Dog-Boom auf Coney Island kam erst durch die große Depression in den Dreißigern zum Erliegen.

Der andere deutschstämmige Amerikaner kam sehr viel später und weit weg von Coney Island im mittleren Westen auf die Idee, den Dachshund in ein Brötchen zu packen. Arnold Feuchtwanger verteilte in St. Louis beim Verkauf seiner Frankfurter aus Service- und aus Hygienegründen weiße Handschuhe an seine Kunden. 1904 bat er schließlich seinen Schwager, der Bäcker war, ihm ein längliches Brötchen für seine Würstchen zu backen. Hatten seine Kunden doch zunehmend Gefallen an den weißen Handschuhen gefunden und sie nicht mehr zurückgegeben. Somit kann auch Feuchtwanger als Erfinder des Ur-Hot-Dogs gelten.

Den Namen Hot Dog erhielt das Dachshundwürstchen allerdings in New York. Genau genommen in den New York Polo Grounds an einem Apriltag im Jahre 1901. Für das leibliche Wohl der Stadionbesucher sorgte unter anderen auch der Würstchenverkäufer Harry Stevens, der seine in länglich geformte Brötchen verpackten Frankfurter von Verkäufern anbieten ließ, die mit Bauchläden durch die Reihen gingen. Lauthals ließ er seine Ware als ›Red Hots‹ oder ›Red Hot Dachshund Sausages‹ ausrufen. Hot waren die Dogs nicht nur, weil sie in heißem Wasser gebrüht worden waren, sondern vor allem weil die frisch zubereiteten Frankfurter im Brötchen mit einer scharfen Senfpaste serviert wurden.

In den Presseboxen saß an diesem denkwürdigen Tag auch der Sport-Cartoonist des New York Journal, Thomas Aloysius »Tad« Dorgan (1877–1929). Das Szenario der Würstchenverkäufer inspirierte ihn zu einem Cartoon, der bellende Dackel(-würstchen) in einem Brötchen zeigte. Ob er nun einfach einer Laune folgte, als er unter seine Zeichnung ›Hot Dog‹ schrieb, oder ob er zu diesem Kürzel griff, weil er nicht genau wusste, wie man ›Red Hot Dachshund Sausage‹ schreibt, mag dahingestellt sein.

Taufpate Dorgan erwies dem heißen Hund mit seiner Namensgebung zunächst einmal einen Bärendienst. Denn wie zuvor schon häufiger, keimte nun erneut der Verdacht auf, dass die ›Dachshund Sausages‹ oder ›Hot Dogs‹ aus Hundefleisch hergestellt würden. Was in New York und besonders auf Coney Island zu erheblichen Umsatzrückgängen führte. Als die Situation ernste Ausmaße anzunehmen drohte, schaltete sich gar die New Yorker Handelskammer ein und verfügte ein Verbot für die Verwendung des Begriffs ›Hot Dog‹ in der Produktwerbung.

Doch schließlich setzte sich ›Hot Dog‹ weltweit als Name für das neben dem Hamburger bekannteste amerikanische Fastfood durch. Besonders die Amerikaner lieben den Hot Dog als allzeit verfügbaren Snack. Kaum eine Straßenkreuzung in den USA, an der nicht ein Verkäufer mit seinem meist mobilen Stand heiße Hunde anbietet. 20 Milliarden Stück dieser mittlerweile in zahlreichen Varianten angebotenen Wurstbrötchen verzehren die Amerikaner jedes Jahr.

Und wer jemals in den Staaten war, weiß: So wie Hundebesitzer mit den Jahren ihren Tieren optisch immer ähnlicher werden, so gibt es offensichtlich auch eine Neigung des Menschen, die äußere Gestalt dessen anzunehmen, was er isst.

Worüber man einmal grundsätzlich nachdenken sollte.

Irish Coffee

Irische Fluggastbetankung

Der internationale Flughafen Shannon in Irland war nach dem Zweiten Weltkrieg eine sehr beliebte Tankstelle. Das bei der Wiederaufnahme des zivilen Luftverkehrs eingesetzte Fluggerät hatte nämlich noch nicht die Reichweite, um die Distanz über den Nordatlantik im Direktflug zu bewältigen. Also steuerten die Piloten in den 50er Jahren Shannon zum überlebensnotwendigen Auftanken ihrer Maschinen an. Für die Passagiere bedeutete der Zwischenstopp, sich von den legendären, aber zweifelhaften Vorzügen des bisweilen rauen irischen Wetters hautnah überzeugen zu dürfen. Man fror. Und das war auch gut so. Denn hätte die werte Kundschaft unter den nasskalten Verhältnissen nicht gelitten, wäre Joe Sheridan, der Barkeeper am Airport, vermutlich niemals auf die Idee gekommen, ein mittlerweile weltweit beliebtes Heißgetränk von wärmender Überzeugungskraft zu erfinden.

So aber erbarmte sich Anfang der 50er Jahre an einem verregneten irischen Flugtag Joe Sheridan der fröstelnden Kundschaft und mixte zusammen, was seither zusammengehört: irischen Whiskey, heißen und frisch aufgebrühten mittelstarken Kaffee sowie braunen Zucker und leicht geschlagene Sahne. Der berühmte Irish Coffee war geboren. Fortan wurden am Shannon International Airport nicht nur Flugzeuge betankt.

Viele der Fluggäste, die in den Genuss von Sheridans hochprozentigem Irenkaffee kamen, trugen von Shannon aus ihre Begeisterung für das Heißgetränk Richtung Westen. Doch bei keinem sollte es derartige Folgen zeitigen wie bei dem amerikanischen Reisekolumnisten des San Francisco Chronicle und Pulitzerpreisträgers Stanton Delaplane. Der nämlich nahm die Irish-Coffee-Idee mit in seine Stammbar in San Francisco, ins ›Buena Vista‹. Das Buena Vista Café an der weltbekannten Fisherman's Wharf, von wo aus man eine fantastische Aussicht (›buena vista‹) auf die San Francisco Bay und auf die Gefängnisinsel Alcatraz hat, blickt auf eine lange Tradition zurück. Bereits 1916 war es in der bis dahin betriebenen Pension Ecke Hyde und Beach Street als Saloon für die in der Bucht arbeitenden Fischer eröffnet worden.

Der in den USA, bei Irish-Coffee-Kennern und vielen Touristen mittlerweile legendäre Ruf des Buena Vista wurde jedoch in der Nacht vom 10. auf den 11. November 1952 begründet. Denn in dieser Nacht versuchten der damalige Besitzer Jack Koeppler und sein Stammgast Stanton Delaplane einen Irish Coffee herzustellen, wie ihn Delaplane am Flughafen von Shannon getrunken hatte. Die ganze Nacht experimentierten sie mit den Zutaten. Doch irgendwie wollte es nicht gelingen. Ihre Hoffnungen sanken gegen Morgen wie die Sahne in ihrem Kaffee. Doch Jack Koeppler ließ sich nicht entmutigen. Er nahm sogar einen Flug nach Irland auf sich, um bei Joe Sheridan in Shannon den original Irish Coffee selbst noch einmal zu begutachten. Nach seiner Rückkehr ging er mit Delaplane erneut in Klausur. Und diesmal mit Erfolg. Jetzt stimmte das Verhältnis von Kaffee, Whiskey und Zucker, und die Sahne hatte die richtige Konsistenz, um nicht im Kaffee zu versinken. Heute werden bis zu 2 000 Irish Coffees täglich in meterlangen Reihen vom Bartender des Buena Vista für eine vier Dollar zahlende Kundschaft zubereitet.

Nun muss man für einen guten Irish Coffee weder nach Irland fahren, wo Whiskey-Puristen die Kaffeespezialität skeptisch als Touristengebräu beäugen, noch nach Kalifornien fliegen. Man kann ihn auch selbst zubereiten. Man benötigt dazu als Erstes ein spezielles Irish-Coffee-Glas (ein sich nach oben öffnendes hitzebeständiges Stielglas). Wie es dann weiterzugehen hat, darüber streiten sich die Spezialisten. Der Erfinder selbst, Joe Sheridan, scheint erst Kaffee eingefüllt zu haben, den er mit drei Teelöffeln braunen Zuckers süßte und anschließend mit gutem irischem Whiskey auffüllte. Mittlerweile hat sich aber auch eine andere Schule etabliert: Der zufolge wird mittels eines speziellen Rechauds zunächst der Whiskey im Glas erhitzt und dann mit dem Zucker verrührt, bevor man den Kaffee auffüllt. Über die Sahne herrscht Einigkeit: Sie darf nur leicht geschlagen werden, damit sie noch cremig genug ist, um über einen Löffelrücken auf – wohlgemerkt auf, nicht in – den Kaffee zu fließen. Wie der Irish Coffee getrunken wird, darüber herrscht allerdings Uneinigkeit: Die einen bestehen auf einem Strohhalm oder gar einem Löffel zum Umrühren, was die anderen geradezu blasphemisch anmutet. Sie sehen den wahren Genuss allein darin, die heiße Kaffee-Whiskey-Mischung ohne jedes Hilfsmittel durch die kühle Sahne zu trinken.

Einen gleichsam religiösen Charakter hat auch die Frage, welchen Whiskey man nun für einen Irish Coffee verwenden darf. Irischer soll es sein. So viel ist klar. Aber welcher? Reicht die allgegenwärtige Supermarktware Tullamore Dew, die so mancher Experte für dünn und charakterlos hält? Oder sollte es ein guter Blend sein? Oder ein Single Malt? Im Buena Vista hat man das Problem gelöst, indem man sich eigens einen gleichnamigen speziellen Whiskey vom irischen Master Blender Barry Walsh in Middleton, Irland, verschneiden lässt. 3 000 Kisten beziehungsweise 36 000 Flaschen liefern die Iren jährlich ins Buena Vista in San Francisco. Im freien Handel ist ein Buena-Vista-Whiskey leider nicht erhältlich.

So ist es an dieser Stelle allein Ihnen überlassen, was Sie in Ihren Kaffee kippen. Worum Sie nicht zu beneiden sind. Denn nicht nur Whiskeyherstellen ist eine Wissenschaft für sich. Auch Whiskeytrinken! Vor allem mit Kaffee.

(Mint) Julep

Purgationshilfe und Wettbegleiter

Sommer. Ein heißer Sommer. Spät am Nachmittag. Lähmende Hitze. Sie schwitzen. Ihr Körper schreit nach einer Erfrischung. Was Sie tun können? Sie können eine kalte Dusche nehmen. Das hilft, hält aber nicht lange an. Sie können sich vor einen Ventilator setzen. Das hilft auch, ist aber nicht wirklich prickelnd. Sie können sich auch in einen Biergarten unter einen Baum setzen und ein kühles heimisches Getränk bestellen: ein Mineralwasser, eine Apfelschorle, ein Radler, ein Alsterwasser oder eine Berliner Weiße. Sie können es aber auch wie die Amerikaner in den Südstaaten machen (und nicht nur die): Ziehen Sie sich auf Ihrem Balkon, auf Ihrer Veranda oder in Ihrem Garten an ein schattiges Plätzchen zurück, und trinken Sie einen ›Mint Julep‹.

Der Mint Julep ist das Erfrischungsgetränk schlechthin. In den Südstaaten genießt er Kultstatus. Und über die authentische Art der Zubereitung werden zwischen Laien und Profis von jeher wahre Glaubenskriege geführt, denn für seine Liebhaber ist der Minz-Cocktail Religion. Was man in jedem Fall für einen Mint Julep benötigt, ist frische Krauseminze (5 – 6 Blätter). Ohne die wird es schon mal gar nichts. Was man dann noch benötigt, gehört in jedem ordentlichen Haushalt zur Grundausstattung: Bourbon (60 – 120 ml), Zucker (1 – 2 TL), Wasser (1 TL) und Eis (geschabtes oder crushed ice). Doch dann muss man sich entscheiden: Bereitet man den Julep in einem Glas oder in einem speziellen Silberbecher? Und zerreibt man die Krauseminze mit dem Zucker und dem Wasser mit einem Cocktaillöffel im Glas beziehungsweise Silberbecher, bevor man das Eis einfüllt und den Whisky zugießt? Oder begeht man damit bereits einen Frevel? Egal wie, gereicht wird er mit einem Strohhalm und einem kleinen Zweig frischer Minze, aber ohne irgendwelche Fruchtgarnituren. Solcherlei Schnickschnack stört nur die Aromen der beiden Zutaten Minze und Bourbon.

Der Mint Julep gehört zu den ältesten Cocktails überhaupt. In den Südstaaten soll er bereits in der Zeit vor dem amerikanischen Bürgerkrieg (1861 – 1865) sehr beliebt gewesen sein. Doch so amerikanisch der Drink selbst auch sein mag, so wenig amerikanisch ist sein Name. Der stammt nämlich aus dem alten Persien. Als ›gulab‹ bezeichnete man dort ›Rosenwässer‹. Über das arabische ›julab‹ hielt es schließlich im Laufe der Jahrhunderte als ›julep‹ Einzug ins Französische, Englische und auch Deutsche, bezeichnete hier allerdings süße Mixgetränke verschiedenster Art, in denen Rosenwasser, aber auch Branntwein eine Rolle spielten. So nannte man mit Honig oder Zucker gesüßten Branntwein ebenso Julep wie auch medizinische Heilwässer. Von einem ›Wunderarzt‹ namens John Lumkin ist beispielsweise eine Rezeptur überliefert, die seinerzeit dem Herzog Johann Wilhelm von Jülich und Berg (1658–1716) als Abführmittel empfohlen wurde:

»Wiltu ein linde sanffte purgation haben so nim zwey loth Rosensafft misch darunter Käßwasser und ein wenig Spica oder Zimmetrind. Ein linde pugierende Syrup von Rosen mach also ... So du es zum letzten mal gegesigen hast laß das Wasser also stehn drey oder viertag ... und thu zu jedem pfunde wasser ein halb pfundt Zucker laß mit einander siede solang biß es dick würt wie ein *Julep* Solchen Syrup behalt inn einem sauberen geschirr zur nodturfft. Davon gibt man acht loth schwer mit Sawrampffer oder Ochsenzungenwasser wie vil man will. Diser Syrup eröffnet lediget ab un reiniget das blut von Gallen und treibet die durch den Stulgang.«

Mit den ersten französischen Kolonialisten und Forschungsreisenden soll der Julep-Sirup schließlich im 17. Jahrhundert vor allem in den Bereich der späteren Südstaaten und entlang des Mississippi bis nach Kentucky gekommen sein, wo man aus ihm schließlich den bekannten Südstaatendrink machte. Und so verwundert es auch nicht, dass der Mint Julep in Louisville, Kentucky, anlässlich des seit 1875 jährlich im Mai stattfindenden ›Kentucky Derbys‹, dem wohl wichtigsten Galopprennen der Welt, eine traditionell herausragende Rolle spielt. Das Derby ist eines der populärsten Sportereignisse in den USA. 150 000 Besucher kommen jedes Jahr nach Louisville, Millionen sitzen an den Fernsehbildschirmen und verfolgen das Rennen. Vor Ort ist die Rennwoche selbstverständlich ein gesellschaftliches Ereignis, man trifft und feiert sich auf den so genannten Schwarzen Krawattenbällen. Und es wird gewettet. Nicht nur am Wettschalter, sondern hauptsächlich auf den unzähligen und traditionellen Mint-Julep-Partys, die am Tag des Hauptrennens veranstaltet werden. So ein Julep entspannt eben. Da sitzen die Dollars locker in der Tasche.

Natürlich hat die Julep-Idee mit der frischen Minze zu einer Vielzahl von Abwandlungen des Klassikers geführt. So kann man sich einen Bacardi Julep, einen Rum Julep, einen Champagner Julep, einen Calvados oder auch einen Grappa Julep mixen. Als Einstieg im nächsten Sommer sei jedoch der Klassiker, der Mint Julep, empfohlen. Im Garten, auf der Veranda oder auf dem Balkon. Sie werden sehen: Der erste erfrischt, der zweite entspannt. Und nach dem dritten werden Sie sich fühlen wie Red Butler oder Scarlet O'Hara. Jede Wette!

Kaffee

Muntermacher für Meckerböcke

Ziegen stinken. Ziegen meckern. Derlei stinkende und meckernde Kreaturen bei ihrer wiederkäuenden Tätigkeit als Ziegenhirte zu hüten, zählt folglich nicht zu jenen Beschäftigungen, zu denen sich Ambitionierte oder Höherberufene hingezogen fühlen. Ziegen hüten ist eher etwas für schlichte Gemüter.

Kaldi war von schlichtem Gemüt. Und er war Ziegenhirte. Im abessinischen (also äthiopischen) Hochland. Vor etwas mehr als tausend Jahren. Kaldi war weder ambitioniert noch zu Höherem berufen. Gleichwohl verdankt die Menschheit seiner Beobachtungsgabe die Entdeckung des wahrscheinlich beliebtesten Genussmittels der Welt: des Kaffees.

Kaldi liebte es nämlich, vor allem während der Mittagshitze, im Schatten eines Baumes zu dösen. Das konnte er sich leisten, denn auch die seiner Obhut überantworteten Ziegen liebten es, in der Mittagshitze zu dösen. Eines Tages jedoch stellte Kaldi zu seinem großen Erstaunen fest, dass ein Teil seiner Ziegenherde nicht döste, sondern entgegen jeder Ziegen-Gewohnheit seltsame Veitstänze aufführte. Nervös hüpften die Meckerböcke auf den Hinterbeinen herum, vollzogen wilde Sprünge und andere sonderbare Verrenkungen. Der andere Teil der Herde döste. Wie immer. Das musste Gründe haben, dachte sich der Ziegenhirte.

Also versuchte Kaldi – dem natürlichen menschlichen Erkenntnisinteresse folgend –, das rätselhafte Verhalten seiner Tiere zu entschlüsseln. Die folgenden Tage verzichtete er auf das gewohnte Dösen und beobachtete stattdessen seine Herde mit Ausdauer und Argusaugen, um auf diesem einfachsten Weg wissenschaftlicher Feldforschung festzustellen, dass nur jene Ziegen verhaltensauffällig wurden, die zuvor von den leuchtend roten Beeren eines Strauches genascht hatten. Sogar nächtens gaben sie keine Ruhe. Nun war es so, dass Kaldi um die Beschränktheit seiner analytischen Fähigkeiten durchaus wusste. Deshalb offenbarte er sich den Mönchen eines nahe gelegenen Klosters, von denen er eine Erklärung für seine Beobachtungen erhoffte. Zur Sicherheit hatte er einige der roten Beeren zur Begutachtung mitgebracht.

Der leitende Abt des Klosters hörte sich den Vortrag Kaldis geduldig an, konnte aber des Ziegenhirten Beobachtungen nicht in den Kanon seiner gottesfürchtigen Sinndeutungen einordnen. Und so beschied er, was Kirchenmänner sicherheitshalber immer bescheiden, wenn etwas nicht so recht in ihr Weltbild passt: »Teufelszeug!« Die Beeren warf er in einem symbolischen Akt religiöser Ächtung in das Feuer der Klosterküche. Hier entfalteten die gerösteten Beeren jedoch einen äußerst verführerischen Duft. Was die übrigen Mönche veranlasste, unter Missachtung des verhängten Banns aus den in einem Mörser zerstoßenen Bohnen einen Sud zu bereiten. Davon gekostet, entfaltete sich alsbald in ihren Leibern und Köpfen die belebende Wirkung des im Sud befindlichen Koffeins. Und nun erkannte auch der Abt, welche ungeahnten Möglichkeiten sich ihm und seinen Mönchen eröffneten: Mit diesen gerösteten Bohnen konnte man fortan die ganze Nacht durchbeten! Das war sensationell – und gottgefällig!

Die außergewöhnliche Wirkung des Kaffeegebräus

sprach sich jenseits der Klostermauern schnell herum, und so nahm der sagenhafte Siegeszug des Kaffees im Verlauf der letzten tausend Jahre von der Hochebene Äthiopiens aus seinen Lauf um die ganze Welt.

Die variantenreich kolportierte Legende von den abessinischen Ziegen, ihrem Hirten, den Mönchen und dem Kaffeestrauch ist wohl die berühmteste von allen und geht auf die Aufzeichnungen des syrischen Maronitenmönchs Faustus Naironus Banesius zurück, der sie im Jahre 1671 aufzeichnete. Dass der Kaffeebaum und seine Früchte bereits *vor* dem Jahr 1000 in Äthiopien und Arabien bekannt waren, scheint sicher. Doch nicht als Getränk. Die zerstoßenen und mit Tierfett zu kleinen Bällchen geformten Früchte dieser Pflanze dienten den äthiopischen und arabischen Nomaden zunächst wohl allein in dieser Form als fett- und eiweißhaltiger Muntermacher für zwischendurch.

Um das Jahr 1000 scheint man dann aus den Früchten und heißem Wasser auch einen Sud gewonnen zu haben, der allerdings mit jenem Getränk, das wir heute als Kaffee bezeichnen, nicht einmal ansatzweise etwas zu tun hatte. Es muss eine gräuslich schmeckende Brühe gewesen sein, die auch als Heilmittel Verwendung fand. Von dem berühmten persischen Arzt und Philosophen Ibn Sina, auch Avicenna genannt, wurde jedenfalls im 11. Jahrhundert eine anregende Medizin namens »bunchum« erwähnt. Und die Tatsache, dass man der 1592 vorgelegten Reisebeschreibung des italienischen Gelehrten Prosper Alpinus zufolge im arabischen Sprachraum zu jener Zeit die Kaffeefrüchte »bun« beziehungsweise »ban« nannte, lässt die Vermutung zu, dass es sich beim »bunchum« von Avicenna 500 Jahre zuvor bereits um einen Kaffeesud handelte. Aus dem arabischen »bun« für die Frucht des Kaffeebaumes machten die Engländer später dann ihre »bean« und die Deutschen ihre »Bohne«.

Wann und wo man genau mit dem Entfernen des Fruchtfleisches und mit dem Rösten der Kerne zur braunen Kaffeebohne begann, ist umstritten. War es bereits im 12. Jahrhundert oder doch erst im späten 14. oder gar 15. Jahrhundert? Gesichert scheint, dass sich der zunächst auf Metallplatten geröstete, anschließend zerstoßene und aufgebrühte Kaffee spätestens seit der Mitte des 15. Jahrhunderts im arabischen Raum als äußerst beliebtes Getränk durchgesetzt hatte. Das geht aus einer arabischen Schrift des Jahres 1587 hervor, die sich wiederum auf eine gut 100 Jahre ältere arabische Aufzeichnung beruft und in der Pariser Nationalbibliothek aufbewahrt wird. Der Augsburger Medicus, Botaniker und Orientreisende Leonhard Rauwolf beschrieb 1582 aus europäischer Sicht die Liebe der Araber zum schwarzen Gebräu: »Under andern habens ein gut getränck welliches sie hoch halten Chaube von jenen genennet das ist gar nahe wie Dinten so schwartz unnd in gebresten sonderlich des Magens gar dienstlich.«

An der Popularität des Kaffees in Arabien war unter anderem Scheich Gemaleddin, Mufti zu Aden, beteiligt. Im Jahre 1454 ließ er angeblich Kaffeesamen aus der abessinischen Hochebene in den Jemen bringen, um sie hier im großen Stil zu kultivieren. Aus Äthiopien, genauer gesagt aus der Hochebene der Provinz Kaffa, kam er also ursprünglich her, der Kaffee. Was vorschnelle Gemüter dazu veranlasste, zu behaupten, dass der Kaffee nach besagter Provinz benannt sei. Doch findige Sprachwissenschaftler führen den deutschen »Kaffee«, den englischen »coffee«

und die vielen anderssprachigen, aber nahezu gleich lautenden Varianten auf das arabische Wort »qahwa« zurück, mit dem man aus Pflanzen gewonnene Getränke umschrieb. Also auch den alkoholhaltigen und deshalb für Muslims verbotenen Wein. Und da sich der Kaffee den Korangläubigen zunehmend als »Ersatzdroge« anbot, nannte man ihn auch gerne den »Wein des Islam«.

Vom Jemen im Süden der arabischen Halbinsel, wo man die Kunst des Kaffee-Anbaus mit einem genialen Bewässerungssystem anfänglich wie ein Staatsgeheimnis hütete, wanderte der Kaffee schließlich unaufhaltsam im 16. Jahrhundert nach Mekka und Medina, nach Kairo und Konstantinopel. Der Handel wurde maßgeblich über die jemenitische Hafenstadt Dschidda und vor allem über Mokka abgewickelt. Letzteres stand der gleichnamigen kleinen und besonders aromatischen Bohnensorte und einem besonders stark zubereiteten Kaffee Pate. Die Türken schließlich schleppten ihre Bohnensäcke bis vor die Tore Wiens, wo man aus der zunächst als Kamelfutter verkannten Kriegsbeute die berühmte Wiener Kaffeehauskultur entwickelte. Von hier aus nahm der schwarze Wachmacher seinen Weg nach Südwesteuropa. Von Alexandria oder Konstantinopel aus gelangte 1624 die erste Schiffsladung Kaffee nach Venedig, von wo aus sich der Kaffeekult nach Westeuropa ausbreitete.

Anfänglich war Kaffee in Europa noch ein Luxusgetränk der höfischen Gesellschaft, die es zu jener Zeit chic fand, sich in entsprechendem Ambiente an Orientalischem zu ergötzen. Doch mit der sich unaufhörlich ausbreitenden Kaffeehauskultur gelangte Kaffee auch in den öffentlichen Ausschank. Und auch diese Errungenschaft stammte ursprünglich aus dem arabischen Raum. Die ersten Kaffeehäuser öffneten um 1530 in Damaskus und Aleppo (Syrien) ihre Pforten, in Mekka sollen über 2000 Kaffeehäuser den »Wein des Islam« angeboten haben. Mitte des 16. Jahrhunderts konnte man dann auch im osmanischen Konstantinopel seinen Kaffee in einer öffentlichen Verzehreinrichtung zu sich nehmen. Im Westen war Venedig der Vorreiter: 1654 legte man mit dem ersten europäischen Kaffeehaus am Markusplatz den Grundstein für Espressoland. Es folgten im 17. Jahrhundert Oxford, London, Marseille, Den Haag, Amsterdam, Paris, Hamburg, Bremen, Wien, Leipzig und zu Beginn des 18. Jahrhunderts Stuttgart und Berlin.

Diese und alle weiteren Kaffeehäuser entwickelten sich in Europa zu beliebten Treffpunkten des (männlichen) Bürgertums. Handwerker, Geldverleiher, Kaufleute und Redakteure trafen sich hier, um Nachrichten auszutauschen, Geschäfte abzuschließen, über Politik zu debattieren oder einfach nur zu tratschen. In London fanden sich seit 1687 in »Lloyd's Coffeehouse« vorrangig Vertreter von Berufsgruppen ein, die mit der Schifffahrt zu tun hatten: Kapitäne, Händler, Schiffseigner, Versicherungsagenten. »Lloyd's Coffeehouse«, benannt nach seinem Besitzer Edward Lloyd (gest. 1713), war für seine Gäste die beste Informationsplattform zum Austausch der neuesten Branchennachrichten. Aus diesem Treffpunkt von Schiffsinteressenten und Seeversicherern ging gegen Ende des 18. Jahrhunderts die wohl größte Versicherungskorporation der Welt hervor. Bereits seit 1698 wurde ein eigener Nachrichtendienst, »Lloyd's News«, aufgelegt, aus dem später die »Lloyds List and Shipping Gazette« hervorging und seit 1760 das »Lloyd's Register of Shipping«, ein Verzeichnis aller Schiffe, Reedereien und Werften.

Im 18. und 19. Jahrhundert erreichte der Kaffee schließlich auch die niederen Volksschichten. Noch war es ein langer Weg bis zu jener Selbstverständlichkeit, mit der wir heute allmorgendlich oder allnachmittäglich zur Kaffeetasse greifen. Zunächst nahmen die armen Schichten der Industriearbeiterschaft Kaffee weniger als Getränk denn als Suppe mit Broteinlage (Einbrock) oder als Kaffeemus zu sich. Und weil Kaffee, auch wegen der hohen Einfuhrzölle und Steuern, nach wie vor kein billiges Konsumgut war, wurde er häufig mit Surrogaten unterschiedlichster Natur gestreckt. Beliebt und bezahlbar war besonders ein Ersatzgetränk aus Zichorien (Wegwarte), das mit dem ausgehenden 18. Jahrhundert zum »Kaffee« der kleinen Leute avancierte.

Der weltweit stetig steigende Bedarf nach dem braunen Muntermacher war geradezu eine Aufforderung, das jemenitisch-arabische Produktions- und Handelsmonopol zu durchbrechen und neue Anbauflächen zu suchen. Das übernahmen die europäischen Kolonialmächte. Sie sorgten im 17. und 18. Jahrhundert für eine Ausweitung des Anbaus in Übersee, vor allem in der Karibik, in Süd- und Zentralamerika und in Asien. Bereits seit dem Beginn des 19. Jahrhunderts erstreckte sich rund um den Globus zwischen den Wendekreisen ein Kaffeegürtel, der seither dem stetig steigenden Bedarf nach braunen Bohnen gerecht zu werden bemüht ist.

Doch dem Kaffee schlug nicht immer nur Begeisterung entgegen. Von Anfang an mischte sich immer wieder auch Skepsis in die ansonsten von Begeisterung beherrschten Reaktionen. Vor allem von Seiten des politischen Establishments. Vermutete man doch – nicht zu Unrecht –, dass in den Kaffeehäusern über Verfehlungen der Politik diskutiert wurde. Ja, hier wurden sogar Witze über die Obrigkeit gerissen – kein Zweifel: Kaffeehäuser waren verdächtige Brutstätten oppositionellen Aufruhrs. Also verbot man hin und wieder die Kaffeehäuser und den Genuss des Kaffees. Einer der Ersten war Statthalter in Mekka und ein zutiefst genussfeindlicher Mensch. Und ein übler Ausbeuter obendrein. Er berief, was sonst sollte er als Politiker tun, eine Kommission ein, die ihm attestierte, dass Kaffeegenuss berausche und somit dem Koran widerspreche. Khair-Bey, so hieß der Schurke, hatte allerdings nicht damit gerechnet, dass sein Sultan dem Kaffeekonsum durchaus zugeneigt war und das Spiel mit Kommissionen genauso gut beherrschte wie sein Statthalter. Und so kam, was kommen musste: Des Sultans Expertenkommission widerlegte die Aussagen der Kommission seines Statthalters, und so konnte der Sultan guten Gewissens das Verbot wieder aufheben.

Städte, Kalifen, Könige und Fürsten – sie alle versuchten es immer wieder. In England wurden die Kaffeehäuser als Orte der Verschwörung samt und sonders auf Weisung des Königshauses zwischenzeitlich geschlossen. Deutsche Kleinstaaten verhängten Steuern, Zölle oder Verbote, weil durch den Kaffeeimport zu viel Geld ins Ausland floss. Der große Preußenkönig Friedrich trieb es besonders keck, gedachte er doch am Kaffeehandel und -rösten kräftig mitzuverdienen. Import und Rösten wurden zum Staatsmonopol erklärt. Preußische »Kaffeeriecher« schnüffelten sich fortan durch Städte und Stuben, um gegen die Schwarzbrennerei vorzugehen. Schmuggel und Protest waren die Antwort. Nach dem Tod des Königs 1786 wurde der Brennzwang wieder aufgehoben.

Niemand konnte die Karriere des braunen Muntermаchers aufhalten: kein König, kein Papst, kein Fritz und kein Mufti. Und so schraubten sich die weltweiten Produktionszahlen der letzten 250 Jahre enorm in die Höhe: Wurden im Jahre 1750 noch 600 000 Sack à 60 kg Rohkaffee verbraucht, waren es im Jahre 1850 bereits 4 Millionen Sack. Heute werden sagenhafte 104 Millionen Sack Rohkaffee weltweit verbraucht. Kaffee ist nach Erdöl das zweitwichtigste Handelsgut der Welt. Ganze Volkswirtschaften sind von Kaffeeproduktion und -handel abhängig, 25 Millionen Menschen leben vom Kaffeeanbau. Brasilien und Kolumbien produzieren allein nahezu die Hälfte der Weltproduktion. Deutschland ist nach den USA der zweitgrößte Kaffeeimportriese der Welt. Täglich sprudeln aus deutschen Haushaltsautomaten an die 320 Millionen Tassen.

Und das alles hat die Welt einem abessinischen Ziegenhirten namens Kaldi und seinen stinkenden Meckerböcken zu verdanken.

Kaiserschmarrn

Sisis süße Legende

Man schrieb das Jahr 1854. Prinzessin Elisabeth, zweite Tochter des Herzogs Maximilian Joseph von Bayern, bestieg in Linz ein blumengeschmücktes Schiff, das sie die blaue Donau hinab nach Wien bringen sollte. Dort wartete bereits der junge Kaiser Franz Joseph ungeduldig auf seine Braut. Kaum hatte das Schiff angelegt, sprang der 24-Jährige an Bord, um seine geliebte Sisi unter dem begeisterten Beifall aller Anwesenden stürmisch zu umarmen und zu liebkosen. Es war Liebe. Zweifellos. Die ganz große Liebe.

In einer Karosse aus Gold und Glas, gezogen von acht weißen Lipizzanern, denen man Silberbänder in ihre Mähnen und Schweife geflochten hatte, zog das Brautpaar durch die Stadt. Weiß gekleidete junge Mädchen bestreuten die Straßen mit blutroten Rosen. Sisi, mit einem glitzernden Diamantendiadem im dunklen, glänzenden Haar und einem dem Anlass angemessenen Traum von rosarotem, silberdurchwirktem Festkleid, weinte vor Glück. Das Volk jubelte ihr und dem feschen Franz Joseph zu. Sie zählte gerade 16 Jahre. Jung, schön. Ein Traumpaar.

In der Augustinerkirche legten Sisi und Franz Joseph im Schein von Tausenden Kerzen ihr feierliches Ehegelübde ab. Während sein bestimmtes ›Ja‹ klar und hell durch den hohen Raum hallte, hauchte Sisi ihr Jawort leise, zart, fast schüchtern. An die kirchliche Zeremonie schloss sich der offizielle Empfang des Hofs und des Diplomatischen Korps im Zeremoniensaal der Wiener Hofburg an. Dann zeigte sich das frisch vermählte Paar erneut dem Volk im offenen Wagen. Wien hatte Festschmuck angelegt. Überall bunte Lampions, winkende, lächelnde und singende Menschen, beleuchtete Transparente – eine Stadt im Rausch. Traumhochzeit. Kaiserwalzer.

In der Hofburg schließlich das Souper: Festlich gedeckte Tische mit Silberkandelabern, die vorzüglichsten Köstlichkeiten, die erlesensten Weine. Für die schöne Kaiserin hatten sich die Hofköche etwas ganz Besonderes einfallen lassen: eine Mehlspeise aus Eiern, Zucker, Milch, eingeweichten Rosinen, die in reichlich Butter gebacken, mit der Gabel in der Pfanne zerpflückt, noch einmal überbacken und mit Konfitüre gereicht wurde. Kaiserinschmarrn.

Und dann der Affront: Die Kaiserin, durchaus gerührt von der wohl gemeinten Ehrerbietung, lehnt dankend ab. Zu mächtig. Nicht gut für die Linie. Leichenblasse Köche, peinliches Schweigen. Was mochte Hochwohlgeboren bewogen haben, den Teller beiseite zu schieben? Der Kaiser nimmt sich der Angelegenheit an. Probiert eine Gabel, eine zweite. Entspannte Gesichter, durchatmen. Es schmeckt, es schmeckt sogar sehr. Es schmeckt so sehr, dass er das Gericht zu seinem Leibgericht erklärt. Kaiserschmarrn.

So wird sie gerne erzählt, die Geschichte des Kaiserschmarrns. Aber es ist eine Geschichte mit österreichischem Zuckerguss. Ein wenig klebrig schmeckt sie. Und sie entspricht wahrscheinlich ebenso wenig der Wahrheit, wie das Leben der Kaiserin im Roman und im Kino zur operettenhaften Legende mit Romy Schneider und Karlheinz Böhm verkam. Was blieb, war Heimat- und Historienglorie – Bad-Ischl-Idylle und Salzkammergut-Folklore. Doch das ist, um im Bild zu bleiben, natürlich alles Schmarrn. Wenn die Hofköche tatsächlich geglaubt hatten, ihr mit der schweren und süßen Mehlspeise eine Freude bereiten zu können, hätten sie sich tatsächlich niemand Schlechteren aussuchen können als ausgerechnet die zarte Sisi.

Denn wie war sie wirklich, die Kaiserin? Sie war ein Hungerlappen. Ein vom eigenen Schönheitsideal geknechtetes Wesen, das sich um der schlanken Linie willen vorzugsweise von Blut, Rindsbouillon und Milch ernährte. Ihr Tagebuch war nichts weiter als ein Wiegejournal. Zeitlebens bezog sie ihr Selbstbewusstsein aus ihrer überall gepriesenen und gefeierten Schönheit. Und die suchte sie durch Hungerkuren und intensiven Sport – Wandern, Reiten, Turnen – verzweifelt bis ins Alter zu erhalten. Bei einer Größe von 1,72 Meter wog sie gerade einmal 50 Kilogramm, der Taillenumfang betrug unglaubliche 50 Zentimeter. Die Haare wuchsen ihr schließlich bis zu den Fersen, mussten bisweilen mit Bändern aufgehängt werden, um den Kopf zu entlasten. Am Hofe fühlte sie sich (politisch!) unverstanden und allein gelassen, das eheliche Schlafgemach mied sie ebenso wie den kaiserlichen Beischlaf.

Am Ende ihres Lebens war sie eine von Depressionen zermürbte, von Magersucht und Fitnessprogrammen aufgezehrte und von Hungerödemen gezeichnete Karikatur ihrer selbst. Ein verwirrter Geist und Anarchist, Luigi Lucheni, der es wahrscheinlich gar nicht gezielt auf Sisi abgesehen hatte, der vielmehr mit der wahllosen Ermordung irgendeines Vertreters einer europäischen Herrscherfamilie ein Fanal setzen wollte, erstach 1897 die einst schönste Regentin Europas auf offener Straße vor dem Hotel Beau Rivage in Genf.

Nun ist zwar nicht gänzlich auszuschließen, dass die Geschichte mit dem Kaiserinschmarrn und Sisi vielleicht doch stimmt. Wahrscheinlicher ist jedoch, dass es den Kaiserschmarrn schon sehr viel länger gibt und der Ursprung historisch und vor allem sozial ganz woanders angesiedelt ist, nämlich in den österreichischen Bergen, fernab von jedem kaiserlichen Hofgepränge. Zu den alltäglichen Speisen auf den Almhütten gehörte schon seit je ein ähnliches, sehr anspruchsloses Gericht, das aus ebenden Lebensmitteln hergestellt wurde, die man auf einer Alm naturgemäß immer zur Hand hat: Milch, Mehl, Butter und Eier. Die Bewohner der Alm, die Sennerin beziehungsweise der Senn, nennt man in Österreich auch ›Kaser‹ (›Käsehersteller‹). Dementsprechend hieß die auf der Alm bevorzugte Speise auch ›Kaserschmarrn‹. Und vermutlich haben Stadtköche das Grundrezept von der Alm einfach verfeinert und schließlich zum Kaiserschmarrn deklariert.

Somit wäre der kaiserliche Schmarrn eine zutiefst bäuerliche Angelegenheit – was ihn wirklich adelt.

Ketchup

Chinesische Fischpaste

American Football ist ein Kriegsspiel. Und Footballspieler verstehen keinen Spaß. Weder auf dem Spielfeld noch beim Ketchup. Und so begeht in einem berühmten Fernsehspot von Heinz Ketchup, dem internationalen Ketchup-Marktführer, ein schmächtiges Kerlchen hinter dem Tresen eines Steak-Hauses einen fatalen Fehler. An diesem Tresen haben sich nämlich nach getaner Arbeit im Stadion die ›Tiger‹ eingefunden, eine sehr markenbewusste Football-Mannschaft in voller Kriegsbemalung. Mit einem blutigen T-Bone-Steak gedenken sie ihre Energiespeicher wieder aufzufüllen. Was besagtes Kerlchen in einem Anfall von grober Fahrlässigkeit allerdings versäumt hat, ist, die gewohnte Versorgung der Kampfmaschinen mit dem wichtigsten Begleitstoff zum blutigen Steak sicherzustellen. Ketchup. Und zwar nicht irgendein Ketchup. Nein, es zählt nur Heinz Ketchup! Eine durch und durch humorlos dreinschauende Wand aus durchtrainierten Kleiderschränken in martialischer Sportrüstung schweigt die hagere Gestalt an der Grillstation angesichts dieser unverzeihlichen Pflichtvergessenheit bedrohlich an. In einem Akt finaler Selbstrettung verteilt das beschürzte Männlein in scheinbar letzter Sekunde an jeden Spieler eine Flasche original Heinz Ketchup. Was ihm vermutlich das Leben rettet. Denn wie gesagt: Footballspieler verstehen keinen Spaß.

Ob Heinz, Kraft, Livio oder die Billigmarke aus dem Discounter: Welche Ketchup-Marke nun das allein glückselig machende Dressing für Pommes, Burger oder Steak ist, daran entfacht sich nicht selten ein Glaubenskrieg. Die Fronten verlaufen bisweilen auch quer durch ansonsten friedliebende Familien. Die Hoffnung auf Einigung oder Kompromiss ist in solchen Fällen aussichtslos. Einig ist man sich lediglich, dass Ketchup selbstverständlich zur Grundausstattung eines Haushaltes gehört. In Deutschland, dem größten europäischen Ketchup-Markt, steht in zwei Dritteln aller Haushalte eine Flasche Ketchup im Küchenschrank. Bei den Amerikanern sind es 97 Prozent aller Haushalte.

Nun gibt es kritische Stimmen, die im Zusammenhang mit Big Mac, Kaugummi, Coca-Cola, Ketchup und Co. gerne von »amerikanischem Kulturimperialismus« sprechen und damit den kritiklosen Import typischer Utensilien und Verhaltensmuster des American Way of Life meinen. Ohne lieb gewonnene Feindbilder zerstören zu wollen, muss an dieser Stelle jedoch darauf hingewiesen werden, dass ausgerechnet Ketchup, dieses urtypische amerikanische Produkt zur geschmacklichen Anreicherung von Grill- und Fastfood, gar nicht von den Amerikanern erfunden wurde. Sie haben es bestenfalls tomatig modifiziert und perfekt vermarktet. Erfunden und benannt aber haben es die Chinesen. Das heißt, urheberrechtlich könnten wahrscheinlich sogar auch die alten Römer Ansprüche geltend machen.

Sie kannten bereits um 300 v. Chr. eine eingedickte Würzsauce aus Öl, Pfeffer, Essig und einer Paste aus getrockneten Sardellen, die sie ›liquamen‹ nannten und die dem chinesischen Vorläufer unseres Ketchups sehr ähnlich war. Diesen Vorläufer entwickelten die Chinesen allerdings erst im ausgehenden 17. Jahrhundert. Es handelte sich dabei ebenfalls um eine kalt-pikante Sauce, die zu Fisch oder Geflügel gereicht wurde und aus passiertem Fisch, Muscheln und verschiedenen Gewürzen bestand und die man dort ›kêtsiap‹ nannte. Von China aus gelangte die Fischsauce nach Singapur und Malaysia, wo man sie ›kechap‹ nannte. Englische Seefahrer schließlich brachten Anfang des 18. Jahrhunderts die ursprünglich chinesische ›kêtsiap‹-Sauce nach Großbritannien, wo englische Köche erstens des asiatischen Sprachgebrauchs nicht mächtig waren und die Sauce deshalb in unser heute bekanntes ›ketchup‹ umtauften und zweitens die Rezeptur veränderten. Denn die asiatischen Gewürze waren ihnen fremd, und so experimentierten sie mit Champignons, Nüssen und Gurken. Die so entstandenen Würzsaucen wurden als ›ketchup‹ in England im 18. Jahrhundert sehr beliebt. Sie fanden auch Eingang in berühmte Kochbücher, die dazu rieten, solcherlei Saucen immer vorrätig im Haus zu haben.

Die Tomate allerdings kam erst in Amerika ins Ketchup. Um 1790 wurde in New England, in der nordöstlichen Region von Amerika, erstmals mit reifen Tomaten experimentiert. Bis dahin hatte man Tomaten vermutlich nur unreif geerntet und sie deshalb berechtigterweise als giftige Gartenfrucht nicht sonderlich geschätzt. 1792 jedoch erschien in einem Kochbuch das erste Rezept für ›tomato catsup‹, eine relativ aufwendig hergestellte Würzsauce aus reifen Tomaten. Der Verdienst, den Tomaten-Ketchup in die industrielle Massenproduktion gebracht und damit weltberühmt gemacht zu haben, gebührt jedoch allein Henry John Heinz (1844–1916) aus Pittsburgh.

Heinz, Nachkomme deutscher Auswanderer aus der Pfalz, hatte schon als Kind merkantiles Talent bewiesen, als er erfolgreich überschüssiges Gemüse aus dem Garten seiner Eltern verkaufte. Als 25-Jähriger gründete er mit einem Freund die erste Firma und verkaufte geriebenen Meerrettich. Allerdings mit wenig Erfolg, die Firma ging 1875 Pleite. Schon im Folgejahr gründete er aber eine neue Firma. Die spätere H. J. Heinz Company verkaufte in jener Zeit neben Gurken und Gewürzen als große Neuerung auch das erste industriell hergestellte ›Heinz Tomato Ketchup‹. Heute ist Heinz die weitaus berühmteste Ketchup-Marke und Marktführer im Ketchup-Bereich, wenngleich Ketchup nur eines von gut 5 700 Konzernprodukten ist, die in circa 200 Ländern verkauft werden. Seit 2001 hat Heinz den Ketchup-Markt um eine weitere Spezialität bereichert: ein mit Lebensmittelfarbe grün gefärbtes Ketchup, das in erster Linie jüngere Konsumenten anspricht. Die sind experimentierfreudiger.

Als weniger experimentierfreudig, dafür aber umso heimatverbundener erwies sich der NFL-Club der Pittsburgh Steelers. Sein neues, 65 000 Zuschauer fassendes Stadion nannte der Club ›Heinz-Field‹. Die H. J. Heinz Company kostete der 20-Jahres-Vertrag mit dem Football-Club die für amerikanische Verhältnisse schlappe Summe von 57 Millionen Dollar: eine gute Investition angesichts der amerikanischen Football-Begeisterung und der hohen TV-

Einschaltquoten, die für den heimischen Ketchup-Riesen eine entsprechend hohe Werbewirksamkeit versprechen.

Und was die Spieler der Pittsburgh Steelers nach dem Spiel zum T-Bone-Steak gereicht bekommen, sollte auch klar sein – in jedem Fall dem Mann an der Grillstation gegenüber dem Stadion.

Kir Royal

Elitäre Wirtschaftshilfe

»Isch schieb et dir hinten und vorne rein. Isch scheiß Disch so was von zu mit meinem Geld, dass de keine ruhije Minute mehr hast. Und irgendwann kommt dann mal der Punkt, dann biste so mürbe und so fertig, und die Versuchung is so groß, dann nimmst es. Und dann hab isch disch. Dann jehörste mir. Dann biste mein Knescht!«

Unvergessen die Szene, als Mario Adorf alias Klebstofffabrikant Haffenloher aus dem Rheinischen dem Münchner Klatschreporter Franz Xaver Kroetz alias Baby Schimmerlos am Hotel-Swimmingpool gegenübersteht. Haffenloher will rein! Er will in die Münchner Bussigesellschaft. Und der zunächst widerspenstige, blasierte Schimmerlos ist seine Eintrittskarte. Geld spielt keine Rolle. 35 Jahre hat er in Kleber gemacht – in Kleinweilersheim bei Tauberbischofsheim. Jetzt hat er die Schnauze voll. Jetzt ist er 55. Und jetzt will er die Sau rauslassen – ohne seine Frau. Dazu ist er nach München gekommen. Und jetzt will er rein in die Schickimicki-Gesellschaft, will in die Klatschspalten der Münchner Lokalpresse: ›Prächtig amüsiert sich Generaldirektor Heinrich Haffenloher im Kreise seiner Freunde!›

›Kir Royal‹ hieß Helmuth Dietls TV-Erfolgsserie von 1986. Und die Serie nahm aufs Korn, was in den Achtzigern trendy war. Im Yuppiejahrzehnt feierte man sich und den Wohlstand. Das Modegetränk der Szene war Champagner, und der unverzichtbare In-Drink war die Krönung des Champagners: der Kir Royal, bestehend aus einigen Tropfen Crème de Cassis und trockenem Schaumwein. Das war snobby, very snobby. Doch bald war er auch sehr populär. Überall wurde plötzlich die Sektflöte mit der prickelnden Flüssigkeit in blassem Rot gereicht: beim Stehempfang im offiziellen Bonn, beim Sommerfest im Garten von Olpe, bei der Geburtstagsfeier im Tennisclub von Radevormwald. Kein Brunch ohne Lachs und Kir Royal. In jedem steckte ein kleiner Haffenloher.

Erfunden wurde der Kir, von dem der Kir Royal eine königliche Variante darstellt, jedoch weder in München noch in Berlin, sondern in der Bourgogne. Hier schätzte man die als Blanc-Cassis bekannte Mischung aus trockenem, säurebetontem Weißwein und dem süßen Johannisbeerlikör bereits Mitte des 19. Jahrhunderts als Aperitif. Der Blanc-Cassis war schnell über die Grenzen der Bourgogne hinaus derart beliebt, dass in der zweiten Jahrhunderthälfte besonders in der Gegend von Dijon Likörfabriken wie Pilze aus dem Boden schossen, um die Cassis-Nachfrage befriedigen zu können.

Erst nach dem Zweiten Weltkrieg wurde aus dem Blanc-Cassis der so genannte Kir, benannt nach jenem Mann, der dem Blanc-Cassis nach 1945 zu erneuter Popularität verhalf: Domherr Félix Adrien Kir, eine umstrittene wie streitbare Persönlichkeit. Monsieur Kir wurde 1876 als fünftes Kind eines Friseurs im Nordwesten von Dijon geboren. In Dijon studierte er Theologie und wurde schließlich zum Vikar ernannt. Als Sanitätssergeant nahm er am Ersten Weltkrieg teil, zurückgekehrt, schrieb er als Redakteur einer kleinen politischen Zeitung mit spitzer Feder gegen Kommunisten und Liberale. 1931 schließlich wurde er Domherr. Als 1940 deutsche Truppen in Dijon einmarschierten, widersetzte sich Kir als Mitglied der Gemeindeverwaltung mit Bauernschläue dem Willen der Besatzer. 5000 Kriegsgefangenen soll er zur Flucht verholfen haben. Er wurde zwei Mal verhaftet, zum Tode verurteilt und wieder freigelassen. Ein Attentäter schoss ein ganzes Magazin auf ihn leer. Kir überlebte auch das.

Als der Krieg vorbei war, genoss Kir in der Bevölkerung Dijons ein entsprechend hohes Ansehen. 1945 wurde er zum Bürgermeister gewählt, ein Amt, das er bis zu seinem Tod 1968 bekleidete. Der Linderung der kriegsbedingten Not galt sein erstes Interesse. Auch der Aussöhnung der Völker fühlte er sich besonders verpflichtet, gründete zahlreiche Städtepartnerschaften, nahm sogar zu Zeiten des Kalten Krieges Kontakt mit Chruschtschow auf, was man in Frankreich etwas irritiert zur Kenntnis nahm.

Während seiner Amtszeit zeichnete er sich durch Schlagfertigkeit, Witz und eine auffällige Selbstinszenierung aus. Keiner Auseinandersetzung ging er aus dem Weg. Jugendlichen Atheisten, die die Existenz seines Gottes anzuzweifeln wagten, weil man ihn nicht sehen könne, begegnete er mit durchaus weltlicher Argumentation: »Keiner von euch hat jemals meinen Arsch gesehen. Und er existiert doch.« So manchen Zeitgenossen stieß er mit seiner Direktheit vor den Kopf. Arroganz warf man ihm vor, Selbstgerechtigkeit und vor allem wirtschaftspolitische Inkompetenz.

Unmittelbar nach dem Krieg betrieb er jedoch eine ebenso eigenwillige wie effektive Wirtschaftsförderung. Weil die Likörfabriken in Dijon unter den Folgen des Krieges litten, machte er den Blanc-Cassis zum offiziellen Begrüßungsgetränk im Rathaus. Jedem Gast wurde fortan ein Glas Weißwein mit Johannisbeerlikör gereicht. Ursprünglich bestand der fortan Kir genannte Drink aus Bourgogne Aligoté und einem Schuss Crème de Cassis. Die Aligoté-Traube ergibt in der Regel eher dünne, säurebetonte Weine von nur durchschnittlicher Qualität. Doch mit Cassis: à la bonne heure. Später adelte man den Kir unter Verwendung des trockenen Schaumweins Crémant de Bourgogne zum Kir Royal, der dann in besseren Kreisen auch gerne mit Champagner Brut getrunken wurde.

Ob man den Kir Royal mit nur einigen wenigen Tropfen Cassis bevorzugt oder in die Champagnerflöte einen Fingerbreit des süßen Likörs einfüllt, bevor man sie mit Champagner aufgießt, oder ob man sogar noch etwas mehr von dem dunkelroten, 16-prozentigen Johannisbeersaft verwendet, ist je nach Geschmack unterschiedlich. Nur einen Fehler sollte man nie begehen: Man sollte niemals Cassissirup verwenden!

Generaldirektor Haffenloher wäre aber auch das vermutlich egal gewesen. Hauptsache Bussigesellschaft. Hauptsache drin!

Knäckebrot

Nomen est omen

Die einen sehen im Knäckebrot einfach nur staubtrockene, geschmacksneutrale, zutiefst genussfeindliche und verabscheuungswürdige Gesundheitsschnitten. Für sie ist das Knäckebrot ein backtechnischer Offenbarungseid, ein geschmacklicher Super-GAU. Für andere ist das schwedische Knusperbrot ein natürlicher Schlankmacher, eine vitalisierende Fit-for-fun-Backware. Und wahrlich: Es ist beinahe fettfrei, ist kalorienarm und beinhaltet Kohlenhydrate, Eiweiß, Mineralstoffe, Vitamine, Ballaststoffe und sekundäre Pflanzenstoffe. Bis zu 400 Getreidekörner sollen allein in einer Scheibe des Schwedenkräckers enthalten sein. Wiederum andere sehen in den rechteckigen Brotplatten tatsächlich die leckerste Knabberverführung seit der Erfindung des Brotes.

Die Knabberfans und Vollwertköstler sorgen in Deutschland für durchaus knackige Verkaufszahlen: Circa 120 Millionen Knäckebrotpackungen finden jährlich den Weg aus dem Supermarktregal in den deutschen Einkaufskorb. An die 28 000 Tonnen verzehren die Liebhaber des Knusperbrots jedes Jahr und stellen damit eindrucksvoll unter Beweis, dass sie die schwedische Spielart offenbar als eine bekömmliche und fantasievolle Bereicherung des ohnehin schon vielfältigen heimischen Brotangebots empfinden. Was aber nichts ist im Vergleich zu den Verzehrzahlen im schwedischen Heimatland: Der Schwede verputzt das Zehnfache.

Erfunden wurde das Ur-Knäckebrot vor circa 500 Jahren in einer nicht näher lokalisierbaren nordschwedischen

Bauernkate. Damals dachte freilich niemand an den Schlankheits- und Fitnesswahn späterer Generationen. Was der Schwede seinerzeit sehr viel dringender brauchte, war ein lange haltbares Vorratsbrot für die ausgedehnten nordischen Wintermonate. Also wurden in besagter Bauernkate Roggenvollkornmehl, Salz, Hefe und ein wenig Wasser zu einem Teig verrührt und zu wagenradgroßen runden Fladen mit jeweils einem Loch von circa fünf Zentimetern in der Mitte geformt. Nach einem kurzen Backvorgang bei relativ großer Hitze reihte man die Fladen auf Stangen auf und hängte sie, vor Tieren geschützt, unter dem Dach zum Trocknen auf. So wurde der Wassergehalt von gut 20 Prozent auf fast fünf Prozent reduziert. Was so trocken ist, hält ewig.

Was so trocken ist, macht aber auch Geräusche, wenn man es bricht. Zum Verzehr musste man sich aus den auf der Stange hängenden großen Broträdern jeweils mundgerechte Stücke ab- beziehungsweise herausbrechen. Und zu diesem Vorgang sagt der Schwede sehr treffend und lautmalerisch ›knäcka‹. So wurde aus dem getrockneten Bauernfladen das heute fast weltweit konsumierte schwedische Knäckebrot. Das seltsame, früher mit Hilfe von zapfenbewehrten Nudelhölzern, heute mittels Zapfenwalzen mechanisch hergestellte Lochmuster des Knäckebrotes dient der Vergrößerung der Oberfläche und damit dem besseren Entweichen des Wassers und der Luft aus dem Teig während des extrem kurzen Backvorgangs von nur sieben bis acht Minuten.

Dass die Knäcka-Fladen trotz der Trocknung gleichwohl von relativ lockerer Konsistenz blieben und nicht so hart wurden, dass man sie bei Bedarf wie viele andere Fladenbrote erst einmal in Milch oder Wasser aufweichen musste, war im Falle des Ur-Knäckebrotes der Hefe zu danken. Die braucht zum Gehen Wärme, weshalb man diese Technik (bis heute) auch ›Warmbrottechnik‹ nennt. Doch der Zufall wollte es, dass man eine zweite Technik entdeckte, die das Brot auch ohne Hefe genieß- und kaubar machte. Im so genannten zweiten Nordischen Krieg (1700–1715), als Russland, Sachsen-Polen und Dänemark gegen Schweden um die Hegemonie im Baltikum Krieg führten, ging im schwedischen Heerlager auf einem Winterfeldzug die Hefe aus. Doch auf derlei Feinheiten konnte mit Sorge um das leibliche Wohl der Soldaten keine Rücksicht genommen werden. Also wurde der Teig ohne Hefe angerührt, konnte aber nicht mehr vor Einbruch eines frostigen Wintersturms gebacken werden. So wurde der Teig über Nacht den eisigen Temperaturen ausgesetzt und kühlte vollständig aus. Als man am nächsten Morgen das Brot nach dem Backen aus dem Ofen zog, stellte man überrascht fest, dass es durch den Kälteeinschlag ebenso locker geworden war wie das üblicherweise mit Hefe hergestellte. Dank moderner Backtechniken müssen heutige Knäckebrothersteller nicht mehr auf frostige Winterstürme warten. Aber das Prinzip der ›Kaltbrottechnik‹ ist geblieben.

Koriander

Aphrodisierendes Wanzenkraut

Wanzen haben ein Image-Problem. Keiner mag sie so recht. Schon gar nicht die rot-braunen Bettwanzen. Als sichere Indikatoren für mangelnde Hygiene fühlen sie sich besonders in heruntergekommenen, dreckigen Behausungen der Innenstädte und in unmittelbarer Nähe zu ihren schmuddeligen Bewohnern wohl. Tagsüber verstecken sie sich hinter gelösten Tapeten, in Spalten und hinter Bilderrahmen, wo sie auch ihre Eier ablegen. Nachts kriechen die Wanzen aus ihren Verstecken hervor, krabbeln von der Wärme des menschlichen Körpers angezogen unter die Bettdecke, beißen sich in der Haut fest und saugen sich voll mit dem Blut des schlafenden Schmutzfinken. Ihr Speicheldrüsensekret führt bald nach dem Biss zu juckenden Quaddeln, bisweilen werden auf diesem Weg auch Krankheiten übertragen. Und als würde das alles nicht schon reichen, sondern sie über spezielle Drüsen auch noch ein übel riechendes Sekret ab. Mit anderen Worten: Sie stinken.

Alles in allem also keine Sympathieträger, die kleinen Bettgenossen. Umso erstaunlicher, dass sich ausgerechnet Koriander als Gewürz weltweit größter Beliebtheit erfreut. Denn ausgerechnet Koriander *(Coriandrum sativum)* steht in einer aufdringlichen olfaktorischen Nähe zu den kleinen Krabblern. Was sich auch in seinem Namen widerspiegelt: Der Name Koriander stammt vom griechischen ›koriannon‹ zu ›kóris‹ für Wanze ab. Und in der Tat: Der Geruch der frischen Blätter, der Wurzel und der unreifen Früchte erinnert an den Geruch von Wanzen, was auf ein spezielles Aldehyd zurückzuführen ist. Doch weil in unseren Breitengraden die wenigsten Menschen heute noch den Geruch von Wanzen oder gar die etymologische Herkunft der Bezeichnung Koriander kennen, haben sich die alten volkstümlichen und verräterischen Bezeichnungen wie ›Stinkdill‹, ›Wanzendill‹, ›Wanzenkraut‹ oder auch ›Wanzenkümmel‹ im modernen Sprachgebrauch nicht halten können.

Hinzu kommt, dass in unseren Breitengraden hauptsächlich die vom Wanzengeruch freien, reifen Früchte als getrocknete, gemahlene oder ganze Samenkörner verwendet werden. Wegen ihres warmen, gewürzhaften, pikanten und zu Orangen- beziehungsweise Zitronenschale tendierenden Geschmacks werden die Koriandersamen traditionell als Würze in Spekulatius, Lebkuchen, in Saucen zu Fleisch- und Wildgerichten, in Marinaden, Brühwürsten, Aufschnitt, in Kräuterlikören, aber auch in Currypulver (s. S. 106) oder in (belgischem) Bockbier verwendet. In einigen lateinamerikanischen (Brasilien und Mexiko) und asiatischen Ländern (Thailand, China und Vietnam, partiell auch in Indien) werden hingegen auch die geruchsverdächtigen Blätter verwendet. Über das zunehmende Interesse für die Küche dieser Regionen sind mittlerweile auch die Korianderblätter als Gewürzkraut in Mitteleuropa zunehmend bekannt. Man spricht dann auch gerne von chinesischer oder indischer Petersilie.

Über das hierzulande zurzeit modische Interesse an mexikanischer Küche beziehungsweise am texanisch-mexikanischen Tex-Mex-Küchenmix findet man auch häufig den so genannten Cilantro auf Speisekarten und in Rezeptangaben, ohne sich darüber im Klaren zu sein, dass es sich dabei um die sprachliche US-Variante des Korianders handelt (Cilantro leitet sich vom mittellateinischen Coliandrum ab). Als Bestandteil der für diese Küche typischen scharfen Salsa wird er geschmacklich allerdings nicht so intensiv wahrgenommen. Würde er das, stieß dies bei den meisten europäischen Konsumenten vermutlich auf Ablehnung, denn egal ob mexikanisch oder asiatisch: Den ersten geschmacklichen Kontakt mit frischen Korianderblättern als Gewürzkraut empfindet man in unserem Kulturkreis in der Regel als unerträglich. Und diese tief empfundene Abneigung hält sich bei den meisten Menschen ein Leben lang. Die getrockneten Blätter hingegen treffen wegen des weniger aufdringlichen Geschmacks schon eher auf Akzeptanz.

Dass ein geschmacklich derart umstrittenes Kraut zu den ersten von Menschen überhaupt verwendeten Gewürzkräutern gehört, mag verwundern. Doch der kaum einen halben Meter große, einjährige Koriander mit seinen petersilienartigen Blättern ist bereits über archäologische Funde aus der Jungsteinzeit in Griechenland bekannt. In ägyptischen Papyrusschriften wurde er schriftlich erwähnt. Grabbeilage war er bei den Pharaonen, aber auch in einem skythischen Grab im zentralasiatischen Altaigebirge fand man Koriandersamen. Bei den klassischen Griechen scheint er nicht gar so beliebt gewesen zu sein, dafür war er bei den Römern offensichtlich umso beliebter. Auch in der Bibel wird er erwähnt. Im frühmittelalterlichen Europa war er ebenfalls bekannt, unter Karl dem Großen wurde er als Gartenpflanze beschrieben, allerdings wohl eher als Heil- denn als Würzpflanze. Auf der spanischen Halbinsel wurde er von den Muselmanen eingeführt. Und von hier aus kam er dann im 16. Jahrhundert nach Deutschland, wo er allerdings zunächst eher für Apotheker von Interesse schien.

Denn die Heilwirkung, die man dem Koriander nachsagt, ist tatsächlich enorm. Gegen krampfartige Magen- und Darmstörungen, gegen Blähungen und Völlegefühl, gegen Erkältungskrankheiten, Migräne und Zahnschmerzen soll er wirksam sein. Entzündungshemmend und nervenstimulierend, appetit- und verdauungsanregend sei er, und Druiden und Schamanen sollen den Koriander gar zum Vertreiben böser Geister eingesetzt haben. Auch als Aphrodisiakum wird Koriander von alters her geschätzt. Und die Chinesen vermuteten im Koriander sogar das Geheimnis der Unsterblichkeit.

Der berühmte Botaniker Leonhart Fuchs schrieb 1543 über den Koriander: »kein wantz kann nit so übel stincken als der gruen Coriander.« Nun denn, was derart stinkt, hilft wahrscheinlich auch gegen Geister. Und wahrscheinlich auch beim Liebesakt. Nur mit der Unsterblichkeit, da darf man Zweifel haben – bis zum Beweis des Gegenteils.

Leipziger Allerlei

Gemüseeintopf aus dem Fernen Osten

Kann man tiefer sinken? Was einst ein klassisches Frühlingsgericht mit jungen Gemüsen der Saison war, schonend zubereitet und – als raffiniertes Highlight – mit gefüllten Flusskrebsnasen und Krebsfleisch garniert, landete in der Dose. Das Leipziger Allerlei als zerkochtes Fertiggericht! Erbsen, Möhren, Spargel – aus der Dose auf den Teller. Womöglich noch angedickt mit der unvermeidlichen Mehlschwitze. Damit war das Allerlei aus Sachsen am Ende, angelangt im kulinarischen Höllenreich. Armes Allerlei, arme Leipziger.

Und zu allem Übel ist das Allerlei noch nicht einmal eine originär Leipziger Erfindung. Streng genommen müsste das Leipziger eigentlich ›Chinesisches Allerlei‹ heißen. Denn die sächsische Spielerei mit jungen Gemüsen kam ursprünglich aus China. Französische Missionare hatten die chinesische Vorliebe für gemischtes junges Gemüse und deren knackige Zubereitung aus dem Fernen Osten auf dem Weg zurück in ihre Heimat in Sachsen zurückgelassen. Hier fielen die chinesischen Rezepturen allerdings im wahrsten Sinne des Wortes auf fruchtbaren Boden.

Entlang des Elbtals zwischen Riesa und Pirna, um Meißen, südlich von Leipzig und rund um Torgau wurden zum Teil schon seit dem 13. Jahrhundert in Gemüsegärten Hirse, Linsen, Mohrrüben, Mangold, Rettich, Gurken, Pastinaken, Bohnen und Erbsen angepflanzt und geerntet. Und so begannen die Sachsen, und allen voran die Leipziger, im 18. Jahrhundert mit den aus China stammenden Gemüserezepturen und der schonenden Zubereitungsform zu experimentieren. Sie tauschten exotische gegen heimische Gemüse aus und mengten Flusskrebse ins Allerlei. Denn bis im 19. Jahrhundert eine verheerende Krebspest zu einem nahezu gänzlichen Aussterben dieser Spezies führte, boten die Flüsse ein reichhaltiges Angebot der heute als hochpreisige Delikatesse verkauften Schalentiere.

Das gemüsige Gemenge wurde in Sachsen und speziell in Leipzig schnell zu einer gepflegten Küchentradition. An der Fähigkeit zur Zubereitung konnten sich bisweilen sogar Wohl und Wehe anstehenden Eheglücks entscheiden. Früher, so sagt man, hätten in Leipzig die Mütter bindungswilliger junger Männer ihre Einwilligung zur Ehe nur dann gegeben, wenn die Zukünftige der fachgerechten Zubereitung eines Allerleis mächtig gewesen sei. Zum Boom des Allerleis trug übrigens sicherlich auch die 1870 erstmals in Leipzig verwirklichte Idee des Leipziger Arztes Dr. Daniel Gottlob Moritz Schreber bei. Die nach ihm benannten Schrebergärten ermöglichten vielen der Kleingrundbesitzer, Gemüse für den Eigenbedarf und ein gedeihliches Allerlei anzubauen. Wer nun aber so viel Aufwand betreibt und wer so sehr an Traditionen hängt, dem sei das Namensrecht zugebilligt. Das Leipziger Allerlei wird also zu Recht so und nicht anders genannt.

Dem sächsischen Meisterkoch Reinhard Lämmel zufolge besteht ein Leipziger Allerlei aus jungen Erbsen, Kohlrabi, Karotten, Spargel, Blumenkohl, Morcheln und Flusskrebsen. Die Gemüse werden schonend in Brühe, die Morcheln in Butter gedünstet. Die Flusskrebse werden gekocht. Dann entnimmt man das Fleisch, füllt die Krebsnasen mit einer Teigmasse aus Semmelmehl, Eiern, Salz und Muskat und brät sie in Butter. Das Krebsfleisch lässt man mit dem Rest der Teigmasse vermengt als kleine Klößchen in Rinderbrühe ziehen. Das Gemüse wird anschließend mit den Krebsnasen und den Krebsklößchen garniert, der Blumenkohl mit Krebsbutter beträufelt, das übrige Gemüse mit einer Sauce mousseline.

So sieht es aus, das echte Leipziger Allerlei. Es hätte wohl ein Küchen-Revival verdient. Die Dosen hingegen sollte man aus der Speisekammer verbannen und ohne Umwege ihrer Bestimmung in den gelben Säcken überführen – am besten gleich mit Inhalt.

(... à la) Lukullus

Schlemmen wider das Vergessen

Es gibt Feldherrn, die die größten Schlachten geführt und gewonnen haben. Es gibt Staatenlenker, die ihren Völkern Frieden und Wohlstand geschenkt haben – keine Menschenseele kennt mehr ihre Namen. Die Geschichte hat sie geschluckt. Aber wir kennen den großen Caesar. Der hatte eine Liebesaffäre mit einer süßen Stupsnase, die Cleopatra hieß. Außerdem wurde er meuchlings erdolcht. Wir kennen auch Nero. Der ließ Rom abfackeln und sammelte seine Tränen in einem Becher. Und wir kennen Bismarck, der sich in einem Hering verewigt hat. Den Hering wird man noch essen, wenn kein Mensch mehr mit den einst magischen Zahlen 70/71 was anfangen kann. Und in zweihundert Jahren wird man sich noch an John F. Kennedy erinnern. Der wurde Opfer eines Attentats. Und er hatte eine öffentliche Affäre mit der seinerzeit sinnlichsten Blondine Amerikas, die so lasziv ›Happy Birthday‹ hauchen konnte, dass Mann selbst als Fernsehzuschauer nach Luft rang.

Sollten Sie, liebe/r Leser/in, zufällig Staatenlenker/in oder Feldherr/in sein, und sollten Sie Ambitionen haben, weit über Ihre Zeit hinaus im Gedächtnis der Menschen zu bleiben, kann man Ihnen folglich nur raten: Beginnen Sie entweder eine öffentliche, möglichst anrüchige und dramatisch verlaufende Liebesaffäre. Oder fackeln Sie eine Stadt ab. Möglichst groß sollte sie sein. Und vor allem: Lassen Sie Ihr Leben gewaltsam enden. Ein Attentat vor laufenden Kameras wäre nicht schlecht. Badewanne in Genf geht aber auch. Oder brennen Sie Ihren Namen in die Annalen der Küchengeschichte. Am besten wäre natürlich alles zusammen. Weil, wenn nicht: In zweihundert Jahren wird keine Menschenseele mehr Ihren Namen kennen. Die Geschichte wird Sie schlucken!

Lucius Licinius Lucullus (117–56 v. Chr.) hatte verstanden. Jeder hat schon mal von ihm in irgendeiner Form gehört: lukullisch, Lukullus. Doch warum erinnern wir uns heute noch an seine Person? Nicht, weil er Konsul des römischen Weltreichs war. Nicht, weil er in der ihm unterstellten Provinz radikale und gerechte Finanzreformen durchführte! Nicht, weil er sich den größten Teil seines Lebens für sein Vaterland aufrieb, fern der Heimat andere Leute erschlug oder erschlagen ließ. Nein, das war alles viel zu normal. Wir kennen ihn nur deshalb, weil er es – nach einem von Pflichterfüllung und höchsten Ämtern ausgefüllten Leben – die letzten zehn Jahre vor seinem Tod richtig krachen ließ: Luxus und Gelage, Prunk und Pomp, Gartenfeste und Gastmahle. Nur vom Feinsten. Lukullisch eben.

Lucullus hatte in den 51 Jahren vor seinem Ruhestand eine klassische Politiker- und Feldherrenkarriere hingelegt. Erst kämpfte er unter seinem späteren Förderer Sulla in einem sehr unschönen Bürgerkrieg, dann erwarb er sich Meriten im ersten von drei gegen Mithridatis VI. in Kleinasien und Griechenland geführten Kriegen. Nach Rom zurückgekehrt, wurde er Quästor, dann Prätor, dann Proprätor in Afrika, und schließlich bekleidete er als Konsul das höchste Amt des Staates. Als solcher führte er acht weitere Jahre den mittlerweile dritten Krieg gegen Mithridatis VI., bis er schließlich von Pompeius abgelöst wurde. Der sammelte nach zwei weiteren Kriegsjahren die Lorbeeren seines Vorgängers ein.

Lucullus zog sich verbittert über die ihm verwehrten Ehren ins Privatleben zurück. Geld stellte kein Problem dar. Während der Jahre im Staatsdienst und auf seinen Feldzügen hatte er Reichtümer von ungeahntem Ausmaß sammeln können. Und die setzte er nun für ein Leben ganz nach seinen Wünschen ein. Auf dem Monte Pincio in Rom ließ er inmitten ausgedehnter und großartig terrassierter Gärten eine prächtige Stadtvilla bauen. Hier richtete er auch eine weit gerühmte und von vielen Geistesgrößen frequentierte Bibliothek ein, die kostbarste Roms. Sein Palast hatte zwölf Speisesäle, die jeweils nach einer bestimmten Gottheit benannt waren. Für den Haushofmeister des Lucullus war von besonderer Bedeutung, in welchem der Speisesäle ein Gastmahl stattfinden sollte, waren die bewilligten Etats für das entsprechende Gelage von Speisesaal zu Speisesaal doch unterschiedlich.

Und hier wurde aufgetischt, das Beste vom Besten. Allein für die zehn wichtigsten Saucen, die man zu einem Rollbraten servieren konnte, soll Lucullus einen eigenen Koch unterhalten haben. Hier verwöhnte er seine Gäste auch mit den im Westen noch völlig unbekannten Süßkirschen, die er, ein weiteres Verdienst des Feinschmeckers, aus dem pontischen Kerasos nach Rom mitgebracht hatte. In seinen prächtigen Gärten ließ er den Süßkirschenbäumen besonders liebevolle Pflege angedeihen.

Am Golf von Neapel errichtete Lucullus weitere luxuriöse Wohngebäude. Mit gewaltigen Erdbewegungen wurden um die Gebäude herum Meerwasserbecken mit Meerfischen und Kanälen angelegt. Die Wohn- und Speiseräume ragten auf künstlichen Aufschüttungen aufs Meer hinaus. Und in den Albaner Bergen konnte er von den großzügig gestalteten Sälen seines Sommersitzes eine fantastische Aussicht genießen.

Doch bei aller legendären Leidenschaft für das leibliche Wohl hinterließ Lucullus keine Kochbücher. Weshalb sich heute auch Zweifelhaftes hinter seinem Namen verbergen kann. So begegnet man Lucullus auf Bestellzetteln für Tiefkühlkost. Und auf Speisekarten findet sich nicht selten ein einfaches Rinderfilet oder gar Matjes ›à la Lucullus‹. Man schmückt sich mit einem Namen, der für höchste Genüsse steht, der zu den antiken Göttern der Feinschmeckerei zählt. Doch Vorsicht! Die Erfahrung lehrt: Wer mit den Göttern wirbt, verkauft oft die Hölle.

Maggikraut

Die Legende vom Liebstöckel

Warum nennt man die allseits bekannte Gewürzpflanze Liebstöckel im Volksmund nicht Liebstöckel, sondern Maggikraut? Richtig: Weil Liebstöckel ganz ähnlich wie die weltberühmte Maggiwürze schmeckt. Die Maggiwürze wiederum heißt Maggiwürze, weil sie nach ihrem Erfinder, dem Schweizer Johannes Julius Maggi (1846–1912), benannt wurde. Und damit könnte man diesen Eintrag getrost beenden. Dass wir uns dennoch ein wenig weiter mit dem Maggikraut und der Maggiwürze beschäftigen wollen, liegt in dem Umstand begründet, dass die Maggiwürze zwar nach Liebstöckel schmeckt, in der typischen viereckigen Flasche mit dem langen Hals aber nicht ein einziges Nanogramm Liebstöckel enthalten ist. Somit trägt das Maggikraut seinen Namen also eigentlich zu Unrecht.

Wenn nicht das drin ist, was drin zu sein scheint, was ist dann wirklich drin? Die Frage ist einfach zu beantworten: Drin sind Wasser, Salz, Glutamat, Aroma, Hefeextrakt sowie pflanzliches Eiweiß aus Weizen und Sojabohnen. Die genaue Rezeptur allerdings unterliegt der Geheimhaltung. Schon zu Lebzeiten von Julius Maggi wurde sie unter Verschluss gehalten, nur ganz wenige Eingeweihte kannten die Zauberformel. Julius Maggi hatte sie seinerzeit eigenhändig niedergeschrieben. In einem hochoffiziellen Akt wurde sie anschließend in einem Couvert versiegelt und in einem Banksafe aufbewahrt. Noch heute ist sie nur wenigen Spezialisten bekannt.

Julius Maggi war in vieler Hinsicht ein innovativer Geist, vor allem als Unternehmer und als Sozialreformer. Kurz nachdem er den väterlichen Mühlenbetrieb im Kempptal bei Zürich 1869 übernommen hatte, war die gesamte Branche in eine Krise geschlittert. Der umtriebige Herr Maggi war mithin gezwungen, sich neue Produktzweige zu erschließen. Mit Interesse nahm er zu dieser Zeit die Ideen des als Fabrikinspektors tätigen Arztes Fridolin Schuler zur Kenntnis, der die mangelhafte Ernährung der europäischen Industriearbeiterschaft beklagte. Die Lebensbedingungen der Lohnabhängigen waren infolge der industriellen Revolution alles andere als einfach. Ein Arbeitstag war sehr lang und die körperlichen Belastungen hoch. Für eine ausgewogene Ernährung fehlten Zeit und Geld. Die Folge war in weiten Teilen der Arbeitnehmerschaft eine Mangel- oder sogar Unterernährung. Da vor allem Fleisch zu teuer war, empfahl Schuler als Ersatz pflanzliches Eiweiß aus Leguminosen wie Erbsen, Linsen und Bohnen.

Seine Forderung: Ein Volksnahrungsmittel aus diesen Hülsenfrüchten sollte her.

Und da war er bei Julius Maggi gerade richtig. Maggi hatte nämlich nicht nur ein ausgeprägtes soziales Gewissen, das ihn zur Gründung der fortschrittlichsten unternehmenseigenen Versorgungseinrichtung für seine Arbeitnehmer antrieb. Maggi war auch Unternehmer. Und als solcher wusste er, dass nur gesunde und satte Arbeitnehmer gute Arbeitnehmer sind und dass man sich mit einem Produkt für die hungrige Arbeiterschaft einen riesigen Markt erschließen konnte. Also begann er mit Schuler gemeinsam zu experimentieren. Das Ergebnis der gut zweijährigen Forschungsphase bestand in einem 1884 erstmals angebotenen und industriell hergestellten Leguminosenmehl. Damit erzielte er allerdings ebenso wenig wie mit den zwei Jahre später angebotenen Maggi-Fertigsuppen den unternehmerischen Durchbruch. Der stellte sich erst mit der 1886 erstmals angebotenen Maggiwürze ein.

In diesem Jahr richtete Maggi auch als erster Schweizer Unternehmer seine eigene Marketingabteilung ein, die ›Reclame und Press-Abteilung‹, für die unter anderem auch der große Dramatiker Frank Wedekind wirksame Werbesprüche klopfte. Damals war Wedekind allerdings noch kein großer Dramatiker, sondern ein abgebrochener und zudem mittelloser Jurastudent, der dringend Arbeit suchte. Der Vater hatte ihm den Geldhahn abgedreht, nachdem sein Sohn ihn im Streit über den Studienabbruch geohrfeigt hatte. Und so erfreute Wedekind, bevor er sich daranmachte, mit Werken wie ›Frühlings Erwachen‹ oder ›Lulu‹ Literaturgeschichte zu schreiben, die umworbenen Konsumenten mit Slogans wie:

»Das wissen selbst die Kinderlein: Mit Würze wird die Suppe fein. Drum holt das Gretchen munter die Maggi-Flasch' herunter.«

Infolge solch werbewirksamer Wortgewalt wuchs die Maggi-Aktiengesellschaft rasant. Heute zählt das zum Nestlé-Konzern gehörende Unternehmen zu den größten Herstellern von Fertigprodukten. In gut 60 Ländern gehen fleißige Hände zu Werke, um die weltweit vertriebene Produktpalette von Maggiwürze, Suppen, Bouillons, Salatsaucen, 5-Minuten-Terrinen und anderen Fertiggerichten herzustellen.

Was einst mit Leguminosenmehl begann, führte so auf direktem Weg in die schöne neue Welt von ›Convenience Food‹. Das hört sich zwar sehr chic an, heißt aber nichts anderes als ›Bequemes Essen‹ und umschreibt kochtechnisch nichts weiter als die schnelle Nummer aus der Dose. Dass nach Aussage von Lebensmittelspezialisten der Inhalt eines industriell vorgefertigten Schnellkochnapfes mit naturbelassenen Nahrungsmitteln ungefähr noch so viel gemeinsam hat wie ein Porsche mit einer Schubkarre, scheint die vielen Millionen Kunden nicht zu irritieren.

Und bitte: Wer's denn partout nicht mag, wer sogar die gute alte Maggiwürze ablehnt, der kann seine Suppe ja auch anders würzen. Mit *Levisticum officinale* zum Beispiel, dem Maggikraut, das man eigentlich besser wieder Liebstöckel nennen sollte.

Mai Tai

Nicht aus dieser Welt

Kaum drei Jahre, nachdem er ihn erfunden hatte, sah sich Victor Bergeron (1902–1984) bereits gezwungen, all die beleidigenden Vermutungen, Gerüchte und Spekulationen mit aller Deutlichkeit vom Tisch zu wischen: Er, und nur er, habe die Zutaten des Mai Tai erstmals im Shaker zusammengefügt. Und es sei nicht auf Tahiti und nicht in Honolulu und auch nicht in Thailand gewesen. 1944 habe er ihn an der Bar seines Restaurants ›Trader Vic's‹ in Oakland an der San Francisco Bay gemixt. Und jeder, der etwas anderes behaupte, sei ein dreckiges … Aber lassen wir ihn selbst zu Wort kommen, wie das alles war, mit dem Mai Tai, damals, und was derjenige wohl sei, der etwas anderes behaupte.

Denn was in einen original Mai Tai, der heute weltweit zu den Tropical-Cocktail-Klassikern zählt, im Detail gehört und wie der Mai Tai zu seinem exotischen Namen kam, beschrieb Victor Bergeron, den man in der Fachwelt nur unter seinem Spitznamen ›Trader Vic‹ kennt, in seinem 1947 erschienenen ›Bartender's Guide‹ in freimütiger Offenheit:

»Nach dem Erfolg mit verschiedenen exotischen Rum-Drinks hatte ich 1944 das Gefühl, dass ein neuer Drink hermüsste. Ich dachte über all die wirklich erfolgreichen Drinks nach: Martinis, Manhattans, Daiquiris … In der Bar meines Restaurants in Oakland nahm ich eine Flasche mit 17 Jahre altem Rum – einem J. Wray Nephew aus Jamaika. Er war von erstaunlich goldener Farbe, mit mittlerem Körper, aber dem vollen, scharfen Aroma, das den Jamaika-Verschnitten eigen ist.

Dieses Aroma durfte nicht durch Fruchtsäfte und Würzessenzen überlagert werden. Also nahm ich eine frische Limette, gab ein wenig holländischen Orangencuraçao dazu, einen Spritzer Kandissirup und einen Tropfen französischen Orgeat-Sirup wegen seines subtilen Mandelaromas. Ich fügte reichlich geschabtes Eis hinzu und schüttelte das Ganze kräftig von Hand, um die Verbindung herzustellen, auf die ich aus war. Wegen der Farbe kam die Hälfte der Limettenschale in jeden Drink, dazu ein Zweig frischer Minze. Die beiden ersten Drinks kredenzte ich Ham und Carrie Guild, Freunden aus Tahiti, die an diesem Abend da waren. Carrie nahm einen Schluck und sagte: ›Mai Tai – Roa Aé.‹ In der Eingeborenensprache bedeutet das: ›Nicht aus dieser Welt – der Beste.‹ Nun, das war es. Ich nannte den Drink Mai Tai … Jeder, der sagt, ich hätte diesen Drink gar nicht erfunden, ist ein dreckiges Stinktier.«

Nun denn, ein »dreckiges Stinktier« also, wer an Trader Vic's Story zweifelt. Ein Stinktier übrigens auch, wer daran zweifelt, dass es sein Erfinder war, der den Mai Tai populär machte. Denn – Achtung, Tellerwäscherkarriere! – Victor Bergeron kam zwar aus kleinen Verhältnissen, hatte aber neben dem Mai Tai noch ein paar andere gute Ideen. Und er war geschäftstüchtig genug, sie auch erfolgreich umzusetzen. Sein Vater war Kellner im Fairmont Hotel in San Francisco gewesen und hatte nebenbei noch einen kleinen Krämerladen in Oakland betrieben. Victor lernte im Familienbetrieb den Handel mit Lebensmitteln. Doch als er 30 Jahre alt war, drängte es ihn, sich selbständig zu machen. Mit 700 gesparten Dollar und der tatkräftigen Hilfe seiner Schwäger eröffnete er 1932 eine Art Pub in Oakland. Das ›Hinky Dink's‹ machte schnell von sich reden. Man rühmte den Besitzer für seine scharfe Zunge, für seine Cocktails und vor allem für seine polynesische Küche, die er an den amerikanischen Geschmack anzupassen verstand. Seit 1936 nannte man Victor nur noch ›The Trader‹, sein Lokal wurde in ›Trader Vic's‹ umbenannt.

Für den geschäftlichen Durchbruch von Victor Bergeron und seinem Mai Tai war jedoch Victors Besuch des polynesischen Restaurants »Don the Beachbomber« in Los Angeles ausschlaggebend. Die aus Fischernetzen und polynesischen Folklore-Accessoires bestehende Einrichtung beeindruckte ihn so sehr, dass er sich umgehend anschickte, sein eigenes Lokal gleichermaßen zu gestalten. Und als sich nach dem Zweiten Weltkrieg mit den aus dem Südpazifik heimkehrenden Soldaten die Klientel mit Sinn fürs Polynesische schlagartig potenzierte, schien es sinnvoll, auch in anderen amerikanischen Städten ein ›Trader Vic's‹ nach dem erfolgreichen Vorbild in Oakland zu eröffnen. So wurden der Mai Tai und Trader Vic immer bekannter und beliebter. 1953 brachte Victor Bergeron den Mai Tai schließlich persönlich nach Hawaii, als die ›Matson Steamship Lines‹ ihn baten, für die Bars ihrer Inselhotels Drinks und Cocktails zu entwickeln.

Heute betreibt die Familie Bergeron die mittlerweile weltweit vertretene Restaurantkette ›Trader Vic's‹ bereits in dritter Generation. In allen großen Städten in Europa, Nordamerika oder Kanada findet man – meist in Hotels – eins der über zwanzig ›Trader Vic's‹, die alle nach dem gleichen Muster eingerichtet und betrieben werden. Egal ob im Radisson in Hamburg, im Bayrischen Hof in München oder im New York Plaza: Service, Angebot, die offene und einsehbare Küche sowie die Dekoration aus Bambus,

Palmblättern und Rattanmöbeln sind weitestgehend gleich. Letzteres ist dem in San Francisco lebenden chinesischen Architekten Lun Chang zu verdanken, der seit 25 Jahren für ›Trader Vic's‹ arbeitet.

Alles in allem also ein grandioses Erfolgskonzept. Und jeder, der behauptet, dass man hier nicht vorzüglich speisen kann, besonders freundlich bedient wird und die mit Abstand besten Mai Tais der Welt bekommt, ist was? Richtig. Ein dreckiges Stinktier.

Nur dass Sie's wissen.

Mars

Strahlender Stern im Riegel-Universum

Irgendwie hatte die Familie einen Bezug zum Galaktischen. Vater Frank begann 1911 in Tacoma, Washington, zunächst mit seiner Frau in der heimischen Küche süßes Naschwerk herzustellen. Sein 1904 geborener Sohn Forrest ging ihm bald im heimischen Betrieb zur Hand. Anfang der zwanziger Jahre reifte bei den beiden der Gedanke, dass es nach den ersten erfolgreichen Geschäftsjahren nun an der Zeit sei, in neue Dimensionen des Süßwaren-Universums vorzustoßen. Es ging darum, den Süßwarenmarkt um ein revolutionäres Produkt und die eigenen Konten um ein paar Millionen Dollar zu bereichern.

Vater und Sohn griffen also nach den Sternen. Die Idee bestand darin, Schokolade in einer gänzlich anderen als der üblichen Tafelform zu produzieren, und zwar als Schokoriegel mit einer Füllung aus malziger Milchcreme. Mit Hilfe moderner Lebensmitteltechnologie gelang das ambitionierte Unternehmen. Das Produkt nannten sie ›Milky Way‹ – Milchstraße. Das verkaufsfördernde Sprachspiel und die klebrige Knabberei erwiesen sich als der Urknall der Schokoriegel-Industrie: 1932 erzielte das Familienunternehmen mit seiner Milchstraßen-Süßigkeit für die damalige Zeit astronomische Umsätze von 25 Millionen Dollar.

Doch der Sohn erwies sich als weitaus ambitionierter als sein Vater. Er war machthungrig und jähzornig, das genaue Gegenteil von dem eher jovial auftretenden Firmengründer. Der Konflikt eskalierte. 1932 ging Forrest nach Slough in England, um seinen eigenen Riegel zu produzieren. Noch mehr Karamell und noch süßer war die englische Variante. Ein Riegel vom anderen Stern! Und den nannte Forrest ›Mars‹. Ein genialer Marketing-Gag, könnte man meinen, den Sternriegel assoziativ in die Leuchtspur des ›Milky Way‹-Erfolgs zu hängen. Doch ›Mars‹ verdankt seinen Namen nicht der kosmischen Weisheit eines Werbegenies, sondern – viel einfacher – dem Familiennamen der amerikanischen Riegeldynastie. Sein Erfinder hieß Forrest E. Mars. Und der sorgte dafür, dass der nach ihm benannte Schokoriegel weltweit Karriere machte. Mit Werbeslogans wie »Mars bringt verbrauchte Energie sofort zurück« oder »Mars macht mobil bei Arbeit, Sport und Spiel« verhalf man ihm nach dem Krieg auch in Deutschland zum Durchbruch.

Doch Forrest Mars ließ es nicht bei der Entwicklung von Naschwerk bewenden. Denn was für den Menschen der Riegel auf die Hand, ist für das geliebte Haustier das Fertigfutter aus der Dose. ›Chappi‹ war das Ergebnis seines Forscherdrangs im Bereich der Heimtierfertignahrung.

Und auch dieses Produkt wurde dank der täglich millionenfach zu sättigenden Hundebäuche ein gigantischer Verkaufsschlager. Im Aufwind seines Erfolgs segelte Forrest Mars zurück in die Staaten, kaufte das Unternehmen seines Vaters und begann weitere Knabbereien zu entwickeln. 1940 erfand er beispielsweise ›M&M's‹, jene mit Zuckerguss ummantelten Schokodragees, die besonders von den amerikanischen Soldaten im Zweiten Weltkrieg geschätzt wurden, weil die Schokolade selbst bei den hohen tropischen Temperaturen auf dem pazifischen Kriegsschauplatz nicht schmolz.

Im Jahre 1946 stieg Mars mit dem ›Parboil-System‹ und ›Uncle Ben's Reis‹ schließlich auch erfolgreich in den Lebensmittelmarkt ein. Ob Uncle Ben's, Tiefkühlprodukte, Pizzas und Saucen, ob Snickers, Twix, Amicelli, Milky Way, Banjo, M&M's oder Bounty, ob Chappi, Kitekat, Trill, Sheba, Whiskas, Brekkies oder Pedigree – hinter all diesen Produktnamen verbirgt sich der Schokoriegel-Konzern. Doch das ›Mars‹- beziehungsweise ›M&M‹-Imperium produziert und vertreibt nicht nur Süßwaren, Heimtierfertignahrung und Lebensmittel, auch im Elektronik- und Getränkemarkt hat man sich etabliert und seit 1991 mit der Entwicklung des Pflanzengranulats ›Seramis‹ sogar im Bereich der Pflanzenpflege. In über hundert Ländern und auf allen fünf Kontinenten verkauft der Mars-Konzern mittlerweile seine Produkte, was ihm einen geschätzten Jahresumsatz von 20 Milliarden Dollar beschert.

Forrest E. Mars, der wegen seiner Medien- und Öffentlichkeitsscheu auch der ›Howard Hughes der Süßwaren‹ genannt wurde, starb 1999 im Alter von 95 Jahren. Wegen seiner drastischen Maßnahmen, mit denen er seine Mitarbeiter, aber auch seine Söhne, die das Unternehmen seit

1973 führen, zu disziplinieren pflegte, war er zeitlebens gefürchtet gewesen.

Aber was wollte man auch erwarten? Süßwaren zu vertreiben ist eben kein Zuckerschlecken.

Marzipan

Die Süßspeise aus der Gerüchteküche

In Lübeck wachsen keine Mandelbäume. Weshalb die hartnäckig kolportierte Legende, der zufolge die aus Mandeln und Zucker bestehende edle Süßigkeit während einer Lübecker Hungersnot im Jahre 1407 als Brotersatz von Bäckern erfunden worden sein soll, getrost zu den Akten gelegt werden kann. Zwar liegt der Gedanke nahe, die schöne Hansestadt als Geburtsort des Marzipans zu besingen, sitzt hier mit der Firma Niederegger seit fast 200 Jahren immerhin der marktführende europäische Produzent von Qualitätsmarzipan. Doch das Märchen von der Hungersnot ist nicht allein wegen des mangelhaften Lübecker Mandelbaumbestandes wenig überzeugend: Es wird verdächtig häufig und europaweit überall dort erzählt, wo man sich traditionellerweise mit der Herstellung von Marzipan beschäftigt. So auch im spanischen Toledo. Hier sollen es die Nonnen des Klosters San Clemente gewesen sein, die im Jahre 1214 in Zeiten einer Nahrungsmittelknappheit das Marzipan erfanden. Was ebenso wenig stimmt wie die Lübecker Variante, wenngleich in Toledo wenigstens Mandelbäume wachsen.

Die Entwicklung des Marzipans ist entgegen all diesen liebenswürdigen Versuchen vieler europäischer Städte, die Urheberschaft des üppigen Gebäcks für sich einzuklagen, das Ergebnis eines multikulturellen Prozesses. Süße Mandelkuchen kannten bereits die alten Griechen im 5. Jahrhundert v. Chr., die ihre Vorliebe für die seinerzeit noch mit Honig gesüßten Speisen an die Römer weitergaben. Die Griechen wiederum kannten die Süßbäckerei aus dem Orient. Die Araber waren es auch, die den entscheidenden revolutionären Sprung von der honiggesüßten zur zuckergesüßten Mandelspeise vollzogen. Sie hatten die Kenntnisse über die Raffinierung von Zucker aus Indien, wo man vermutlich im 4. Jahrhundert n. Chr. die Kristallisation reinen Zuckers aus dem Saft von Zuckerrohr entdeckt hatte. Über die Handelswege des Mittelmeeres und nicht zuletzt mit den Kreuzzügen kamen so immer mehr Kenntnisse der Zuckerbäckerei nach Europa.

Venedig, das sich seit der ersten nachchristlichen Jahrtausendwende zu einem der größten Handelszentren entwickelt hatte, war auch ein wichtiger Umschlagsplatz für süße Spezialitäten. Andere Wege führten nach Sizilien, wo die muslimischen Sarazenen nicht nur ihre Rezepte hinterließen, sondern auch Destilliergeräte für die Herstellung des Orangenwassers, das bei der Herstellung des süßen Mandelteigs nicht fehlen durfte.

Woher nun aber der Name Marzipan kommt, darüber scheiden sich einmal mehr die gelehrten Geister. Sehr populär, aber wohl auch falsch, ist jene Variante, der zufolge es sich beim Marzipan um eine Verbeugung der venezianischen Bäcker zu Ehren des heiligen Markus handelte, des Schutzpatrons der Bäcker und der Republik Venedig. Demnach wäre das Marzipan das ›marci panis‹, das Markusbrot.

Hört sich gut an, schmeckt aber vielen ernst zu nehmenden Fachleuten nicht. Denen zufolge ist der Ursprung des Wortes Marzipan ganz woanders angesiedelt. Die Umsetzung und Weiterentwicklung der süßen Rezepte wurde nämlich vorzugsweise in den mittelalterlichen Klosterküchen vorgenommen. Und so ist es sehr wahrscheinlich, dass der Begriff Marzipan auf die klösterliche Tradition zurückgeht, den von den heidnischen Völkern einst den Göttern geopferten Mandelkuchen im März für die Ostertafel zu backen. Mithin handelt es sich also beim Marzipan um das ›Panis Martius‹, das Märzbrot, auf Italienisch ›Marzapane‹.

Hört sich schon sehr viel besser an, melden sich nunmehr die Philologen zu Wort, stimmt aber auch nicht. Den Sprachgelehrten zufolge stammt das Wort Marzipan nämlich von ›Mauthaban‹ ab, der Bezeichnung für eine byzantinische Münze und mit der Zeit auch für jene Schachteln, in denen man orientalische Gewürze und Konfekt verpackte. Schließlich ging das Wort für die Verpackung auf den Inhalt selbst über und wandelte sich im Neapolitanischen von Mauthaban zu Marzapane.

Demnach verdanken wir die Bezeichnung Marzipan dem Süden Italiens, was schlüssig erscheint, war Sizilien doch seit dem 12. Jahrhundert eine Hochburg der Marzipanherstellung. Im Kloster von Martorana ging man besonders eifrig zu Werke. So eifrig, dass sich die zuständige Diözesansynode 1575 gezwungen sah, die Süßstoffproduktion im Allgemeinen und die Marzipanproduktion im Besonderen zu verbieten, weil man befürchtete, dass die Nonnen in der Karwoche nicht mehr ausreichend ihren religiösen Pflichten nachgingen. Was die Nonnen jedoch nicht daran hinderte, weiterhin allerlei Marzipanspezialitäten zu erfinden. Darunter auch besonders delikate ›minni di Virgini‹: mit Kirschhälften verzierte ›Jungfrauenbrüstchen‹.

Aber auch in anderen Städten Europas erwarb man sich Meriten bei der Herstellung von Marzipanspezialitäten. Zum Beispiel in Lübeck, wo im 16. Jahrhundert in den Kämmereiabrechnungen umfangreichere Mandelimporte aufgeführt sind und das ›Martzapaen‹ 1530 erstmalig in den Zunftrollen auftaucht. Was jedoch nicht darüber hinwegtäuschen kann, dass Marzipan für viele Jahrhunderte wegen des seltenen und deshalb teuren Zuckers ein Luxusgut für Könige, Fürsten und hohe kirchliche Würdenträger blieb, die erstens wussten, wie wertvoll Marzipan war, und die zweitens in der Lage waren, es zu bezahlen. Hinzu kam, dass man dem Marzipan wegen des Zuckergehalts eine heilsame Wirkung nachsagte. Weshalb im 16. Jahrhundert die Herstellung von Marzipan weitestgehend den Apotheken vorbehalten war. Und das nur in kleinen Mengen. Marzipan fürs Volk war rezeptpflichtig!

Das änderte sich erst mit der industriellen Zuckergewinnung aus Rüben im großen Maßstab Ende des 18. Jahrhunderts. Nunmehr trat das Marzipan seinen unaufhaltsamen Siegeszug in die Confiserien und Patisserien der Welt an.

In den Hochburgen der Marzipanherstellung wird der Stoff, aus dem die süßen Träume sind, heute mit modernster Technik bereitet. Allein das Haus Niederegger in Lübeck, der europäische Marktführer, beschäftigt in der Saison gut 600 Arbeitskräfte, die pro Tag etwa 30 Tonnen Marzipan herstellen. Besonderer Beliebtheit erfreut sich auch das Königsberger Marzipan, das früher durch das Abflämmen der ausgeformten Oberfläche mit einem Feuer aus Tannenzapfen geröstet wurde, was heute freilich mit moderneren Herstellungsverfahren vorgenommen wird.

Natürlich unterliegen die Rezepte der Hersteller höchster Geheimhaltung, und vor allem die Qualität von Premiumprodukten ist in Eigenproduktion mit den beschränkten technischen Mitteln einer privaten Küchenausstattung nicht zu erzielen. Wer es dennoch einmal probieren möchte, Marzipan selbst herzustellen, dem sei an dieser Stelle ein Rezept aus einem alten Kochbuch verraten:

»Während man ½ kg geschälte süße Mandeln fein zerreibt oder stößt, feuchtet man dieselben mit ein wenig Kirschwasser an, vermengt sie mit ½ kg Staubzucker, röstet die Masse ab, bringt sie in Form von kleinen runden Kuchen …, überbackt sie ein wenig in einem gelind geheizten Ofen mit guter Oberhitze … und glasiert das Marzipan zuletzt mit einer Kirschwasser-Glasur.«

Maultaschen

Herrgotts B'scheißerle

Maultaschen sind schwäbisch. Eindeutig. Weshalb sie eigentlich dem schwäbischen Hang folgend, alles zu verkleinern und zu verniedlichen, überall ›Maultäschle‹ genannt werden sollten. Hat sich aber nicht durchgesetzt. Jedenfalls nicht außerhalb Schwabens. Im Ländle selbst macht man sich weniger Gedanken um die korrekte Bezeichnung als um die Form und vor allem um den Inhalt der Teigtaschen, der je nach Familienrezept erheblich variiert. Denn: »Maultäschle sin au bloß Teigtäschle, ond was drin isch, geht niemand was a!«

Die Taschen der Maultäschle bestehen aus nichts anderem als aus einem Nudelteig, können aber von italienischer Ravioligröße bis hin zur tellerfüllenden erwachsenen Maultasche sehr unterschiedliche Ausmaße erzielen. Der delikate Kern besteht aus einer Mischung, die sich im Wesentlichen aus Hackfleisch, Schinkenwurst, Wurstbrät, Spinat, Zwiebeln, Petersilie, Semmeln, Eiern sowie Muskat und Pfeffer zusammensetzt. Doch wie gesagt, so ziemlich jede schwäbische Familie, die was auf sich hält, hat ihr eigenes Rezept. Und es ist noch nicht allzu lange her, dass so manches junge schwäbische Glück an der Unfähigkeit der angehenden Schwiegertochter zerschellte, dem Ehegatten in spe die von Muttern gewohnte Maultäschle-Qualität zu bieten. Deren Rezept musste die künftige Ehefrau sich nicht selten mit einer gehäkelten Tischdecke erkaufen. Eine gute Maultasche war also so etwas wie die Eintrittskarte in den schwäbischen siebten Himmel.

Obwohl sie neben den Spätzle die schwäbische Nationalspeise schlechthin darstellen, gibt es weder zur Herkunft noch zur Entstehung des Namens der Maultäschle eindeutige Hinweise, sondern nur Spuren und Legenden. Zum Beispiel die von der Tiroler Gräfin Margreth Maultasch, die angeblich die gefüllten Teigtaschen aus Österreich ins Schwabenland gebracht haben soll. Eine Geschichte, die so plump daherkommt, dass man sie nur mit sehr viel Vorsicht genießen sollte.

Die Tatsache, dass die Maultäschle so etwas wie das schwäbische Gegenstück zur italienischen Ravioli, zum jüdischen Kreplach oder zur südostasiatischen Wan-Tan darstellen, lässt vielmehr die Vermutung zu, dass die Idee der gefüllten Teigtasche sehr alt ist und sich von ihrem Pasta-Urknall in grauer Vorzeit über die Jahrhunderte und durch die Kulturen auf ihren Weg in die nationalen und regionalen Kochtöpfe machte. Dass der Urknall schwäbisch war, ist eher unwahrscheinlich. Er könnte römisch, griechisch oder chinesisch gewesen sein. Aber schwäbisch? Wohl kaum. Oder doch?

Eine weitere vom Volksmund hartnäckig kolportierte Geschichte weist nämlich in die Fastenzeit und zu den Zisterziensern beziehungsweise in deren 1147 gegründetes schwäbisches Kloster Maulbronn, das während der Reformation 1556 in eine heute noch bestehende evangelische Klosterschule umgewandelt wurde. Hier in Maulbronn, der besterhaltenen Klosteranlage Deutschlands aus dem Mittelalter, die von der UNESCO sogar zum Weltkulturerbe erklärt wurde, soll während des Dreißigjährigen Krieges (1618–1648) die schwäbische Maultasche von hungernden Mönchen tatsächlich erfunden worden sein. Ausgerechnet im Krieg und ausgerechnet zur Fastenzeit spielte nämlich ein glücklicher Zufall den Mönchen ein großes Stück Fleisch in die Hände. Zur Fastenzeit war das Essen von Fleisch jedoch verboten. Fasten hin, fasten her: Hunger macht mürbe und Kriegsnot erfinderisch. Die Mönche schnitten das Fleisch in kleine Stücke und versteckten es zum Verzehr mitsamt Spinat und anderen Zutaten in Teigtaschen – in der Hoffnung, der Herrgott würde ihr Vergehen nicht entdecken.

Und weil man bei den Schwaben im Ländle selbst aus dem größten Beschiss noch ein ›B'scheißerle‹ macht, heißen die Maultäschle in Schwaben seither auch ›Herrgotts B'scheißerle‹.

Der Herr möge es ihnen nachsehen.

Mayonnaise

Frittengarnitur mit Suchtpotenzial

»Ich stund friedlich en der Frittenbuud, plötzlich woore do …«

Tja, plötzlich woore do! Der Müsli Män! Der Missionar fürs volle Korn! Ein Überzeugungstäter! In lila Latzhosen!

Was die kölsche Rockband BAP Anfang der 80er in ihrem berühmten Song vom ›Müsli Män‹ beschrieb, war ein einfacher, aber schicksalhafter Tatbestand: Die bis dato ungestört agierenden Anhänger einer gepflegten Fastfood-Kultur mit Currywurst, Fritten und Mayo hatten plötzlich und unerwartet einen Gegner. Es begann mit einem einzelnen ›Müsli Män‹. Und es endete in einem bis heute von Ärzten, Ernährungswissenschaftlern und Krankenkassen erbittert geführten und beispiellosen Feldzug gegen Fastfood, Fett, Cholesterin, Übergewicht und Fleischverzehr. Es begann mit einem einzelnen ›Müsli Män‹. Und es führte auf direktem Weg in die Schrotmühlen von Barbara Rütting und all den anderen Gesundheitspropheten, die seither den Rest der Menschheit von der Leben spendenden Kraft der Vollwertküche zu überzeugen versuchen. Mit Grauen wendet sich der Liebhaber einer gediegenen Portion ›Fritten Schranke‹ (auch ›Fritten rot-weiß‹, also mit Ketchup und Mayonnaise) ab.

Doch es hilft alles nichts. Der Feldzug hat Wirkung gezeigt. Das Image von Currywurst und Co. hat schwer gelitten. Auch und gerade das von Mayonnaise als fettem Fastfood-Dressing. Dabei war gerade die Mayonnaise einmal etwas ganz Besonderes. In Frankreich zunächst. Wo die Sauce aus rohem Eigelb, Olivenöl und Zitrone allerdings nicht, wie man wegen des französischen Namens meinen könnte, herkommt. Die Geburtsstunde der Mayonnaise schlug nämlich auf Menorca. Gleichwohl spielten die Franzosen eine entscheidende Rolle. Die Engländer aber auch. Und vor allem die Karthager. Und das kam so.

Seit nahezu 4 000 Jahren gehört es so ziemlich für jeden, der im Mittelmeerraum und darüber hinaus politisch und/oder militärisch etwas auf sich hält, zum guten Ton, sich auf der kleinen Baleareninsel für kürzere oder auch längere Zeit niederzulassen. Bis der Nächste kommt. Nachdem bereits die Phönizier und die Griechen bei den Menorquinern reingeschaut hatten, kam im Jahre 205 v. Chr. der Karthager Magon, der Bruder Hannibals, mit seiner im Kampf um die Vorherrschaft in der westlichen Welt geschlagenen Armee nach Menorca. Er blieb ein wenig. Und weil er nichts Besseres zu tun hatte, gründete er eine Siedlung. Aus der entwickelte sich die heute nach ihm benannte Inselhauptstadt Mahon. Was für die Mayonnaise nicht unwichtig war.

Es gingen die Karthager, und es kamen die Römer, die Wandalen, die Westgoten, die Oströmer, die Franken, die Mauren, die Türken und die Katalanen. Anfang des 18. Jahrhunderts fühlten sich schließlich die Briten an der Reihe. Das rief wiederum knapp 40 Jahre später die Franzosen auf den Plan: Als nämlich Frankreich, Spanien und England darum stritten, wer denn nun die größere Kolonialmacht sei, und rund um den Globus Krieg führten, glaubte Frankreich 1756 die Briten mit der Eroberung Menorcas beträchtlich ärgern zu können. Womit sie Recht hatten. England ärgerte sich sogar so sehr, dass es den mit der Rückeroberung beauftragten, aber gescheiterten Admiral Lord Byng auf seinem Flaggschiff auf der Themse füsilierte.

Der französische Menorca-Eroberer, Herzog Richelieu, ein Großneffe des berühmteren Staatsmannes und Kardinals, war nun die für die Mayonnaise entscheidende historische Figur. Richelieu war es nämlich, der in Mahon selbst oder in der Nähe von Mahon bei einem Bauern einkehrte und um eine kleine Mahlzeit bat. Der arme Bauer hatte jedoch außer Brot, Eiern, Olivenöl, Salz und Zitrone nichts im Haus. In seiner Not rührte er aus den letztgenannten Zutaten eine Sauce, die er schließlich zum Brot servierte. (Einer anderen Legende zufolge war es ein Wirt, der die Sauce zu Fleischresten servierte. Vielleicht hat Richelieu aber auch in Mahon nur gekostet, was man auf Menorca schon sehr viel länger kannte.)

Richelieu zeigte sich derart beeindruckt von der ›Salsa Mahon‹ oder ›Salsa Mahónesa‹, dass er sie mit nach Hause nahm, wo sie von den besten Köchen Frankreichs begeistert aufgenommen und als ›Mahonnaise‹ weiterentwickelt und verfeinert wurde. Aus der Mahonnaise wurde schließlich wegen der Unfähigkeit der Franzosen zum »h« irgendwann die Mayonnaise. Und die deutsche Rechtschreibung machte aus der Mayonnaise dann sogar die Majonäse, was ihre Herkunft gänzlich vergessen lässt.

Von Frankreich aus eroberte die Mayonnaise die Welt. Und überall wurde sie als eine besondere Delikatesse gefeiert. Was nicht nur an ihrem Geschmack, sondern auch an der aufwendigen Herstellung von Hand lag. In Amerika bot der Deutsche Richard Hellmann die Mayonnaise in seinem New Yorker Delikatessenladen zum Verkauf an und machte sie auf diesem Weg populär. Mit der Erfindung des elektrischen Mixers Anfang des 20. Jahrhunderts begann schließlich die Herstellung von Mayonnaise im großen

Stil – und damit der schleichende Niedergang von der Delikatesse zur ordinären Frittengarnitur.

Als solche wird sie jedoch von den Hardcorevertretern der Junkfood-Fraktion nach wie vor bedingungslos geliebt. Campino, Leadsänger der Punkband ›Die Toten Hosen‹ aus Düsseldorf und bedingungsloser Anhänger von Fritten mit Mayo, ist einer der prominenteren Mitglieder dieser Fraktion. Und Campino glaubt auch zu wissen, warum man nicht von der weißen Creme lassen kann. Seiner Meinung nach werden in die industriell gefertigte Mayo wahrscheinlich irgendwelche Suchtstoffe eingerührt. Nur so vermag er sich zu erklären, warum er selbst und mit ihm Millionen von Mayo-Fans immer wieder ›rückfällig‹ werden. Eine Bemerkung, die nachdenklich stimmt. Keine Drogen vor dem Auftritt? Stattdessen ›Pommes mit doppelt Mayo‹?

Klingt albern. Aber wer weiß. Düsseldorf! Da ist vieles möglich. Fragen Sie mal einen Kölner!

Panettone

Weihnachtskuchen gegen Schluckbeschwerden

Bis vor noch nicht allzu langer Zeit war es in Italien zu Weihnachten üblich, dass der ›padrone‹, der Besitzer eines Handwerksbetriebs oder auch einer Fabrik, sich mit einer Flasche Spumante und dem traditionellen Weihnachtsgebäck, einem Panettone, bei seiner Belegschaft für die über das Jahr geleistete Arbeit bedankte. Der eier- und butterreiche Hefekuchen mit Sultaninen, kandierten Orangen, Zitronat und – in seiner edlen Ausführung – Zedernessenz erfreut sich in Italien seit Jahrhunderten größter Beliebtheit. Bis zu 30 Millionen Kilogramm Panettone verputzen die Italiener alljährlich zum christlichen Wiegenfest.

Was man in italienischen Fabriken und Büros immer seltener beobachten kann, setzt sich nördlich der Alpen zu weihnachtlicher Zeit in den zahlreichen italienischen Restaurants und Pizzerien zunehmend durch: Bevor man als Gast nach bezahlter Rechnung das Lokal verlässt, erhält man vom Inhaber oder von der Bedienung mit den besten Wünschen für ein gesegnetes Weihnachtsfest einen kleinen, in einer Schachtel verpackten, zylindrischen Panettone. Was bei vielen Gästen zunächst zu Verwirrung führte, weil die wenigsten den italienischen Brauch des Weihnachtskuchens kannten. Zu Hause stellte sich zudem die Frage: Wie isst man das? Wie den deutschen Kuchen? Mit geschlagener Sahne und zum Kaffee? Um alle Zweifel zu beseitigen: 1. Man belässt den Panettone in seiner ›Bauchbinde‹ aus Papier. Diese ist sein Markenzeichen, dient beim Backen dazu, dass der Kuchen in die Höhe wächst und verhindert anschließend, dass er austrocknet. 2. Man schneidet den Panettone zum Verzehr auf, isst ihn aber nicht mit der üblichen Kuchengabel, sondern zupft den luftigen und elastischen Teig von Hand in mundgerechte Stücke. Und 3. trinkt man dazu keinen Kaffee und auch keinen Tee, sondern tatsächlich einen kalten und prickelnden Spumante.

Ursprünglich stammt die Panettone-Tradition aus Mailand. Hier soll der Kuchen einer sehr romantischen Legende zufolge erfunden worden sein. Und hier soll er auch zu seinem Namen gekommen sein. Demnach fügte es sich irgendwann im 15. Jahrhundert, dass Unghetto della Tela, ein junger Mann adeliger Herkunft, die bildhübsche Adalgisa kennen und lieben lernte. Adalgisa jedoch war die Tochter des Bäckers Tonio, der im Stadtteil Borgo delle Grazie einen kleinen Laden betrieb. Doch so groß die Liebe zwischen Unghetto und Adalgisa auch sein mochte: Eine Heirat verbot sich nicht nur der sozialen Unterschiede, sondern vor allem des finanziellen Ungleichgewichts der beiden Familien wegen.

Der junge Adelige war jedoch ein gewitzter Mann, und so verfiel er auf eine Idee, die in vielerlei Hinsicht Folgen haben sollte: Kurz vor Weihnachten veräußerte er seinen Jagdfalken und kaufte von dem Erlös nicht nur die besten, sondern vor allem auch solch ausgefallene Zutaten wie Sultaninen und Zitronat. Im Vertrauen auf die schöpferischen Fähigkeiten seines Schwiegervaters in spe erbat er sich die Erfindung einer verführerischen Leckerei. Unghetto sollte nicht enttäuscht werden. Der in Tonios Backstube schließlich fertig gestellte Kuchen konnte sich nicht nur sehen lassen, er schmeckte auch vorzüglich. Und was vorzüglich schmeckt, lässt sich – in Italien allzumal – auch gut verkaufen. So gelangte Tonio mit seinem ›pan de Tonio‹, dem ›Brot des Tonio‹, also dem ›Panettone‹, zu einigem Reichtum. Womit einer Heirat zwischen den beiden Liebenden nichts mehr im Weg stand.

Eine hübsche Legende. Eine italienische Legende – junge, schöne Menschen, die große Liebe. Und etwas zu essen!

Doch wie das – auch mit italienischen – Legenden so ist, zielen sie an der Wirklichkeit bisweilen vorbei. Tatsächlich geht die Tradition des Mailänder Weihnachtskuchens nämlich mindestens ins 11. Jahrhundert zurück. Üblicherweise wurde anlässlich religiöser Feste Brot gebacken, das vom Hausherrn persönlich aufgeschnitten und an die Familienmitglieder verteilt wurde. Zu Weihnachten pflegte man sogar drei Brote zu backen, im Dialekt der Stadt ›panattun‹ genannt. Deren Herstellung wurde vom Hausherrn, egal ob Herzog oder Handwerker, beaufsichtigt, denn bevor man die Brote in den Ofen schob, ritzte er mit einem Messer ein Kreuz in den Teig. Wobei die Anzahl der Brote sowie das Kreuz der christlichen Symbolik entsprachen. (Das Kreuz ist auf den heutigen Panettone zumindest noch ansatzweise zu erkennen.) Am Weihnachtsfeiertag schnitt der Hausherr das Brot auf und verteilte es an die Familienmitglieder, die davon aßen, weil dies Glück und Wohlstand für das nächste Jahr versprach. Irgendwann vor dem 15. Jahrhundert schummelten sich dann die süßen Spezereien in die Zutatenliste. Jedenfalls kannte man zu Unghettos und Adalgisas Zeiten bereits den Panettone, so wie er noch heute zubereitet wird.

Eine weitere liebenswerte Panettone-Tradition besteht darin, es wie viele Mailänder Familien zu tun und einen Panettone bis zum Namenstag des heiligen Blasius am 3. Februar aufzubewahren. Der heilige Blasius (gest. circa 316) war Bischof von Sebaste, dem heutigen Sivas in der Türkei. Einst soll er einem Kind das Leben gerettet haben, das wegen einer verschluckten Fischgräte zu ersticken drohte. Als Blasius im Zuge einer der damals üblichen Christenverfolgungen gefasst wurde und man ihn aufforderte, von seinem Glauben abzulassen, weigerte er sich. Woraufhin man ihm bei lebendigem Leibe mit eisernen Wollkämmen das Fleisch von den Knochen riss.

In der christlichen Kirche reicht solcherlei Ungemach in der Regel, um heilig gesprochen zu werden. Und weil es sich anbot, fungiert der heilige Blasius seither als Schutzpatron der Halskranken. An besagtem 3. Februar kann man sich gegen alle Halsübel dieser Welt mit zwei brennenden und gekreuzten Kerzen den so genannten Blasiussegen erteilen lassen. Und wenn man ganz besonderen Wert auf eine schluckbeschwerdefreie Zukunft legt, dann sollte man nach alter Mailänder Sitte zur Vorsicht an diesem Tag noch von der Rinde des vertrockneten Panettone essen. Denn das soll einen zusätzlichen Schutz vor Halsschmerzen bieten.

Wie gesagt, man *kann* das so machen. Mit dem Blasius und dem Panettone. Aber man *muss* das nicht. Manch einer vertraut schlicht und einfach auf die segensreiche Kraft von Antibiotika.

Pfirsich Melba

Eis auf den Schwingen des Schwans

First class! Top of the list! Crème de la Crème! Alle an der Schöpfung der weltbekannten Nachspeise Beteiligten gehörten zur ersten Liga: die Stadt, das Hotel, der Chef de la Cuisine, die Sopranistin. Sie zählten zum Besten vom Besten der Zeit.

Die Stadt: London im 19. Jahrhundert, das war *die* führende Weltstadt des Industriezeitalters. Spätestens seit der ersten Weltausstellung im so genannten Kristallpalast 1851 im Hyde Park gab es daran keine Zweifel mehr. Der gänzlich aus Stahl und Glas errichtete Prachtbau war nicht nur ein beeindruckendes Beispiel für moderne funktionelle Architektur. Er stand symbolisch für die im 19. Jahrhundert empfundene unerschütterliche Fortschrittsgläubigkeit. Es war das Jahrhundert Königin Viktorias. Eine Zeit hohen Wohlstands, wirtschaftlicher Blüte und höchster imperialer Machtentfaltung. Und London, die Metropole des Imperiums, war Boomtown. Die Bevölkerungszahlen stiegen von circa 1 Million zu Beginn des 19. Jahrhunderts auf das Fünffache an der Schwelle zum 20. Jahrhundert. Museen meldeten Rekordbesucherzahlen, Theater und Opernhäuser erfreuten sich eines regen Zulaufs. Hunderttausende von Touristen besuchten die Stadt, um in der Regent Street, der Bond Street, in Picadilly oder in der Burlington Arcade zu shoppen, an der Themse zu flanieren oder mit den roten Doppeldeckerbussen eine Stadtrundfahrt zu genießen. Mit anderen Worten: London war das erregt pulsierende Herz des britischen Empires und *die* urbane Superlative schlechthin. London war hip!

Das Hotel: D'Oyly Carte war Geschäftsmann. Und er war Agent der beiden Operettenschreiber William S. Gilbert und Arthur Sullivan. 1881 baute er ihnen ein eigenes Haus: das Savoy-Theater. Es war nicht irgendein Theater. Es hatte 1100 Zuschauerplätze. Und vor allem: Es hatte elektrische Beleuchtung! Das war einzigartig, eine Sensation. Eine Sensation, die jeden Abend ausverkauft war. Was mit einem Theater ging, musste auch mit einem Hotel funktionieren. Also baute D'Oyly Carte ›The Savoy‹, benannt nach dem Earl of Richmond, Peter von Savoyen, dessen Wohnsitz im Mittelalter auf dem Grundstück des Hotels unweit der Themse stand. 1889 öffnete das Savoy seine Pforten. Es war nicht irgendein Hotel. Es hatte über 200 Zimmer. Es hatte elektrische Beleuchtung! Und vor allem: Es hatte 67 Bäder! Das war einzigartig, eine Sensation!

Die übrigen Hotels, selbst die nobelsten Häuser, boten nur Waschgelegenheiten, bestenfalls einige wenige Bäder. Die Presse und ihre Leser waren verwirrt: So viele Bäder? Ein Hotel für Amphibien? Nein, nicht für Amphibien. Für die Schönen und Reichen, für jeden, der genug Geld hatte, hier ein Zimmer zu bezahlen. Fürsten, Finanzmagnaten, Maharadschas, berühmte Schauspieler und Sänger gaben sich hier die Klinke in die Hand. César Ritz, der beste und berühmteste Hotelfachmann leitete die Nobelherberge. Und der große französische Meisterkoch, Auguste Escoffier, zauberte in der Küche! Das Savoy war (und ist) das Feinste für die Feinen!

Der Chef de la Cuisine: Auguste Escoffier (1846–1935) galt schon zu Lebzeiten als der ›König der Köche‹. Er führte die französische Küche zu Weltruf. Auf den kulinarischen Traditionen seines Heimatlandes basierend, schuf er unzählige neue Rezepte, erfand Menüfolgen, aromatische, leichte und natürliche Gerichte, Saucen-Fonds und vieles mehr. 63 Jahre tat er Dienst in den besten Küchen Europas. Das war Rekord. Und von Beginn an brachte er jede seiner Erfahrungen und neuen Kreationen zu Papier, schrieb mehrere Bücher. Das bekannteste und noch heute erhältliche, der 1903 erschienene ›Kochkunstführer‹ (Guide Culinaire), stellt nach wie vor die Bibel der französischen Kochkunst dar. Escoffiers Verdienste beschränken sich aber nicht allein auf neue kulinarische Kreationen. Er gestaltete auch die dunklen und schlecht belüfteten großen Hotelküchen sowie die Bordküchen von Luxusdampfern neu. Und er strukturierte die Abläufe und die Hierarchien der Verantwortlichkeiten effektiver, definierte klar, wer an welcher Station was zu tun hatte. Küchenbrigaden von 80 Personen und mehr standen unter seinem Kommando.

Dabei vergaß er nie, dass Kochen eine Kunst ist. Eigentlich hatte der kleine, sehr ruhig und gelassen auftretende Mann Bildhauer werden wollen. Sein Vater tat der Menschheit den Gefallen, ihn zum Koch ausbilden zu lassen. Nach der Ausbildung in seinem Geburtsort Nizza hatte er gleich die Gelegenheit, in einem renommierten Pariser Restaurant zu arbeiten. Sein Können wurde schnell entdeckt. Fortan nahmen nur die besten Häuser seine Dienste in Anspruch: Luzern, Monte Carlo, London, Rom, das Pariser Ritz. Seit 1892 leitete er die Küche im Savoy. Die berühmtesten Häupter bekochte er, und vielen widmete er neu erfundene Gerichte. Escoffier war der kulinarische Genius der High Society.

Die Sopranistin: Nellie Melba (1861–1931) hieß eigentlich Helen Mitchell und stammte aus Melbourne, Australien. Ihre schottischen Eltern waren beide sehr musisch veranlagt, spielten verschiedene Instrumente und unterstützten früh die musikalische Ausbildung ihrer Tochter. Erstmals sang sie in Sydney das Sopransolo im ›Messias‹. 24 Jahre alt war sie da. Ihr Vater nahm sie schließlich mit auf eine Reise nach Europa. In Paris spendierte er seiner Tochter eine Ausbildung bei der weltberühmten Gesanglehrerin Mathilde Marchesi, die nach dem ersten Vorsingen ihrem Mann zugerufen haben soll: »Ich habe soeben einen Star entdeckt.« So war es. Als Erstes änderte die Machesi den Namen des Stars in Anlehnung an ihren Geburtsort in Melba. Was dann folgte, kann ohne Übertreibung als eine grandiose Weltkarriere bezeichnet werden. An den größten Häusern sang Nellie Melba in den größten Rollen: an der Oper in Brüssel, an der Londoner Covent-Garden-Oper, an der Grand Opéra in Paris, in St. Petersburg, an der Mailänder Scala, an der Metropolitan-Oper von New York, an den Opern von Chicago und von Monte Carlo. Später trat sie mit einem weiteren Großen der Opernbühne als festes Duo auf: Enrico Caruso. Gut 40 Jahre beherrschte sie an der Londoner Covent-Garden-Oper als unumstrittene Königin die Szene. Und wenn sie in London war, pflegte sie ihr Haupt natürlich nur in die Kopfkissen des besten Hotels der Stadt zu betten: des Savoy. Denn die Melba war eine Diva, eine Primadonna assoluta.

Die Nachspeise: 1892 sang Nellie Melba in London die Elsa in der Wagneroper ›Lohengrin‹. Für eine der Vorstellungen bot die Künstlerin der Bühne dem Künstler der Kochtöpfe einen Orchesterplatz an. Und es kam, wie es kommen musste: An diesem Abend sopranierte sie sich direkt in das kunstliebende Herz des Meisterkochs. Am nächsten Tag beehrte die Diva Escoffier in seinem Restaurant. Ihr zu Ehren kreierte Escoffier flugs eine Nachspeise, bestehend aus blanchierten Montrieul-Pfirsichen, die zunächst in Eiswasser gekühlt, dann mit Zucker gepudert und kalt gestellt wurden. Anschließend füllte er sahniges Vanilleeis in einen Silberbecher, legte die Pfirsiche darauf und bedeckte sie mit einem gezuckerten Himbeerpüree. Serviert wurde der Königin der Bühne das Arrangement mit einem Schleier aus gesponnenem Zucker und – in Anlehnung an den Schwan im ersten Akt des ›Lohengrin‹ – zwischen den Flügeln eines aus Eis gehackten Schwans. Perfekt!

Escoffier sagte von der legendären Nachspeise übrigens, dass es sich im Grunde um eine sehr einfache Nachspeise handele.

Wir haben richtig gehört, Monsieur Escoffier? Eine sehr einfache Nachspeise also. Und wozu dann der ganze Aufwand: Boomtown London, Luxushotel Savoy, Meisterkoch und Operndiva? Man wird fragen dürfen.

Pizza Margherita

Königlicher Klassiker

Die Geschichte der Pizza ist eine Erfolgsgeschichte ohnegleichen: vom Aschenputtel zum königlichen Klassiker. Kaum ein Land, in dem die Pizza heute nicht zur kulinarischen Alltagskultur gehört. Kaum eine Stadt, in der man nicht alle gastronomischen Variationen zur Darreichung des fladenförmigen Hefegebäcks findet – von der marmorgeschmückten Edel-Pizzeria mit Kerzenlicht und Mandolinenklängen über die charmante Durchschnittspizzeria mit kitschigen Reminiszenzen an Portofino, San Marino oder den Canal Grande an der Wand bis hin zur tresenbewehrten Steh-Pizzeria für die schnelle Hungernummer zwischendurch. Dabei war die Pizza im südlichen Italien lange Zeit ein rein regionales Gericht. Und sie war vor allem das Essen der armen Leute.

Den nationalen Adelsschlag erhielt die Pizza Ende des 19. Jahrhunderts. König Umberto I. weilte mit seiner Gattin Margherita in der Sommerresidenz Gapodimonte in der Gegend von Neapel, um sich von den politischen Geschäften zu erholen. Als Königin Margherita der kleine Hunger überkam, bestellte sie beim Hofkoch eine Pizza. Der kannte sich zwar in der piemontesischen Küche bestens aus, die kampanische Armenspeise jedoch war für ihn Neuland. Also zitierte man den Pizza-Spezialisten Rafaelo Esposito, den besten Pizzaiolo der Gegend, in die königliche Residenz, welcher Ihrer Majestät drei Pizzen zubereitete. Eine davon war eine Neukreation eigens für Margherita. Und weil diese der Hoheit tatsächlich am besten schmeckte, nannte man sie fortan Pizza Margherita. So jedenfalls will es die Legende.

Schön und gut, aber falsch, befand 1974 der italienische Historiker Massimo Alberini. Das wiederum rief den neapolitanischen Gastronomen und Journalisten Corrado Maria Errichelli auf den Plan. Bei seinen Recherchen fand er die Richtigkeit der Geschichte im Wesentlichen bestätigt. Ihm zufolge wurde die Pizza Margherita zum ersten Mal am 6. Juni 1889 serviert, und zwar tatsächlich im königlichen Palast von Gapodimonte bei Neapel. An diesem für die Gastronomie folgenschweren Tag hatte jedoch nicht Rafaelo Esposito, sondern der Pizzaiolo Pappino Brandi die Ehre, von der Königin Margherita di Savoya eingeladen zu werden. Um der Königin zu huldigen, belegte der patriotisch gesinnte Pizzaiolo einen Teigfladen in den Farben der italienischen Flagge mit Tomaten (Rot), Mozzarella (Weiß) und Basilikum (Grün). Die Königin zeigte sich ebenso beeinduckt wie großmütig und schenkte dem Pizzaiolo eine Urkunde, die im Hause Brandi einen Ehrenplatz erhielt.

Heute wird die Pizza Margherita auf den Speisekarten der Pizzerien in der Regel als Erste aufgeführt. Nicht weil ihr angesichts ihrer Entstehungsgeschichte diese Ehre gebührt, sondern weil sie von allen angebotenen Pizza-Varianten die billigste ist. Was jedoch nicht bedeutet, dass der Gast, der sie bestellt, geizig ist. Vermutlich ist er eher Traditionalist, Nostalgiker oder einfach italienischer Patriot. Vielleicht mundet sie ihm in ihrer geschmacklichen Schnörkellosigkeit einfach auch am besten. Und um diese unverbesserlichen Fans auch fortan zu ihrem unverfälschten Recht kommen zu lassen, haben sich Gastro-Experten und Historiker in der ›Vereinigung für die echte neapolitanische Pizza‹ als die Gralshüter des Klassikers zusammengefunden und mit zehn Geboten festlegt, was das Original wirklich ausmacht. Sie seien an dieser Stelle zur geflissentlichen Kenntnisnahme genannt:

1. Du sollst keine andere Pizza verehren außer der echten Margherita.

2. Du sollst nur die allerbesten Zutaten für die Zubereitung einer Pizza nehmen.

3. Du sollst für den Teig nur feinstes Mehl benutzen, wenn möglich aus italienischer Produktion.

4. Du sollst den Teig mit eigenen Händen kräftig durchkneten.

5. Du sollst für den Belag nur Mozzarellakäse aus der Milch von Büffelkühen verwenden, die auf den Wiesen der Provinz Kampanien grasen.

6. Du sollst für den Belag ausschließlich die knackigen aromatischen und leicht ovalen San-Marzano-Tomaten aus süditalienischem Anbau wählen.

7. Du sollst auf jede Pizza auch drei Blätter frisches Basilikum aus italienischem Anbau legen.

8. Du sollst auf die Pizza ein wenig Olivenöl extra vergine, natürlich aus garantiert italienischen Oliven, träufeln.

9. Du sollst nur in Italien produziertes Meersalz auf die Pizza streuen.

10. Du sollst die Pizza in einem traditionellen Holzkohleofen bei etwa 420 bis 480 Grad Celsius – aber nur eine Minute lang – knusprig backen.

Popcorn

Indianischer Maiskracher

Er muss ziemlich dumm dreingeschaut haben. Und blass wird er wohl vor Schreck gewesen sein, als ihm die Maiskörner mit einem lauten Knall aus der Glut entgegenschossen. Geister! Geister mussten es gewesen sein, die die Körner hatten detonieren lassen. Wer sonst sollte so viel Kraft oder Zauber haben, die kleinen Keime derart explosiv und lautstark auf das 40fache ihrer ursprünglichen Größe aufspringen zu lassen? Irgendeinem namenlosen Ureinwohner Nord- oder Südamerikas waren vermutlich aus Unachtsamkeit ein paar Maiskörner ins Feuer gefallen. Dass für die Explosion kein Dämon im Innern des Maiskeims verantwortlich war, sondern ein einfacher physikalischer Prozess, konnte er nicht wissen. Wann und wo die erste Maisexplosion stattgefunden hat, ist heute nicht mehr nachzuvollziehen. Gesichert ist nur, dass die Indianer Nord- und Südamerikas den heute so beliebten Kinosnack schon vor gut 5 000 Jahren kannten. Und sie wussten bereits damals zwischen Zucker-, Futter- und dem für Popcorn allein verwendbaren Puffmais zu unterscheiden. Ausgrabungen von versteinerten Maiskörnern in Argentinien weisen darauf hin, dass hier sogar schon um 7000 v. Chr. Mais angebaut wurde.

Als Kolumbus und seine Männer 1492 auf Kuba landeten, lernten sie als erste Europäer jenes seltsame Gewächs kennen, das mit den heimischen Getreidesorten so wenig gemeinsam hatte. Die Ureinwohner nannten die Pflanze in ihrer Sprache ›maíz‹. Sowohl Kolumbus auf den Westindischen Inseln als auch Hernán Cortés 1510 in Mexiko beobachteten, dass die Indianer Ketten, Haarschmuck wie auch Amulette aus Puffmais trugen. Aber auch als Nahrungsmittel war der Puffmais schon bekannt. Entweder hielten sie komplette Maiskolben am Stück übers Feuer und warteten, bis die Körner unter der Hitzeeinwirkung vom Kolben sprangen. Oder sie legten die einzelnen Maiskörner in einen mit Sand gefüllten Topf. Anschließend brauchten sie nur noch die Pop-Körner aufzufangen, die ihnen aus dem erhitzten Sand entgegensprangen.

In Europa geht der erste nennenswerte Maisanbau auf das Jahr 1525 zurück. Von Andalusien aus nahm er seinen Weg über das Mittelmeer, den Nahen Osten nach Mittel- und Nordeuropa. Doch irgendwie fand man in Europa keinen richtigen Gefallen an den gelben Kolben. Der Versuch des britischen Premierministers, Sir Robert Peel, in Reaktion auf die verheerende Kartoffelfäule im Jahre 1845 den Mais in Irland einzuführen, scheiterte kläglich. Die Iren nannten das Getreide ›Peels Schwefel‹ und schworen, dass jeder, der es gewagt hatte, von den gelben Körnern zu kosten, seinen kühnen Versuch mit dem Leben bezahlt hätte.

In Nordamerika hingegen war man sehr viel aufgeschlossener. 1621 soll den Plymouth-Pilgern, britischen Sektierern, die 1620 mit der ›Mayflower‹ England verlassen hatten und an der Stelle des heutigen Plymouth siedelten, beim Erntedankfest 1621 von einer Stammesdelegation der Wampanoag-Indianer erstmals Popcorn angeboten worden sein. Die luftig-leichte Maiskost gefiel. Und bald ließ man wohl in so mancher Blockhütte die Körner knallen. Die englischsprachigen Neusiedler des Kontinents waren es dann auch, die dem Popcorn seinen Namen gaben: ›Pop‹ steht im Amerikanischen für ›knallen‹, ›corn‹ für Mais.

Die Herstellung von »Knallmais« wurde 1885 mit der

Erfindung der ersten dampfbetriebenen Popcornmaschine des Chicagoers Charles Cretor erleichtert. Mittels dieser Maschine konnten zwar zunächst nur kleine Mengen hergestellt werden. Für den Straßenverkauf reichte es aber, und so fuhren kurze Zeit später so genannte Popmobiles übers Land. Gegen eine umfangreichere Produktion sprach die Tatsache, dass man damals Mais noch in größeren Mengen kaufen und anschließend lagern musste. Durch Lagerung verliert Mais jedoch relativ schnell seine Feuchtigkeit. Popcorn kann man aber nur aus Puffmais mit einem Mindestwassergehalt von 14 Prozent herstellen. Denn nur dann dehnt sich bei der Erhitzung jener Teil des Korns, in dem sich die Stärke bildet (Endosperm), auf das gut 40fache aus. Und nur dann verkleistert die Stärke und tritt schließlich explosionsartig aus der Schale, um anschließend zu einer watteartigen Masse zu erkalten.

Die Weiterentwicklung der Herstellungstechnik, die Tatsache, dass man in Zeiten der Depression mit dem billigen Mais am eigenen Herd sättigendes Popcorn herstellen und damit Geld sparen konnte, und nicht zuletzt die Entdeckung des Popcorns als idealen Kinosnack, das alles begünstigte eine atemberaubende Karriere. Zunächst in den USA. Dann, nach dem Zweiten Weltkrieg, zunehmend auch in Europa und besonders in Deutschland, wo man den Mais zunächst als »Hühnerfutter« verunglimpfte.

Heute werden in Deutschland jährlich gut 1 000 Tonnen Puffmais konsumiert. In den USA sollen es jährlich mehr als 17 Milliarden Pfund Popcorn sein. Und seitdem Frederick Ruckheim in seinen ›Cracker Jacks‹-Tüten Anfang des letzten Jahrhunderts zum gesalzenen Popcorn glasierte Nüsse und ein kleines Spielzeug hinzufügte, ist die Produktpalette (auch in Europa) immer fantasievoller geworden. Heute kann man wählen zwischen Popcorn-Schaschlik, Petersilien-Popcorn-Pesto, Popcorn-Käse-Fondues, Puffmais im Wackelpeter und vielem mehr.

Am besten aber schmeckt Popcorn nach wie vor in der einfachen Version. Salzig oder süß. In der Tüte. Im Kino. Mit Sylvia, Anouk oder Anna.

Praliné

Süßes Bückstück

›Snobinette Noisette‹, ›Caprice‹, ›Truffe Champagne‹, ›Surprise‹, ›Engelsküsse‹, ›Die Himmlischen‹ – was soll man noch sagen? Schon die Namen lassen bereits den verführerischen Inhalt erahnen: zarte Nougatcreme, sahnige Trüffelmasse und saftiges Pistazienmarzipan. Himmlische Genüsse, die auf der Zunge zergehen!

Und wenn es nur eines einzigen zwingenden Beweises bedürfte, dass Ernährungsfachleute Botschafter des Teufels sind, dann wäre es der Umstand, dass sie uns für den Genuss auch nur einer einzigen dieser kulinarischen Preziosen – wegen der zugegeben nicht belanglosen Kalorienzahlen – kühl und nüchtern mindestens eine Stunde Hausarbeit empfehlen. Wie prosaisch!

Die Rede ist – wie sollte es anders sein – von Pralinen, vornehmer auch Pralinés genannt. Dabei war die erste Praline, obwohl man sie so oder so ähnlich taufte, streng genommen gar keine Praline, sondern eine zuckerumhüllte Mandel und mithin eine spezielle Form der Dragees. Denn als die Ur-Praline, die keine Praline war, erfunden wurde, sahen die Patissiers sich technisch noch gar nicht in der Lage, Nougatcreme und Trüffelmasse in eine dafür vorgesehene Schokoladenform zu füllen.

Dieses Verdienst erwarb sich erst der Sohn des 1857 nach Brüssel ausgewanderten Schweizers Jean Neuhaus. Der Vater produzierte und verkaufte in seiner ›pharmazeutischen Confiserie‹ noch Hustenbonbons, Lakritzstangen gegen Magenprobleme und Bitterschokolade. Der gleichnamige Sohn übernahm nach dem Tod des Vaters im Jahre 1912 das florierende Unternehmen und stellte schließlich mit einem von ihm erfundenen Verfahren das erste Schokoladenhäppchen mit Füllung her. Und das nannte er Praline. In der Folge avancierte das Unternehmen zu einer der ältesten und angesehensten Confiserien Europas. Nur: Wie kam er gerade auf den Namen Praline?

Die Antwort ist einfach: Jean Neuhaus wollte damit an den Paten der Ur-Praline erinnern, die – wie gesagt – eigentlich keine Praline, sondern eine mit Karamellzucker umhüllte Mandel war. Gemeint ist der Marschall von Frankreich, Herzog von Choiseul und Graf von Plessis-Praslin (1598–1675). In dessen Diensten stand Küchenchef Clement Jaluzot, genannt ›die Blume‹. Der Legende nach ließ eines Tages ein ungeschickter Lehrling eine Schüssel mit Mandeln zu Boden fallen. Als Jaluzot wutentbrannt zur Züchtigung seines Lehrlings ausholte, stieß er angeblich einen Topf mit heißem gebranntem Zucker vom Herd, dessen Inhalt sich daraufhin über die Mandeln ergoss. Sein als Feinschmecker bekannter Herr wartete indes auf seinen Nachtisch. Der verzweifelte Küchenchef bückte sich, um das Malheur am Boden der Küche zu inspizieren, und stellte zu seinem Erstaunen fest, dass sich die Mandeln mit der über ihnen erstarrten Zuckermasse durchaus als Nachtisch eigneten. Das fand auch sein Herr, der die Zuckermandeln fortan begeistert und großzügig an die Damen bei Hof verschenkte. Ihm zu Ehren nannte man die süßen Dragees ›Praslines‹.

Als Graf von Plessis-Praslin Gesandter in Turin wurde, eröffnete sein Koch 1630 in Montargis schließlich ein ›Maison de la Prasline‹ (Haus der gebrannten Mandel). Ganz in der Nähe besaß sein ehemaliger Arbeitgeber ein Schloss, womit eine gewisse Garantieabnahme der Mandelspezialität gewährleistet war. Aus der ›Prasline‹ wurde erst später, vermutlich 1662, die Praline. Diese Zuckermandel stand in der Tradition der französischen Dragees, die bereits Jahrhunderte vor der Mandel des Grafen von Plessis-Praslin bekannt waren. Schon im 13. Jahrhundert hatten besonders die Dragees aus Verdun einen guten Ruf. Dabei handelte es sich um Mandeln, die mit einer Schicht aus Zucker und Honig umhüllt waren. Die Dragees (vom griechischen ›tragemata‹, Naschwerk) wiederum gingen auf die im Mittelalter gepflegte Tradition zahlreicher Spezereien von in Honig oder Zucker gehüllten Gewürzen oder Trockenfrüchten zurück.

Dank Jean Neuhaus wurde aus der gebrannten Mandel schließlich jene aus Schokolade und diversen Füllungen bestehende Köstlichkeit, die noch heute im Ruf steht, ein fürstliches Vergnügen zu sein. Ein fürstliches Vergnügen, dem sich mittlerweile auch die breite Bevölkerung ausführlichst widmet. Allein in Deutschland werden jährlich circa 100 000 Tonnen Pralinen verzehrt.

Umzurechnen, wie viele Hausarbeitsstunden das sind, überlassen wir denen, die sich dazu berufen fühlen: den Ernährungsberatern.

Pudding

Blutige Darmfüllung

Er steht vor Ihnen. Noch warm, hellgelb und glänzend. Bei näherem Hinsehen offenbaren verräterische kleine schwarze Pünktchen die Anwesenheit von erlesener Bourbonvanille in der steifen Creme. Das Vanillearoma umschmeichelt mit feinen olfaktorischen Wolken Ihre Nase. Er ist zart. Er ist umgeben von frischen Sommerfrüchten. Er will gegessen werden. Er will auf Ihrer Zunge zergehen. Würden Sie in diesem Moment, in dem Sie mit einem Dessertlöffel bewaffnet dieser verführerischen Süßspeise zu Leibe rücken wollen, an einen mit Blut und Mehl gefüllten Tierdarm denken? Vermutlich nicht. Sollten Sie aber. Im blutgefüllten Tierdarm liegt nämlich der inhaltliche und sprachliche Ursprung Ihres (Vanille-)Puddings.

Schon im 8. Jahrhundert v. Chr. erwähnte Homer einen mit Blut gefüllten Geißenmagen. Kannten die alten Griechen also bereits mit Blut und Mehl gefüllte Därme, so war es jedoch der im 1. Jahrhundert v. Chr. lebende römische Feinschmecker und Kochbuchautor Marcus Gavius Apicius, der diese Darmfüllung mit Nierenfett, Mandeln und Pinienkernen anreicherte und schlicht ›botellus‹ nannte, worunter man im Lateinischen ›Würstchen‹ oder ›Wurstfüllung‹ meint. Dieser römische ›botellus‹ hat seither eine vielgestaltige Metamorphose durchlaufen. Wobei die sprachliche Entwicklung noch die am einfachsten nachzuvollziehende ist. Der römische ›botellus‹ wurde im Italienischen zum ›budino‹, wo er bis heute fast so vielgestaltig wie in England gepflegt wird. Im (Alt-)Französischen wurde aus ›botellus‹ ›boudin‹, was sich im Englischen und Deutschen schließlich zum ›Pudding‹ entwickelte.

Die inhaltliche Entwicklung des Puddings ist hingegen wegen der unüberschaubaren Vielfalt der unterschiedlichen Zubereitungsformen und Zutaten kaum noch darstellbar. Neben der herzhaften Variante, wie sie sich im französischen ›boudin‹ darstellt, also einer mit Mehl, Ei, Gewürzen, Nüssen und Mandeln angereicherten Blutwurst, kannten die Griechen bereits im 2. Jahrhundert v. Chr. und die Römer im 2. Jahrhundert n. Chr. auch eine süße Variante, die im Wesentlichen aus Mehl, Fett, Milch, Eiern, Käse, Hirn und Honig in Feigenblättern bestand.

Im Laufe der Jahrhunderte begann man Puddingvarianten ohne Blut und Darm zu entwickeln. Stattdessen wurden die nunmehr aus Mehl, Eiern und Butter bestehenden Puddingklöße in speziellen Puddingtüchern oder in einer Blechform in kochendem Wasser gesotten. In England wurden diese Klöße mit ihren unendlich variablen zusätzlichen Zutaten spätestens seit dem 16. Jahrhundert sehr populär. Mitte des 17. Jahrhunderts gab es in London jedenfalls eigens eine Pudding-Street, und Ende des 19. Jahrhunderts stellte man schließlich in einer Puddingmonographie mit 1 000 Rezepten unter Beweis, wer die ungekrönte europäische Puddingnation war.

Durch die Schilderungen des zeitgenössischen englischen Lebens in den Romanen der auf dem Kontinent sehr viel gelesenen englischen Schriftsteller Henry Fielding (1707–1754) und Tobias Smollet (1721–1771) wurden schließlich die englischen Puddings Mitte des 18. Jahrhunderts auch hier sehr bekannt und beliebt. Wenngleich man in Deutschland schon sehr viel länger die sehr ähnliche Grützwurst oder auch den Beutelkloß und einige andere dem englischen Pudding verwandte, regionale Gerichte kannte. Heute versteht man in Deutschland unter einem Pudding weitestgehend nur noch die süße und dekorativ aus der Form gestürzte Variante, bestehend aus Mehl (Grieß, Reis), Butter, Zucker, Eiern, Milch und einer breiten Vielfalt an Aroma stiftenden Zutaten.

In England hielt sich neben der süßen auch die ältere und abwechslungsreichere Traditionslinie der Mehlklöße, wie zum Beispiel der Yorkshire Pudding, den man als Beilage zu Fleisch- oder Fischgerichten servieren kann, aber auch jede Menge anderer Fleisch-, Fisch- und Gemüsepuddings. Besonders beliebt ist nach wie vor auch der berühmte kuchenartige süße Plumpudding (auch Christmas-Pudding genannt), der aus Rindernierenfett, Mehl, Zucker, Rosinen, Korinthen, Mandeln, Eiern, Milch, Zimt, Piment, Ingwer, Muskat, Nelken und Rum hergestellt wird. Traditionell wird er mit Rum flambiert und mit einer Brandy-Butter gereicht, die aus Butter, Zucker, Weinbrand und Zitronensaft hergestellt wird.

Ein Pudding ist also nicht einfach ein Pudding. Denken Sie daran, wenn Sie das nächste Mal vor Ihrem geliebten Vanillepudding sitzen. Denken Sie an blutgefüllte Tierdärme, an ›botellus‹ und Apicius. Sie können's natürlich auch lassen. Der Vanillepudding wird Ihnen auch ohne Apicius gut schmecken. Vielleicht sogar noch besser …

Pumpernickel

Westfälischer Furzheini

Es half alles nichts. Zäh und ausdauernd widersetzten sich die Westfalen allen Versuchen kultureller Beeinflussung. Weder der im 12. Jahrhundert unternommene Versuch der Erzbischöfe von Köln, die Westfalen unter Ausübung herzoglicher Würden von den Vorteilen des rheinischen Frohsinns zu überzeugen, noch der von Napoleon zu Beginn des 19. Jahrhunderts initiierte Vorstoß, die französische Leichtigkeit des Seins zu importieren, färbte auf die westfälischen Gemüter ab. Bis heute eilt den Westfalen der Ruf voraus, ein besonders bodenständiger, sturer und trockener Menschenschlag zu sein – furztrocken möchte man angesichts einer typischen westfälischen Errungenschaft sagen, denn diesem Volksstamm verdankt die Menschheit die Erfindung des Pumpernickels.

Pumpernickel ist ein Schwarzbrot. Und wer je von diesem Schwergewicht unter den in Deutschland unzähligen Brotsorten gekostet hat, kennt auch seine legendär blähende Wirkung. Dem etymologisch gebildeten Zeitgenossen erschließt sich die explosive Wirkung des Pumpernickels bereits durch das im Namen enthaltene frühneuhochdeutsche ›Pumper‹. Es steht nicht nur für Klopfen oder Schlag, sondern vor allem auch für ›lauter Furz‹. Die blähende Wirkung ist Folge der Herstellungsweise des aus Roggenbackschrot oder Roggenvollkornschrot bestehenden Westfalenbrotes. Es wird bei geringer Hitze (von 90 °C bis 170 °C langsam ansteigend) bis zu 24 Stunden gebacken. Die im Mehl enthaltene Stärke verzuckert dabei zu Dextrin und Maltose, die dem Brot gemeinsam mit den typischen Röstaromen seinen süßlich-aromatischen Geschmack verleihen. Diese Mehrfachzucker sind es aber auch, die im Darm nachzugären belieben. Das Ergebnis ist eine brisante Mixtur aus Stickstoff, Wasserstoff, Kohlendioxid, Methan, Sauerstoff, Schwefelwasserstoff, Mercaptane und Indole, kurz: ein ›Pumper‹, ein ›Furz‹.

Vielleicht ahnte der französische Dragoner, der im Zuge eines militärischen Gastspiels (1635 bis 1639) in Westfalen mit seinem Pferd Nickel (Nicol) weilte, die verhängnisvolle Wirkung des ihm angebotenen Brotes. Der Legende zufolge antwortete er jedenfalls: »C'est bon pour Nicol« (Das ist gut für meinen Nickel). Der Volksmund machte daraus die Redewendung ›Bonpournickel‹, woraus sich schließlich der Pumpernickel entwickelte. So soll das Nickel zum Pumper gekommen sein.

Wahrscheinlicher scheint jedoch die Version, nach der sich das ›Nickel‹ – ursprünglich ein Kurz- und Kosename von Nikolaus – vor allem in seiner Bedeutung als Scheltname zum Pumper fügte. So nannten die Bergleute des Erzgebirges im 18. Jahrhundert das Metall, auf das sie stießen und das dieselbe Farbe wie Kupfer hatte, aber gar kein Kupfer enthielt, verächtlich ›Kopparnickel‹ (Kupfernickel). Der schwedische Mineraloge von Cronstedt gewann 1751 aus dem vermeintlich wertlosen ›Kopparnickel‹ zwar ein neues, silbern glänzendes Erz, das er Nickel taufte. Doch im Deutschen wurde Nickel seine abschätzige Bedeutung nicht los. So umschreibt der Name des schwer verdaulichen Brotes aus Westfalen wohl nichts anderes als einen ungehobelten Kerl, einen ›Furzheini‹ oder ›Stinkfritz‹.

Wer die Wirkung des Pumpernickels zähmen will, macht es wie der Westfale. In einem ›Appetitlexikon‹ aus dem

19. Jahrhundert steht geschrieben: Der Westfale »sucht das Starke mit dem Zarten unter einen Hut zu bringen und verspeist nicht reinen Pumpernickel, sondern ›Mönch mit Nonnen‹, dass heißt, er paart die Schwarzbrotschnitte mit einer Schnitte Weißbrot und schiebt zur Vermeidung übler Nachrede eine Lage Butter und eine Scheibe saftigen Schinkens zwischen beide ein«.

Punsch

Adoptierter Inder

Der Punsch ist eine ausgesprochen polymorphe Droge. Eine Droge, weil in der Regel Alkohol enthalten ist. Polymorph, weil man so ziemlich alles in einen Punsch kippen darf, wonach einem beliebt. Die Bestimmungslosigkeit des heiß wie warm konsumierten Getränks ist allein darauf zurückzuführen, dass es von sehr weit herkommt und dass über die Jahrhunderte hinweg so ziemlich jeder, der sich berufen fühlte, nach Belieben an der Rezeptur herumfummelte. Wo der Punsch ursprünglich herkommt, darauf verweist der Name, was sich aber nur den besonders gebildeten Grenzgängern der Kulturen erschließen wird.

Wider Erwarten rührt der Name nicht, wie so mancher Anglophile meinen könnte, vom englischen ›punch‹ für ›Faustschlag‹, wenngleich man zweifelsfrei mehrere solcher zu verspüren glaubt, gibt man sich dem Genuss zu vieler Punsche hin. Vielmehr stammt der Name Punsch vom indischen Hindi-Zahlwort ›panç‹ für ›fünf‹ ab (im Sanskrit ›pantschan‹). Denn das in Indien ursprünglich erfundene Mixgetränk wurde aus insgesamt fünf Zutaten hergestellt, was auch das früheste dokumentierte Rezept aus dem Jahre 1638 bestätigt: Es weist die Zutaten Arrak (ein aus Reis, Datteln, Palmmilch oder Rosinen hergestellter Schnaps), Wasser, Gewürze, Zucker und Zitronensaft aus.

Nun besaß der Inder neben solch verlockenden Getränkerezepturen noch viele andere reizvolle Dinge. Und weil der Inder nicht nach Europa kam, um all die schönen Kolonialwaren und Getränkerezepte zu bringen, ging der Brite zum Inder, um sie sich zu holen. So kam gegen Ende des 17. Jahrhunderts mit englischen Seefahrern der Ostindischen Kompanie auch der Punsch in europäische Gefilde. Aus dem indischen ›panç‹ machte der Engländer den ›punch‹ (sprich ›pansch‹), woraus sich im deutschen Sprachgebrauch schließlich der ›Punsch‹ entwickelte.

Auf dem Weg von Indien nach Europa und von den Nordseehäfen ins Landesinnere beiderseits des Kanals wurden die ursprünglichen Ingredienzen ausgetauscht und neu zusammengestellt: Der Arrak wurde durch den beliebten Rum und das Wasser durch eine besonders bei Engländern beliebte, anregende Zutat ersetzt: Tee. Schließlich tauschte man den Tee gegen Wein – roten und auch weißen –, und auch der Rum wurde durch andere schwere Alkoholika ersetzt, oder man beließ es beim Arrak. Natürlich experimentierte man auch mit den Gewürzen, mit Zimt, Nelken, Muskat und vielen anderen Geschmacksverstärkern. Zwar war und ist der Punsch gerade in unseren Breitengraden hauptsächlich als wärmendes Heißgetränk beliebt. Doch im 18. Jahrhundert war bereits auch der mit Weißwein oder Champagner angesetzte Punsch als Kaltgetränk durchaus bekannt.

In England und Deutschland wurde der Punsch zu Beginn des 18. Jahrhunderts zunehmend populär. In England feierte man zahlreiche Punch-Partys. Besonders hoch sollen die Wellen bei einem englischen Admiral Seiner Majestät geschlagen haben: Für seine 6 000 Gäste ließ er angeblich ein Bassin mit acht Tonnen Rum, acht Tonnen heißem Wasser, 80 Litern Zitronensaft, 30 Zentnern Zucker, 10 Fässern Malagawein und fünf Pfund Zimt füllen. In Norddeutschland ging man da ein wenig zahmer zur Sache. Hier setzten sich im 18. Jahrhundert allmählich die abendlichen Punschkränzchen durch. Die in Deutschland beliebtesten Punsche sind heute der besonders auf Weihnachtsmärkten (aber nicht nur hier) gerne und bisweilen in großen Mengen getrunkene Glühwein (mit Rotwein), der so genannte Seehund (aus Weißwein) und der Eierpunsch, der Eier oder Eigelb enthält.

Doch Punsch trinkt man nicht nur auf deutschen Weihnachtsmärkten, sondern auch in der Karibik am Strand, dies eine Folge der Kolonialisierung im 16. und 17. Jahrhundert. Der klimatischen Bedingungen wegen unterscheidet sich allerdings die dort übliche Punschversion von der hiesigen. Punsch in der Karibik ist erfrischend, prickelnd und kalt, besteht aus Rum, Zucker und Fruchtsäften und hat mit dem Planter's Punsch einen global Player im Rennen.

Reineclaude

Letzte Bastion des Adels

Politische wie gesellschaftliche Veränderungen finden in der Sprache ihren Niederschlag. Das ist zu allen Zeiten so gewesen. Mitunter können selbst unscheinbare Alltäglichkeiten zum Stein des Anstoßes werden. Ende des 18. Jahrhunderts wollte man gar der Pflaume an den sprachlichen Kragen. Aus politischer Überzeugung. Jedenfalls einer bestimmten Pflaume, der Reineclaude. Und das hing mit ihrem Namen zusammen.

Die Reineclaude, in Deutschland auch Reneklode, in Österreich Ringlotte genannt, hat ihren Namen nämlich von einer Adeligen, genauer von einer französischen Königin: Claude de France. 1499 wurde sie im Schloss von Romorantin an der Sauldre geboren, wo sie bereits 1514 Francois d'Angoulême, den späteren König (1515–1547) Franz I. von Frankreich, heiratete. Claude kam aus adeligem Haus, ihr Vater war Ludwig XII., ihre Mutter Anne de Bretagne. Die Bretagne brachte Claude ihrem Franz dann auch in die Ehe mit, die allerdings nicht lange währte, was daran lag, dass Claude bereits 1524 im Alter von nur 24 Jahren starb. Dafür war die Ehe aber ungemein kinderreich: Claude gebar ihrem Mann in knapp neun Jahren Ehe immerhin sieben Kinder. Ihr kurzes geschlechtsreifes Leben war eine einzige chronische Schwangerschaft. Vielleicht benannte man damals um ebendieser Fruchtbarkeit willen die neu gezüchtete Pflaumensorte »Reineclaude« (Königin Claude). Wann und wer das genau war, ist nicht überliefert.

Im Jahre 1789, also 275 Jahre nach dem Tod von Königin Claude, deklarierte man in Paris die Menschen- und

Bürgerrechte. Französische Revolution! Die Feudalherrschaft des Adels wurde abgeschafft, die bürgerliche Republik ausgerufen. Ludwig XVI. enthauptete man in der Öffentlichkeit auf der Place de la Concorde (damals Place de la Revolution). Seiner Frau Marie Antoinette erging es nicht besser. Doch was so ambitioniert begann, mündete schließlich in die Schreckensherrschaft des Wohlfahrtsausschusses. Die Revolution radikalisierte sich. 40 000 Menschen fielen dem Ausschuss und seinem Revolutionstribunal zum Opfer. Und schließlich richtete sich das Tribunal gegen sich selbst: Die Revolution fraß ihre Kinder.

Auf dem Speiseplan der französischen Citoyennes stand Profaneres. Auch Pflaumen. Unter anderem die wohlschmeckende, saftige und süße Reineclaude, die zum Ärger der Revolutionäre königlicher Herkunft war. Um jeden ideologischen Rückfall in alte Zeiten im Ansatz zu ersticken, verfielen die politischen Sittenwächter der neuen Zeit auf die grandiose Idee, den Adel auch sprachlich zu exilieren: Die königliche Reineclaude sollte fortan ›Citoyenneclaude‹, also ›Bürgerin Claude‹, heißen. Was aber schauderlich zu lesen war und sich umgangssprachlich nie richtig durchsetzte.

Was die Jakobiner seinerzeit nicht zu Wege brachten, Königin Claude posthum wenigstens sprachlich zu guillotinieren, das gelang deutschen Kultusministern und Germanisten mit der letzten Rechtschreibreform allerdings mühelos. Die deutsche Reneklode darf nunmehr nach neuestem Duden und neuesten Trennungsgesetzen zu ›Renek – lode‹ zerpflückt werden. Was schauderlich zu lesen ist und sich umgangsschriftlich hoffentlich nie durchsetzen wird.

Rhabarber

Des Dichterfürsten Darmtinktur

Johann Wolfgang Goethe (1749 – 1833), der große deutsche Dichterfürst, erfreute sich auch ein Jahr vor seinem Tod im Alter von 82 Jahren noch eines tiefen Schlafes – keine Spur von seniler Bettflucht. Eine Störung seiner Nachtruhe hatte nach Aussage seines Leibarztes Dr. Carl Vogel allein zwei mögliche Ursachen: »Brütete sein Geist über sehr interessanten Aufgaben, so erwachte Goethe in der Nacht … und führte … die Reihe seiner Ideen weiter fort. Bei solcher Veranlassung nächtlichen Wachens beklagte er sich nicht; wurde aber seine Nachtruhe ohne ähnlichen Vortheil unterbrochen, so machte ihn das sehr ungehalten … Meistens war Stuhlverstopfung die Ursache, … eine geringe Dosis Rhabarbertinctur stellte die Ordnung wieder her.«

Dass Dr. Vogel gegen des Dichters Darmverstopfung ausgerechnet Rhabarbertinktur einsetzte, verwundert kaum. Bereits 2700 Jahre v. Chr. war den Chinesen Rhabarber als sehr hilfreiche Heilpflanze gegen Magen- und Darmprobleme bekannt. Und bis heute wird, besonders in China, aus der Wurzel bestimmter Rhabarberarten eine Droge gewonnen, die pharmazeutische Konzerne zur Herstellung von Medikamenten gegen Magen- und Darmprobleme verwenden.

Zwar legt die Tatsache, dass man sich mit *Rheum rhabarbarum* solch »barbarischer Angelegenheiten« (rerum barbarum) wie Darmverstopfung und Magenleiden erwehrt, tatsächlich auf den ersten Blick eine etymologische Verwandtschaft zwischen empfundener Pein und Heilpflanze nahe, doch diese entbehrt jeder Grundlage. Der Name Rhabarber rührt vielmehr aus einer sprachhistorischen Entwicklung, die auf den Weg der Knöterichgewächse aus dem alten Reich der Chinesen in den Westen verweist. Dabei offenbart sich der heute verwandte botanische Fachbegriff *Rheum rhabarberum* als das Ergebnis einer über die Jahrhunderte gereiften lateinisch-griechischen Koproduktion.

In Griechenland scheint der Rhabarber zu Beginn unserer Zeitrechnung bereits bekannt gewesen zu sein. Darauf verweisen jedenfalls Schriften des griechischen Arztes Dioskurides (um 40 bis 90). Das Rha des Rhabarbers geht ursprünglich auf die Bezeichnung der alten Griechen für die Wolga zurück. Auf seiner sprachhistorischen Reise ins Lateinische wurde Rha für Wolga jedoch zum Synonym für Wurzel. Bei der als Rha oder Rheon bezeichneten Wurzel, die sich 300 Jahre später in den Aufzeichnungen des römischen Geschichtsschreibers Ammianus Marcellinus (um 330 bis 395) findet, dürfte es sich jedenfalls um unseren heutigen Rhabarber gehandelt haben. Die ursprüngliche Bedeutung des Rha für Wolga ebenso wie der zweite Wortteil barbarum verweisen darauf, dass der Rhabarber offensichtlich auch an der Wolga von den so genannten Barbaren kultiviert wurde. Als solche empfanden die Griechen und die Römer nämlich ebenjene Stämme an der Wolga. Denn im Griechischen wie im Lateinischen wurden alle jene Menschen als Barbaren bezeichnet, die stotterten, also der Sprache nicht mächtig, also fremdländisch waren. Und an der Wolga sprach man weder Lateinisch noch Griechisch. Mithin umschreibt das mittellateinische rha barbarum nichts anderes als einen ›Fremden von der Wolga‹ beziehungsweise eine ›fremdländische Wurzel‹.

Im Italienischen wurde dann aus dem mittellateinischen rha barbarum irgendwann der ›Rabarbaro‹ und aus diesem im 16. Jahrhundert der deutsche Rhabarber. Der botanische Pflanzenname *Rheum rhabarbarum* ist somit streng genommen ein Pleonasmus. Denn sowohl das Rheum wie auch das rha von barbarum gehen ja auf das aus dem Griechischen entlehnte rha beziehungsweise rheon für Wurzel zurück. Das barbarum hingegen könnte sich nicht nur auf die Barbaren an der Wolga beziehen, sondern auch auf die Hafenstadt Barbarike, über die im 12. Jahrhundert der Rhabarber aus Indien und über das Rote Meer eingeführt worden sein soll. Andererseits verweist der botanische Fachbegriff einer weiteren Rhabarber-Art, *Rheum rhaponticum*, wieder auf die Wolga. Das -ponticum leitet sich nämlich vom lateinischen pontus beziehungsweise vom griechischen pontos ab, die wiederum auf pontos euxenios verweisen, womit das Schwarze Meer gemeint ist. Somit wäre Rheum rhaponticum ›die Wurzel‹ beziehungsweise ›der Rhabarber von der Wolga, die ins Schwarze Meer fließt‹.

Marco Polo soll den Westeuropäern erstmals 1295 von der Existenz einer Rhabarber-Art berichtet haben. Sowohl China als auch Russland, wohin die Pflanze nur geschmuggelt wurde, ließen den Rhabarber nämlich lange Zeit nicht über ihre Grenzen. Erst als die sibirische Grenzstadt Kiachta im 17. Jahrhundert als Einfuhrstadt des chinesischen Rhabarbers deklariert wurde, kam der Rhabarber nach Westeuropa. Und hier entdeckte man schließlich, dass der Rhabarber neben den Wurzeln mit ihren heilenden Wirkstoffen auch nahrhafte Stiele zu bieten hat, die man geschält, in Stücke geschnitten und mit Zucker gekocht für Marmelade, Kompott, Kuchen oder Aufläufe verwenden kann. Die Blätter hingegen sind wegen des hohen Anteils an Oxalsäure giftig und deshalb ungenießbar. Oxalsäure befindet sich zwar auch in den Stielen und in deren Haut, allerdings nicht in so hoher Konzentration wie in den Blättern. Gleichwohl wird Schwangeren vom Verzehr rohen Rhabarbers abgeraten. Durch Schälen, Kochen und Blanchieren lässt sich der Oxalsäuregehalt aber auf ein verträgliches Maß reduzieren, sodass man das Knöterichgewächs mit seinem hohen Vitamin-C-Gehalt bedenkenlos genießen kann.

Der Rhabarber kann aber noch viel mehr. Aus seinen Wurzeln wird neuerdings auch ein biochemisch hochwertiges Mittel zum Gerben und Färben von feinstem Leder gewonnen. Mit derart veredeltem Leder gedenken mittlerweile auch Automobilhersteller die Sitze ihrer Nobelmarken zu beziehen. Das wäre allerdings eine wirklich vornehme Aufgabe für den ›Barbaren von der Wolga‹. Doch die vornehmste Aufgabe hat das chinesische Gemüse zweifelsohne bereits erfüllt, als es seinerzeit der Deutschen größten Dichterfürsten von seinen Darmproblemen erlöste.

Denn der ›Faust‹ bleibt. Die Nobelmarken landen in der Schrottpresse. Alle.

Rum

Karibischer Teufelstöter

Nach der Entdeckung der Neuen Welt durch Kolumbus Ende des 15. Jahrhunderts setzte ein gut zweihundert Jahre andauerndes Gezänk der europäischen Kolonialstaaten um Einfluss, Handel und Herrschaft in Nord- und Südamerika sowie in Westindien, also in der karibischen Inselwelt ein. Die Spanier, die Portugiesen, die Franzosen, die Niederländer und nicht zuletzt die Briten waren daran beteiligt. Es wurde erobert, verloren und zurückerobert, es wurde geentert und gekapert, was das Zeug hielt. Für die Marine bedeutete die Ausweitung ihres Aktionsradius in Kombination mit den bisweilen tropischen Klimaverhältnissen nicht nur eine militärische, sondern auch eine logistische Herausforderung: Womit den Durst der Mannschaften stillen? Wasser begann auf längeren Reisen zu faulen. Bier, wovon man den englischen Matrosen täglich eine Galone (4,5 l) zugestand, wurde sauer. Die englische Marine hatte also ein Problem.

Die Lösung war hochprozentiger und deshalb lange lagerfähiger Rum. Und den hatten die Matrosen in der Karibik kennen gelernt. Als nämlich Lord Protector Oliver Cromwell (1599 – 1658) der königlichen Flotte befahl, im Kampf um die Vorherrschaft auf den Meeren das spanische Imperium auch in Westindien zu attackieren, setzte Admiral William Penn des Lord Protectors Wunsch um, indem er 1655 das seit 1509 in spanischem Besitz befindliche Jamaica für die Krone in Besitz nahm. Hier machten die englischen Matrosen das erste Mal ausgiebige Erfahrungen mit dem aus Zuckerrohr gebrannten Schnaps.

Denn hier wurde Rum bereits seit geraumer Zeit hergestellt. Penn nahm das hochprozentige Feuerwasser in seine Proviantliste auf: Ein »pint« (ca. 0,6 l) Rum pro Tag und Matrose. Und der Rum erwies sich als ein wahrer Segen, verhinderte er doch in tropischen Gewässern ganz offensichtlich den Ausbruch von Seuchen durch verfaultes Wasser. Fortan war er auf englischen Schiffen in westlichen Gewässern nicht mehr wegzudenken. Seit 1731 wurde von der Admiralität sogar für die gesamte Flotte ein »half pint« Rum als Tagesration für jeden Matrosen eingeführt.

Doch kein Segen ohne Fluch. Denn Rum hält nicht nur lange, Rum macht auch trunken. Die Folge waren nicht selten Disziplinprobleme an Bord. Admiral Vernon erließ aus diesem Grund 1740 seine berühmte »Order to Captains« und goss den Soldaten fortan Wasser in den Rum (s. Seite 143, Grog). Seither riss die Diskussion über den Sinn und Unsinn und über den Umfang der täglichen Rum-Ration in der englischen Marine nicht ab. Doch erst 1970(!) wurde in der Royal Navy das letzte offizielle Rumfass gelehrt. In der »Great Rum Debate« im House of Commons war kurz zuvor das jahrhundertealte und hartnäckig verteidigte Gewohnheitsrecht der Matrosen gekippt worden.

Von seiner problematischen Wirkung leitet sich der heute weltweit gebräuchliche Name Rum ab (franz: rhum, span: ron), den vermutlich englische Matrosen Mitte des 17. Jahrhunderts aus der Taufe hoben. Aller Wahrscheinlichkeit nach handelt es sich nämlich um die umgangssprachlich praktische Verkürzung von »rumbouillon«, eine auf Jamaica und anderen Inseln der Antillen gebräuchliche kreolische Bezeichnung nicht nur für den Zuckerrohrschnaps, sondern auch für Aufruhr und Krawall – ein deutlicher Hinweis auf die fatale Wirkung einer Überdosis des Rachenputzers. Rum war (und ist) mithin nichts anderes als ein karibisches Krawallwasser. Gerne nannte man den Rum – neben vielen anderen Bezeichnungen wie Tafia oder Guildhive – seinerzeit auf den Inseln auch »Kill devil« (Teufelstöter), was einerseits auf die zweifelhafte Qualität des hochprozentigen Fusels jener Jahre hinweist, aber auch auf die offensichtlich häufig gemachte Erfahrung, dass im Rumrausch befindliche englische Matrosen es selbst mit dem Teufel aufnahmen.

Einer anderen Theorie zufolge ist Rum ein Kürzel der lateinischen Bezeichnung des Rohstoffes Rohrzucker: *Saccharum officinarum*. Manche Sprachwissenschaftler sehen die Rumwurzel in einem Likör, der seit Jahrtausenden im malaysischen Raum aus vergorenem Zuckerrohrsaft hergestellt wurde und den man dort »Brum« nannte. Und auch die von holländischen Einwanderern in die Karibik mitgebrachten Trinkgläser, »rummer« genannt, scheinen als Erklärung für die Namengebung nicht völlig an den Haaren herbeigezogen. Zumal es vermutlich von den Portugiesen aus Brasilien vertriebene holländische Siedler waren, die den Zuckerrohrschnaps – basierend auf ihren Erfahrungen mit dem holländischen Genever (s. Seite 133, Gin) – auf den Antillen erstmals um 1650 herstellten.

Den Rohstoff Rohrzucker hatte ein anderer Weitgereister in die Karibik und nach Amerika mitgebracht: Christoph Kolumbus. Nachdem er auf seiner ersten Reise in die Neue Welt die klimatischen Verhältnisse der Karibik kennen gelernt hatte, war ihm klar, dass der Rohrzucker gerade hier die besten Wachstumsbedingungen vorfinden würde. Also nahm er auf seiner zweiten Reise

1494 einige Schößlinge mit, die er auf Haiti anpflanzen ließ.

Für die Westindischen Inseln entwickelten sich das Zuckerrohr und der daraus gewonnene Rum bzw. die zur Rumherstellung verwendete Melasse (ein Abfallprodukt bei der Zuckerherstellung) als wahre Exportschlager. Der Arbeitsaufwand auf den riesigen Zuckerrohrfeldern war jedoch enorm und die indianische Urbevölkerung den Belastungen nicht gewachsen. Man benötigte Arbeiter, Zwangsarbeiter, denn der schwierigen und unter menschenunwürdigen Verhältnissen zu verrichtenden Arbeit ging niemand freiwillig nach. Was man also brauchte, waren Sklaven. So entwickelte sich im späten 17. Jahrhundert der berühmt-berüchtigte Dreieckshandel: Schiffe segelten von Europa nach Afrika, um hier Sklaven einzutreiben, segelten weiter in die Karibik, wo sie die Sklaven gegen Zucker, Melasse und Rum eintauschten, die sie wiederum in Europa, später auch in Neuengland verkauften. Es war ein sehr lukratives Geschäft. Und ein sehr skrupelloses. Aber das europäische Bedürfnis nach Süßem und nach Hochprozentigem wollte gestillt werden.

Auf den karibischen Inseln (aber nicht nur da) werden noch heute mit die besten Rum-Sorten der Welt produziert. Kaum eine Bar, die wirklich etwas auf sich hält, kann es sich leisten, nicht einige dieser Spitzenprodukte im Regal stehen zu haben. Und zwar nicht nur, weil Rum Bestandteil unzähliger Cocktails ist, sondern weil manche Rum-Sorten von solch erhabener Qualität sind, dass sie sich mit den besten Whiskeys oder Cognacs problemlos messen lassen können. Und wenn die Bar ihrer Wahl einen solchen Rum nicht bieten kann, dann gönnen Sie sich den Luxus und erwerben Sie ein solches Spitzenprodukt im Fachhandel. Es lohnt sich. Über die im Supermarkt angebotene Verschnittware hingegen sollten sie den Mantel des Vergessens hüllen – das ist Krawallwasser.

Rumford-Eintopf

Warme Armenspeise

Gut, es war eine Armensuppe. Was will man da erwarten? Doch spätestens beim Blick in ihren Suppennapf musste den Armen, den Bettlern, den Obdach- und Heimatlosen in den Armenhäusern und Suppenküchen des ausgehenden 18. und beginnenden 19. Jahrhunderts unmissverständlich klar gewesen sein, dass sie Almosenempfänger waren. Und als solche konnten sie schwerlich Ansprüche stellen. Was sie dort in ihrem Teller vorfanden, war eine so genannte Rumfordische Suppe, die aus Gerstengraupen, Erbsen, Kartoffeln, Weizenbrot, Salz, Wasser und Weinessig oder sauer gewordenem Bier in großen Töpfen zusammengekocht worden war. »Ein sehr zweckmäßiges Gemengsel der wohlfeilsten und nährendsten Vegetabilien, wozu man nicht einmal animalischer Nahrung bedarf«, kommentierte der Reichsanzeiger Nr. 8 von 1803. Zweckmäßig war sie wohl, die Suppe. Sie füllte die Mägen und sättigte.

Später kamen auf gut hundert Portionen Suppe ein paar Pfund Knochen und klein geschnittene Innereien. Aus Frankreich folgte die nächste ›Verfeinerung‹: Der Chemiker und Oberaufseher des Gesundheitsstandes zu Paris Antoin Alexis Cadet de Vaux empfahl für die breite Bevölkerung als kräftigendes Nahrungsmittel Gallerte aus Knochen. Eine Empfehlung, die den ums Volkswohl besorgten Innenminister Napoleons, Jean-Antoine Chaptal, veranlasste, die Idee des aus Knochen gewonnen Gelees zu propagieren. Die Rezeptur fand schließlich auch Aufnahme im Ausland. Seit 1803 wurden in deutschen Städten Sammelstellen für Knochen eingerichtet, um die Armensuppen mit dem daraus gewonnenen Knochengelee anzureichern.

In den Versorgungsstellen standen die Suppenkessel allerdings oft stundenlang über dem Feuer, was dazu führte, dass ihr Inhalt nicht selten derart eindickte, dass er kaum noch vom Löffel fiel. »Dem Teufel möcht‹ so ein Kleister schmecken‹, mag es dem ein oder anderen armen Schlucker angesichts des Suppenbreis über die Lippen gefahren sein. Dabei war der Eintopf durchaus nahrhaft. Und darauf kam es in Zeiten der Not für die Betroffenen an. Missernten und die sich an die Französische Revolution (1789 – 1799) anschließenden Koalitionskriege (1792 – 1807) hatten zur Verarmung der Menschen beigetragen. Beständig wuchs das Heer von Bettlern, Kriegsversehrten und Arbeitslosen. In den Städten erbarmten sich wohlhabende und -meinende Bürger der Bedürftigen, gründeten Armenhäuser, ersuchten bei ihresgleichen um Geld- und Sachspenden, um die größte Not zu lindern. Das war Sozialhilfe von unten.

Die Idee mit der in öffentlichen Küchen ausgegebenen Armeleutesuppe war jedoch Sozialhilfe von oben – von ganz oben. Der Erfinder der nach ihm benannten Suppe war nämlich niemand Geringerer als der Polizei- und Kriegsminister, Staatsrat und General Reichsgraf Benjamin

Thompson Graf von Rumford in Diensten seiner kurfürstlichen Hoheit Karl Theodor von Bayern. Der Name Benjamin Thompson Graf von Rumford kündet nun wahrlich nicht von alter bayrischer Herkunft. Und in der Tat: Rumford war Amerikaner. Doch damals war die Green Card noch ein Fremdwort, und mit den Einwanderungsbestimmungen nahm man es in Bayern seinerzeit nicht so genau wie heute, schon gar nicht auf höchster Ebene. Man nahm stattdessen, was auf dem Markt und was gut war. Und Rumford war gut. Er war ein genialer Erfinder, Physiker und Heizungstechniker, und in München stellte er schnell sein Talent als Heeres-, Verwaltungs- und Sozialreformer sowie als Gartenbauspezialist und Suppenerfinder unter Beweis.

Als Benjamin Thompson wurde der bayrische Superminister 1753 in North Woburn, Massachusetts, geboren. Nach seinem Studium der Physik in Concord schlug er sich im amerikanischen Unabhängigkeitskrieg auf die englische Seite, was es nach dem amerikanischen Sieg ratsam erscheinen ließ, 1776 Amerika zu verlassen und nach England zu fliehen. Hier widmete er sich dem Gebiet der Heizungstechnik und konstruierte den so genannten Rumford-Kamin, der im Gegensatz zu den in England seinerzeit gebräuchlichen Kaminen nicht mehr qualmte, dafür aber die Hitze statt nach draußen ins Zimmer abstrahlte. Mit der Erfindung eines Herdes, der eine indirekt beheizte Backröhre aufwies, revolutionierte er die Küchentechnik. Zum Dank durfte man ihn fortan mit ›Sir‹ anreden.

1784 trat er schließlich in bayrische Dienste. Hier erwarb er sich mit der Einführung der Kartoffel als Grundnahrungsmittel große Meriten. Seine Strategie war so einfach wie genial: Als Kriegsminister ordnete er an, dass die Soldaten zur Selbstversorgung eigenverantwortlich Kartoffelfelder anlegen mussten. Was die Soldaten mit den Erträgen machten, war ihnen freigestellt. Und so kam, was kommen sollte: Die Soldaten nahmen die Knollen mit nach Hause, legten auch privat Kartoffelgärten an und sorgten so dafür, dass die Bodenfrucht in Bayern immer populärer wurde. Es folgten Reformen im Heereswesen, die Ausstattung der Soldaten mit angemessenen Löhnen und Uniformen, die Einrichtung von Militärlazaretten sowie von Schulen für die Soldatenkinder, eine Reform der Verwaltung, vor allem der Finanzverwaltung, und die Einrichtung von Arbeitshäusern, in denen man die Ärmsten der Armen und Bettler zum Beispiel mit der Herstellung von Militärkleidung beschäftigte und sie so von der Straße holte. Als er 1791 in den Adelsstand befördert wurde, nannte er sich nach dem Namen seines Studienortes Concord, der vormals Rumford hieß, fortan Graf von Rumford.

Bis heute wird er von Historikern für die Erfindung seiner Armenspeise, der Rumford-Suppe, gepriesen, die unter Einberechnung der Personal- und Brennstoffkosten nur zwei Pfennig pro Teller kostete. Er veranstaltete Massenspeisungen in München, Berlin und Genf mit Tausenden von Bedürftigen. Das Beispiel machte schnell Schule. In vielen Städten entstanden Suppenanstalten. In Hannover wurden während einer Hungersnot im Jahre 1803 gut 120 000 Portionen der ›Rumfordischen Suppen‹ verteilt. Nach dem Tod von Kurfürst Karl Theodor im Jahre 1799 ging Rumford nach London, dann nach Paris, wo er 1814 an einem Fieberanfall starb. Bevor er München verließ, hinterließ er den Münchnern noch ihr bis heute liebstes Kind: den Englischen Garten.

In der Maximilianstraße erinnert heute ein Denkmal an den Amerikaner in bayrischen Diensten, und im so genannten Rumford-Schlössl im Englischen Garten ist ein Natur- und Kulturtreff für Schulklassen eingerichtet. Seinem sozialreformerischen Wirken trägt seit 2001 auch eine Graf-Rumford-Reitjagd im Englischen Garten Rechnung, deren Erlös den Armen der Stadt zugute kommt. So gedenken die Münchner bis heute auf ihre Weise dem großen ›Zug'reisten‹ der Stadt. Feinschmecker hingegen studieren noch einmal ungläubig die Zutatenliste des Rumford-Eintopfes, denken sich ihren Teil und wenden sich kopfschüttelnd ihrer Minestrone zu.

Von Feinschmeckern war bei Rumford aber auch nie die Rede.

Sachertorte

Meisterstreich eines Lehrlings

Er war ein Strippenzieher im ganz großen Stil: Klemens Wenzel Fürst von Metternich. 1773 in Koblenz geboren, floh er mit seiner Familie 1794 vor den französischen Revolutionstruppen nach Österreich, wo er mit der Heirat einer Gräfin großen Einfluss am österreichischen Hof erwarb. Und den nutzte er mit Erfolg für eine sagenhafte diplomatische Karriere.

1809 wurde er zum Leiter der österreichischen Außenpolitik ernannt. Als solcher widmete er sein ganzes Tun einer antifranzösischen, monarchistischen und restaurativen Politik. Gegen das revolutionäre Frankreich schmiedete er militärische Koalitionen, führte Österreich mehrfach in den Krieg. Auf dem Wiener Kongress 1814/15 versuchte er in Europa den vorrevolutionären Zustand wieder herzustellen. Er initiierte den Deutschen Bund unter der Vorherrschaft Österreichs, und mit der Heiligen Allianz von 1815 schuf er ein Bündnis der europäischen Herrscherhäuser zur Sicherung der Monarchie. Mit einem Polizeispitzelsystem und den Karlsbader Beschlüssen von 1819 ging er rigoros gegen Pressefreiheit und alle liberalen Tendenzen vor. Mit anderen Worten: Er war ein durch und durch reaktionärer und antiliberaler Zeitgenosse.

Strippen ziehen für die Reaktion macht mächtig, aber auch hungrig. Und so hielt sich der ›Kutscher Europas‹ einen umfangreichen Küchenstab, der auch an einem ganz entscheidenden Tag im Jahre 1832 gefragt war. Wer zu Gast erwartet wurde, ist nicht überliefert. Aber es werden wohl wichtige Leute gewesen sein. Metternich jedenfalls verlangte nach einer ›außergewöhnlichen Nachspeise‹, und er wünschte, nicht enttäuscht zu werden. Einer anderen Anekdote zufolge verlangte er sogar etwas »noch nie Dagewesenes, womit ich bei den Damen Staat machen kann«. Klingt plausibel, wollen doch Politiker immer und überall ›Staat machen‹ – auch bei den Damen. Was albern ist. In diesem seltenen Fall aber profitierte wenigstens die kulinarische Nachwelt vom erotischen Geltungsdrang des betreffenden Staatenlenkers. Allerdings auf Umwegen.

Denn des Fürsten Befehl war leicht gegeben. Allein ihn umzusetzen war ein Problem, lag der Chef fürs Süße doch krank zu Bett. Und der Rest der Brigade war mit der Zubereitung des Menüs beschäftigt. So blieb die verantwortungsvolle Aufgabe an einem 16-jährigen Küchenjungen hängen. Und der hieß Sacher, Franz Sacher. Und Franz legte an jenem denkwürdigen Tag einen Geniestreich hin, der ihm ewigen und weltweiten Ruhm einbrachte: Er kreierte die Sachertorte.

Die mit ungezuckertem Schlagobers servierte kreisrunde Schokoladentorte mit Marillenkonfitüre und Schokoladenglasur begeisterte nicht nur den Hausherrn und seine Gäste. Nachdem Franz Sacher seine Kochlehre abgeschlossen und auch in Pressburg und Budapest die Menschen von den Vorzügen seiner Torte überzeugt hatte, kehrte er nach der Revolution von 1848 nach Wien zurück. In der Weihburgstraße unweit des Stephansdoms eröffnete er schließlich einen Delikatessenladen, der nicht zuletzt wegen der zunehmend berühmten Torte schon bald sehr gute Bilanzen aufwies. Was auch bis zu seinem 65. Lebensjahr so blieb. Sein jüngster Sohn, der den väterlichen Betrieb übernahm, brachte denselben allerdings unter den Hammer.

Einen besseren Riecher fürs Geschäftliche und das dazu nötige Eheweib hatte sein zweiter Sohn Eduard. 1876 eröffnete er in der Nähe der Oper ein Grandhotel und heiratete vier Jahre später die Fleischerstochter Anna Fuchs. Und als echte Fleischerstochter übernahm sie sofort das Regiment. In der Ehe und im Hotel. Letzteres tat sie beinahe 50 Jahre.

Mit sicherer Hand, tiefer Stimme und einem Charme, der sich aus dem seltsamen Spannungsverhältnis von Derbheit und Liebenswürdigkeit speiste, wurde sie schnell in der Stadt und weit über Wien hinaus bekannt. Diskretion war für die leidenschaftliche Zigarrenraucherin und begeisterte Züchterin von hässlichen kleinen Bulldoggen oberstes Gebot. Gingen bei ihr doch gekrönte Häupter, Fürsten, Grafen und auch sonst sehr wichtige Leute ein und aus. Und die besprachen in den Chambres séparées nicht nur Politisches. Kronprinz Rudolf soll hier im Sacher sogar seine Mätresse, die blutjunge Baronesse Maria Vetsera, kennen gelernt haben, mit der er 1889 in Schloss Mayerling gemeinschaftlich und freiwillig aus dem Leben schied.

Anna Sacher überlebte ihren Mann, der 1892 noch vor seinem berühmten Vater (1907) starb. Unter ihrer Führung erlebte das Hotel Sacher auch im neuen Jahrhundert eine Blütezeit. Doch mit dem Ende des Ersten Weltkriegs und mit dem Niedergang der österreichischen Monarchie waren die goldenen Zeiten des Sacher vorbei. Es begann der schleichende Niedergang eines Hotels, das einer anderen Zeit angehörte. Anna Sacher starb 1930. Sie hinterließ ein bankrottes Unternehmen und ihren zuvor wegen Geschäftsuntüchtigkeit enterbten Sohn.

1934 übernahmen die Eltern des heutigen Besitzers das Sacher-Hotel und machten das Unternehmen wieder zu einem international angesehenen Betrieb. Und das trotz des ›Wiener Tortenkriegs‹, den der enterbte Sacher-Sohn aus Rache angezettelt hatte, indem er das Rezept der Sachertorte noch in den Dreißigern an die älteste und renommierteste Konditorei Wiens, die Konditorei Demel, verkaufte. Die Gerichte beschäftigten sich jahrelang mit den Streitereien um das Originalrezept, zuletzt 1992.

Heute werden im Hause Sacher – seit langem wieder eine der ersten Adressen in Wien – jährlich circa 270 000 Torten von Hand apricotiert, glaciert, verpackt, verkauft und verschickt. Kein schlechter Nachruf für einen ehemaligen Küchenlehrling. Die Sachertorte kennt heute jeder Mensch. An Metternich erinnern sich nur noch Halbgebildete und Historiker.

Sandwich

Zocker-Fastfood

Er war korrupt, raffgierig und unfähig. Die Flotte Ihrer Majestät führte er in den wirtschaftlichen Ruin. Die werte Gattin zwang er, das Schlafgemach mit seiner Geliebten, der von ihm protegierten Opernsängerin Martha Ray, zu teilen. Dort zeugte er mit seiner Geliebten auch die vier unehelichen Kinder. Seine Frau, ob der Umstände dem Wahnsinn nahe, ließ die Geliebte ihres Gatten schließlich ermorden – vielleicht legte sie sogar selbst Hand an. Woraufhin der Urheber allen Übels seinen eigenen Hals aus der Schlinge zog, indem er seinen engsten Freund durch falsche Anschuldigungen an den Galgen brachte.

So wird er häufig dargestellt, der Erfinder des Sandwiches. Die Rede ist von Sir John Montagu (1718–1792), dem Vierten Earl of Sandwich. Doch das gemeinhin kolportierte Bild vom verantwortungslosen, korrupten Weiberhelden ist eine Karikatur, eine posthume biographische Vergewaltigung. In Wahrheit handelte es sich bei dem Earl um einen ausgesprochen gebildeten, weit gereisten und innovativ denkenden Zeitgenossen.

Da er von Hause aus mit keinen großen Reichtümern ausgestattet war, setzte er mehr auf Bildung, Talent und

Ehrgeiz und weniger auf Herkunft. Von seinen Adelsgenossen argwöhnisch beäugt, legte er eine bewundernswerte Karriere hin: Mit 21 Jahren wurde er Mitglied des Oberhauses, mit 30 Jahren Erster Seelord der britischen Marine, 1753 Staatssekretär. Als Erster Seelord plante er eine grundlegende Flottenreform, die das Umrüsten auf den neuesten Technologiestand vorsah und nur durch den amerikanischen Unabhängigkeitskrieg unterbrochen wurde. Während dieses Krieges erwies er sich Marinehistorikern zufolge als ein kluger Stratege. Als der britische Seefahrer James Cook auf seiner dritten Reise als erster Europäer 1778 die Inselgruppe von Hawaii im Pazifik entdeckte, verlieh er ihr eingedenk der militärischen Würden des Earls den Namen ›Sandwich Islands‹. Die Karriere des Earls scheiterte letztlich an Intrigen, einem Korruptionsverdacht und taktischen Fehlern seinerseits in der Auseinandersetzung mit seinen Gegnern.

Sein Privatleben verlief in der Tat nicht sonderlich glücklich, allerdings anders, als die Legende es will. Seine Frau, die er wohl inständig liebte, litt seit der Geburt seines ersten Sohnes unter Depressionen und wurde schließlich in ein Irrenhaus eingeliefert. Auf der Suche nach alternativen Quellen des Trostes fand er schließlich die Liebe seines Lebens, besagte Martha Ray, ein 17-jähriges Mädchen, dessen Stimme er erstmals auf dem Markt in Covent Garden hörte. Er beschloss, sie zur Opernsängerin ausbilden zu lassen, und holte sie zu sich nach Hause nach Hichingbrooke in der Nähe von Cambridge. Das Glück währte nicht lange. Martha Ray wurde von einem eifersüchtigen Verehrer namens Henry Hackman vor der Oper in Covent Garden erschossen, wofür man den Liebestollen am 19. April 1779 hinrichtete.

Es war in der Tat ein aufregendes und zur Legendenbildung geeignetes Leben, das der Earl geführt hatte. Der Nachwelt erhalten blieb Lord Sandwich aber vor allem wegen einer Leidenschaft, die zur Erfindung des mittlerweile weltbekannten belegten Brotes führte. Montagu war nämlich ein besessener Kartenspieler. Nächtelang zockte er in seinem Club. Als ihn in einer Nacht des Jahres 1762 in seinem Londoner Privatclub einmal mehr die Spielwut gepackt hatte, bat er – nach stundenlanger Zockerei hungrig geworden –, ihm ein Mahl zuzubereiten, das er mit einer Hand essen konnte, um mit der anderen weiterspielen zu können. Man reichte ihm schließlich zwei be- und aufeinander gelegte Brotscheiben. Als seine Mitspieler die Vorzüge dieser neuartigen Form der Nahrungsaufnahme erkannten, riefen sie begeistert aus: »Ich möchte auch so ein Brot wie Sandwich.« So erblickte das erste Sandwich das Licht der Welt.

Und wie sah jenes sagenhafte erste Sandwich aus? Keine leicht zu beantwortende Frage: Genau weiß das nicht einmal sein noch lebender Nachfahre, der Elfte Earl of Sandwich. Er nimmt an, dass es sich um »Rindfleisch und Senf zwischen dunklem Brot handelte, vermutlich eher rechteckig als in Dreiecksform. Es mag Wildbret, Huhn oder Schinken gewesen sein.« Möglicherweise war das Sandwich auch mit den typischen Delikatessen jener Zeit gefüllt, etwa mit Austern oder Aal in Aspik. »Synthetischen Marmeladen oder geschmacksfreien Garnelen«, so sein Nachfahre, »hätte sich mein Urahn sicher verweigert.«

Entgegen seinem Urahnen kann sich der Elfte Earl modernen Zeitläuften jedoch nicht entziehen: Mit einer Parlamentsreform beseitigte die Labour-Regierung unter Tony Blair Ende 1999 uralte Privilegien der so genannten

Erb-Lords. Wer von diesen bis dahin seinen Sitz in der zweiten Parlamentskammer und die damit verbundenen Sitzungsgelder sowie einige existenzsichernde Privilegien mit dem väterlichen Landsitz geerbt hatte, wurde ziemlich fristlos gekündigt. Wie viele seiner Adelskollegen sah sich auch der Elfte Earl of Sandwich gezwungen, eine neue Broterwerbsquelle aufzutun. Und was lag in seinem Fall näher, als das alte Familienpatent geschäftlich zu nutzen. Hochwohlgeboren schmiert jetzt professionell Schnittchen fürs gemeine Volk: Seit dem Jahr 2001 liefert seine Firma unter dem Markenzeichen ›The Earl of Sandwich‹ frisch zubereitete Butterbrote an die hungrigen Angestellten im Londoner Finanzzentrum. Bei Erfolg ist sogar die Gründung einer internationalen Fastfood-Kette geplant.

Sauce béarnaise

Ausgleich für die Baskenmütze

Was für die Bayern der Seppelhut, ist für die Basken die Baskenmütze. Eine folkloristische Kopfbedeckung. So jedenfalls will es das Stereotyp: Baskische Männer treffen sich auf dem Dorfplatz, um Boule zu spielen oder um die neuesten Nachrichten auszutauschen. Unter den barettartigen schwarzen Mützen grimassieren im gestenreichen Gespräch auf unnachahmliche Weise unrasierte, faltenmodellierte Gesichter mit einem verglühten Gauloises-Stummel im Mundwinkel. Und weil ein solches Auftreten sehr unbekümmert, locker und selbstbewusst wirkt und weil eine Baskenmütze sehr viel lässiger und männlicher aussieht als ein grünes bayrisches Filzhütchen mit Gämsbart und Wanderabzeichen, haben bisweilen auch berühmte Nicht-Basken zur Mütze gegriffen. Zum Beispiel Picasso. Oder Che Guevara. Dessen Foto mit Baskenmütze und Commandante-Stern machte ihn nach seinem Tod 1967 zu einer Ikone der Revolutionsromantik.

Doch die weltbekannte Baskenmütze ist eigentlich gar keine Baskenmütze, sondern streng genommen eine Béarner Mütze. Denn hier, in jenem Landstrich östlich des französischen Baskenlandes, wurden und werden sie traditionell hergestellt. Und hier, im Béarner Land, trugen bereits vor gut 600 Jahren die Schäfer eine solche Mütze. Der Haken: Das Béarner Land kennt außer einigen frankophilen Touristen kaum jemand, während das Baskenland weit über die französischen Grenzen hinaus bekannt ist. Weil die Basken so schön eigenwillig und so gerne unabhängig sind und weil sie so seltsame Spiele wie Pelota (eine Art Freiland-Squash) spielen. Und weil sie so lässige Mützen tragen. Also hat man die Béarner um ihre Mütze eigent- und namentlich betrogen.

Einen solchen Etikettenschwindel wollte man offensichtlich im Jahre 1830 nicht noch einmal begehen. In der Nähe von Paris, in Saint-Germain-en-Laye, wurde anlässlich eines Festessens erstmals eine Sauce serviert, die man um der Gerechtigkeit und um der Ehrlichkeit willen der Region Béarn und ihrem größten Sohn widmete und also ›Sauce béarnaise‹ taufte. Das Festessen fand im ›Pavillon Henry IV.‹ statt, im Pavillon des einstmals großen französischen Königs Heinrich IV. Und dieser Heinrich war in der Stadt Pau, im Herzen der Region Béarne, geboren worden. Weshalb ihn seine Zeitgenossen auch »Le Grande Béarnais« nannten.

Man hätte sich einen schlechteren Namenspatron für diese Sauce, die man heute zu den Klassikern zählt, auswählen können. Heinrich (1553–1610) selbst war nämlich kein Kostverächter gewesen. Seine Neigung zum leiblichen Wohl wurde im quasi in die Wiege gelegt: Die Lippen rieb man ihm bei der Taufe mit Knoblauch ein und benetzte sie mit edlem Wein. Was freilich mehr dem Wunsch entsprach, dass er später ein ganzer Mann werde. Was er wurde. Als Calvinist und Führer der Hugenotten zog er für die Glaubensfreiheit in den Krieg. Als er in Paris den Thron besteigen wollte, bot es sich wegen der massiven Widerstände allerdings an, zum Katholizismus überzutreten (1593). ›Paris ist eine Messe wert‹ (Paris vaut bien une messe), lautete seine politische Devise. ›Religiöse Befriedung‹ lautete nach der Krönung seine gesellschaftspolitische Devise, ›jedem Untertanen sonntags ein Huhn im Topf‹ (une poule dans le pot), lautete die soziale. Weshalb ihn bis heute viele Franzosen in guter Erinnerung haben.

Sich selbst wünschte Heinrich neben Hühnern noch ganz andere Dinge im Topf – und das jeden Tag. Heinrich war nämlich ein Feinschmecker erster Güte. In seiner Küche arbeiteten nur die besten Köche. Und die kamen zu jener Zeit aus Italien. (Im übrigen Europa mutete die Kochkunst bis dahin noch recht mittelalterlich und barbarisch an.) Am Hof Heinrich IV. begann auch François-Pierre de la Varenne, der als erster großer französischer Küchenreformator in die Geschichte der Kochkunst eingegangen ist, seine Karriere.

Es ist also eigentlich eher verwunderlich, dass erst gut 200 Jahre später ein namenloser Koch auf die Idee kam, eine neu kreierte Küchenidee Heinrich und der Region Béarne zu widmen. Dafür ist es aber eine Sauce, die es in sich hat. Jede Menge lauwarme Butter lässt man unter ständigem Schlagen in eine aus Weißwein, Weinessig, fein gehackten Schalotten und Estragonblättern bestehende und reduzierte Flüssigkeit zulaufen, in die man zuvor noch einige Eigelb eingerührt hat. Mit Salz und Cayennepfeffer abgeschmeckt, ist die Sauce béarnaise bis heute ein unnachahmlicher Genuss zu Fleisch und auch Fisch.

So kamen die Béarner und ihr Heinrich also zu ihrer Sauce. Und die wird noch lange Bestand haben. Im Gegensatz zur Baskenmütze. Die wird's wohl bald kaum noch zu sehen geben. Heute kauft zwar jeder Franzose durchschnittlich alle 16 Monate ein Paar Blue Jeans, aber nur noch alle 56 Jahre eine Baskenmütze. Zu was wohl Commandante Che heute greifen würde?

Sauce Dumas

Senf-Offenbarung eines Rekordschreibers

Es war ein Leben auf der Überholspur. Was Alexandre Dumas der Ältere im Laufe seiner 68 Jahre literarisch, finanziell und sexuell auf die Beine stellte, hätte für mehrere Existenzen gereicht. 1802 nördlich von Paris in der Pikardie als Sohn eines Generals geboren, trat er als junger Mann 1822 in Paris in die Dienste des Herzogs von Orléans. Diese Zeit nutzte er zum intensiven Studium besonders der Abenteuerromane des 16. und 17. Jahrhunderts. Bereits im zarten Alter von 27 Jahren legte er dann sein erstes Drama vor, ›Henri III et sa cour‹ (Heinrich III. und sein Hof), das prompt am französischen Nationaltheater Comédie-Francaise inszeniert und ein Erfolg wurde.

Was sodann folgte, war rekordverdächtig: Über 300 Abenteuerromane flossen Dumas aus der Feder. In den Augen der Zeitgenossen war das nicht nur Rekord, sondern vor allem verdächtig. Und so wurde ihm im Zuge einer Gerichtsverhandlung nachgewiesen, dass er unter seinem Namen mehr veröffentlicht hatte, als er hätte schreiben können, selbst wenn er 24 Stunden am Tag gearbeitet hätte. Und in der Tat: Dumas bediente sich eines 73-köpfigen Mitarbeiterstabes, literarischen Kulis, die standardisierte Ware lieferten. Dumas bediente sich nicht als Einziger ihrer Dienste. Auch sein Kollege und Konkurrent Eugène Sues griff auf die Literaturfabriken im Hintergrund zurück.

Der Grund für diese Massenproduktion war einfach und profan: Es ging um eine hohe Nachfrage und um viel Geld. In Paris befanden sich die großen Zeitungen seit Ende der 1830er Jahre in einem heftigen Konkurrenzkampf, der hauptsächlich über die Inhalte ausgetragen wurde. Und die größte Anziehungskraft für die zahlende Leserschaft übten die Fortsetzungsromane im Feuilleton aus. Zwar musste Dumas gegen schwergewichtige Gegner wie Balzac und Sues antreten. Doch mit seinem berühmtesten Roman, ›Die drei Musketiere‹, der in der Zeitung ›Siecle‹ als Feuilletonroman kapitelweise veröffentlicht wurde, feierte er einen ungeheuren Erfolg und avancierte als Vielschreiber schließlich zum Bestverdiener – für 220 000 gelieferte Druckzeilen wurden ihm allein von zwei Zeitungen jährlich 63 000 Franc ausgezahlt. Sein gesamter Jahresverdienst betrug zu dieser Zeit sage und schreibe 200 000 Franc (wozu auch sein zweitgrößter Erfolg ›Der Graf von Monte Christo‹ zweifellos beitrug).

Dumas konnte das Geld gut brauchen. Denn sein Lebensstil war aufwendig und extravagant. Mit vollen Händen brachte er sein Vermögen unter die Leute, veranstaltete große Feste für seine Freunde und hielt sich mehrere Mätressen, die er jeweils mit einer kleinen Wohnung und einer Pension ausstattete. Als seine Kassen schließlich restlos geplündert waren, musste er vor seinen Gläubigern 1851–1854 nach Brüssel fliehen.

Und wie seine hochherzigen Romanhelden stürzte sich auch Dumas immer wieder gerne in Abenteuer. So eroberte er während der französischen Juli-Revolution von 1830, als die republikanisch gesinnten Aufständischen Karl X. wegen seiner reaktionären Politik zur Abdankung zwangen, vor Paris gemeinsam mit einem Freund einen Pulverturm. Als glühender Republikaner kämpfte er 1860 mit Garibaldi sogar für die Freiheit und Unabhängigkeit Italiens, lebte vier Jahre in Neapel.

Die letzten Jahre seines Lebens teilte er jedoch das Schicksal jener Literaten, die erst vom Erfolg und der Gunst des Publikums in Schwindel erregende Höhen der Popularität geführt werden, irgendwann den Boden unter den Füßen verlieren, in Vergessenheit geraten und schließlich verarmt sterben. Die letzten Jahre bis zu seinem Tod 1870 lebte Dumas der Ältere bei seinem Sohn Alexandre Dumas dem Jüngeren, der sich mit dem Roman ›Die Kameliendame‹ bereits einen Namen gemacht hatte.

Sein Vater hingegen hatte nicht nur Literatur-, sondern auch Küchengeschichte geschrieben. Und dies in zweierlei Hinsicht. Zum einen wurde drei Jahre nach seinem Tod das von ihm zusammengestellte berühmte Küchenlexikon ›Grand Dictionnaire de Cuisine‹ in Paris veröffentlicht. Und zum anderen gilt er als der eher zufällige Erfinder einer Sauce, die nicht nur aus der französischen Küche nicht mehr wegzudenken ist: der Sauce Dumas. Wie es dazu kam, erzählte er selbst, und zwar in einem Artikel über Senf, den er »an alle Feinschmecker der Erde« richtete.

Dumas war mit dem Zug unterwegs und musste in Dijon übernachten, weil er den Ausstieg in Mâcon verschlafen hatte. Als er spätabends im Hotel noch speisen wollte, bot man ihm zwei Hammelkoteletts und ein halbes kaltes Huhn an. Der Kellner fragte, welchen Senf Dumas dazu wünsche. »Dijoner, welchen denn sonst«, antwortete Dumas, der offensichtlich nicht wusste, was es bedeutete, in einer Stadt wie Dijon Senf zu bestellen. Dementsprechend erwiderte der Kellner etwas indigniert: »Wir haben 84 Sorten für Herren und 29 für Damen.« Dumas, eigentlich kein großer Senf-Liebhaber, bestellte daraufhin die besten von beiden. Der Kellner trug je sechs Sorten auf. Und nun erlebte der Schriftsteller »eine Offenbarung«. »Ich orderte … Thunfisch und Ölsardinen, die ich auf meinem Teller zu einem feinen Brei zerdrückte. Zwei hart gekochte, fein geschnittene Eier fügte ich hinzu, schnitt ein Cornichon klein, würzte mit zwei Sorten Senf – mildem und scharfem –, schmeckte mit Tafelessig von Maille ab und ließ mir dann alles durch ein Sieb streichen. Was ich jetzt auf kleinem Teller zurückbekam, war eine himmlische Sauce, die zu meinem Kotelett nicht übel war, zu Austern und Schalentieren jedoch ideal sein musste.«

Das war die Geburtsstunde der Sauce Dumas. Die fein schmeckende Nachwelt sollte dem namenlosen Schaffner, der es versäumte, Dumas in Mâcon zu wecken, ebenso wie dem namenlosen Kellner aus Dijon dafür danken, dass Dumas mitten in der Nacht in einem Hotel eine Senf-Offenbarung erleben durfte. An deren Ergebnis jedenfalls wie an der Lektüre seiner Abenteuerromane kann man sich bis heute ergötzen.

Saure Gurke

Eingemachtes fürs Sommerloch

Im 16. Jahrhundert kannte man ein probates Mittel gegen Mäuse: »Was mit dem pulver der langen gurcken besprentzt wirt, rüren die meuss nicht an.« Was für ein Fruchtgemüse keine besondere Schmeichelei darstellt. Auch später hatte die Gurke immer wieder unter Imageproblemen zu leiden. Karl Friedrich Freiherr von Ruhmor (1785–1843) ließ in seinem berühmten, 1822 erschienenen ›Geist der Kochkunst‹ jedenfalls nicht viel Gutes an der Gurke. Von einer »sonderbaren Gemüsefrucht« ist die Rede, von der »faden Süßlichkeit« der »gleichgültigen Frucht«. Auch das Appetitlexikon aus dem 19. Jahrhundert konstatiert, dass die Gurke stets etwas Fades habe und mit Recht von jeder guten Tafel fern gehalten werde. Zumal ihr »Nahrungswert gleich null« sei. Und wenn man »vor der Ölung« der Gurkenscheiben auch noch den Saft aus der Gurke »gehörig ausdrücken« würde, was nicht unüblich war, könne man auch gleich ein paar Glacéhandschuhe essen – dem Magen würde es gleich sein.

Was man damals mangels moderner lebensmitteltechnischer Untersuchungsmöglichkeiten noch nicht wissen konnte, ist die Tatsache, dass die Gurke trotz ihres hohen Wassergehaltes (96 Prozent) ernährungsphysiologisch aufgrund ihres Gehaltes an Kalium, Calcium, Phosphor, Eisen, an Vitaminen (A, B_1 und C), Kohlenhydraten und Eiweiß ein ausgesprochen wertvolles Nahrungsmittel ist. Nun mag man in der Tat darüber streiten, ob die einfache Salatgurke, von ihrem gesundheitlichen Wert einmal abgesehen, tatsächlich eine geschmackliche Bereicherung der Nahrungsmittelpalette darstellt oder eher nicht. Unbestritten zählt sie aber zu den ältesten kultivierten Gemüsefrüchten der Menschheit, selbst die Einlegegurke, die kleinere Schwester der Salatgurke, kennt man schon seit geraumer Zeit.

Im Grenzgebiet von Burma und Thailand fand man Gurkensamen von kultivierten Pflanzen aus der Zeit um 7700 v. Chr. Im nördlichen Indien, an den Südhängen des Himalaja, kannte man die Gurke spätestens seit dem Jahr 3000 v. Chr. Im 7. Jahrhundert v. Chr. kam sie vermutlich über Kleinasien nach Griechenland, wo sie offenbar begeistert aufgenommen wurde. Was sich daran ablesen lässt, dass man das einst ›Mohnstadt‹ (Mekone) benannte Städtchen in ›Gurkenstadt‹ (Sikyon) umtaufte. Auch die Römer schlossen die Gurke in ihr Herz. Kaiser Tiberius (42 v. Chr. bis 37 n. Chr.) hatte sie auf seinem täglichen Verzehrplan stehen. Plinius (1. Jahrhundert) kannte bereits die Salzgurken, und der griechische Schriftsteller Athenäus (200 n. Chr.) vermerkte die Existenz von Senfgurken.

Im Südwesten Deutschlands führte spätestens Karl der Große (748–814) die Gurke ein. Hier, aber auch im Westen und Süden Deutschlands waren die populären Namen der Gurke lange Zeit mundartliche Spielarten des lateinischen Fachbegriffs ›cucumis‹ (dem heutigen Gattungsbegriff für Gurken und Melonen) wie zum Beispiel ›guckummer‹, ›gommer‹ oder ›gummer‹. Im Südosten wie im Osten Deutschlands überhaupt hatte die Gurke jedoch über den Kontakt mit den slawischen Völkern, die schon früh begeisterte Gurkeneinleger waren und speziell saure Gurken über alles liebten, Eingang in die heimische Speisekammer gefunden. Im 16. Jahrhundert bürgerte sich in diesen deutschen Landesteilen das aus den westslawischen Sprachen – polnisch ›ogórek‹, russisch ›ogurec‹, tschechisch ›ogurka‹ – entlehnte und heute gebräuchliche ›Gurke‹ ein. Der slawische Wortstamm wiederum leitet sich vom griechischen ›ágouros‹ (Gurke) zu ›áoros‹ unreif ab, was sich darauf bezieht, dass die Gurke grün (= unreif) geerntet wird.

Seit dem 18. Jahrhundert sitzt eines der bekanntesten deutschen Saure-Gurken-Zentren südlich von Berlin im Spreewald bei Lübbenau, wenngleich heute in Bayern und Baden-Württemberg mehr als zwei Drittel aller Einlegegurken angebaut werden. Die in Essig, Salz und je nach gewünschter geschmacklicher Ausrichtung mit Dill, Weinblättern, Fenchel, Lorbeer, Basilikum, Nelken oder anderen Kräutern und Gewürzen eingelegten ›Spreewaldbananen‹ pries man schon früh auch wegen ihrer katerheilenden Wirkung vor allem in Berlin an: »Was klärt den Kopp bei Mann und Frau? Saure Gurken aus Lübbenau.«

Geerntet werden die Einlegegurken im Gegensatz zu den ganzjährig verfügbaren Salatgurken aus dem Gewächshaus in der Zeit von Juli bis Mitte September mit den so genannten Gurkenfliegern, Traktoren, auf deren seitlichen Auslegern jeweils über dreißig Erntehelfer liegen und ihre Arbeit verrichten. Und weil die Ernte- und Einlegezeit nun einmal in die Sommer- und Urlaubszeit fällt, also in eine geschäftlich eher ruhige Zeit, nannten die Kaufleute diesen Zeitraum bereits seit Ende des 18. Jahrhunderts auch die ›Sauergurkenzeit‹. Seit 1850 übernahm dann auch die Berliner Tagespresse diesen Fachterminus für die in diesem Zeitraum ebenfalls vorherrschende politische Meldungsflaute.

Doch die Gurke musste nicht nur für derlei und noch ganz andere mundartliche Redewendungen herhalten. Auch in der Traumdeutung spielt sie eine Rolle. Wobei aber nicht weiter unterschieden wird, ob es sich bei der geträumten Gurke um eine große Salat- oder um eine kleine Einlegegurke handelt, um eine Dill- oder um eine Senfgurke oder gar um geschnittene Gurkenhappen.

Sekt

Falstaffs »sack«

Shakespeare (1564–1616) hatte eine Schwäche für Figuren, deren Charakter sich aus dem Stoff des allzu Menschlichen speiste, die sich auch in den Niederungen des weltlichen Daseins bestens auskannten. Als parodistische Kontraparts zu den Titelhelden und ihren dramatischen Verstrickungen erfreuen sich gerade diese Figuren von jeher beim Publikum größter Beliebtheit. Sir John Falstaff in ›Heinrich IV.‹ ist so eine Figur: ein wahrer Saufkumpan, ein Prahlhans, ein Strauchritter der Liebe, dem es nie an Ausreden und nie an Durst mangelt. Und Durst, vor allem den Durst auf Alkoholisches, pflegte man im England Shakespeares vor allem mit ›sack‹ zu löschen. Also verlangt auch Falstaff auf der Bühne immer wieder lauthals nach einem ›cup of sack‹. Als nun die deutschen Übersetzer Ludwig Tieck und Friedrich Schlegel ›Heinrich IV.‹ im Jahre 1800 ins Deutsche übertrugen, wurde aus dem englischen ›sack‹ das deutsche ›Sect‹. Weshalb man meinen könnte, dass Falstaff ein Sekt-Sympathisant war.

Doch weit gefehlt. Weder Shakespeare noch Falstaff tranken Sekt. Den gab es zu Shakespeares Zeiten nämlich noch gar nicht. Selbst der Champagner, der Vater aller Schaumweine, war noch nicht erfunden. Und auch die Übersetzer Tieck und Schlegel meinten nicht Schaumwein, als sie dtsch. ›Sect‹ schrieben und engl. ›sack‹ meinten. Denn der Schaumwein – deutscher wie französischer – wurde bis Mitte des 19. Jahrhunderts nach dem Prototyp aller alkoholischen Sprudelwässer auch in Deutschland einfach Champagner genannt. Was man sich von französischer Seite erst sehr viel später verbat (s. S. 112, Dom Pérignon). Der aufmerksame Leser ahnt schon, dass mit ›Sect‹ und ›sack‹ etwas ganz anderes gemeint sein musste als Schaumwein.

Und fürwahr, der füllige Trunkenbold Falstaff trank Sherry. Mit ›sack‹ ebenso wie ›Sect‹ bezeichnete man nämlich nichts anderes als einen damals geläufigen südlichen Wein wie zum Beispiel die süßen Sherrys aus Spanien. Das wiederum stellt sprachhistorisch eigentlich einen Widerspruch dar. Denn ›sack‹ ebenso wie ›Sect‹ oder später ›Sekt‹ leitet sich vom lateinischen ›siccus‹ für ›trocken‹ ab. Mit einem ›Vino seco‹ bezeichnete man in Abgrenzung zu den sonst üblicherweise süßen spanischen Weinen einen trockenen Wein. Mit dem zunehmenden Einfluss des englischen Weinhandels auf dem spanischen Weinmarkt und mit der Vorliebe der Engländer für den spanischen Sherry (abgeleitet vom maurischen ›Scheris‹ für die Sherry-Gegend Jerez, s. S. 268) wurde in England aus dem ›vino seco‹ der ›wine seck‹ beziehungsweise der ›sherry sack‹. Schließlich bezeichnete man jeden südlichen, besonders spanischen Wein, egal ob süß oder trocken, im Englischen einfach als ›sack‹. Woraus im Deutschen im 17. Jahrhundert ›Seck‹ beziehungsweise ›Sect‹ wurde. Im Englischen spiegeln sich in der Sherry-Marke ›Dry Sack‹ der Firma Williams & Humbert noch heute die sprachlichen Verwicklungen wieder. So wurde aus dem trockenen ein süßer Wein – ein wahrhaftiger Beweis dafür, dass Sprache lebt.

Stellt sich abschließend die Frage, wie und wann aus dem ›Sect‹ für süßen Wein der ›Sekt‹ als Bezeichnung für deutschen Schaumwein wurde. Ein seltsamer Zufall führt erneut zu Shakespeare, Falstaff, Tieck und Schlegel. Denn als im Jahre 1825 in der preußischen Hauptstadt ›Heinrich IV.‹ aufgeführt wurde, besetzte man den Falstaff mit dem Schauspieler Ludwig Devrient, der seit 1815 am Berliner Schauspielhaus engagiert war. Devrient pflegte nach der Vorstellung in das Weinlokal ›Lutter & Wegner‹ einzukehren, um auf die gelungene Vorstellung Champagner zu trinken. An einem Novemberabend fügte es sich, dass Devrient besonders aufgedreht und von seiner Rolle als Falstaff noch gänzlich eingenommen das Weinlokal betrat und den Kellner in Falstaff-Manier mit den Worten »Bring er mir Sect, Schurke!« aufforderte, ihn mit Flüssigem zu versorgen. Der Kellner tat, wie ihm befohlen, brachte aber keinen süßen südlichen Wein oder gar Sherry, sondern das, was Devrient immer zu trinken pflegte: Champagner.

Der Novemberabend im Weinlokal ›Lutter & Wegner‹ gilt seither als das Wiegenfest des deutschen Sekt-Begriffs. Denn Devrients Auftritt in seinem Stammlokal, das seinerzeit ein ›In-Lokal‹ war, in dem auch Größen wie E. T. A. Hoffmann verkehrten, hatte zur Folge, dass nicht nur Bekannte und Freunde ihm nacheiferten. Bald wurde es in vielen Berliner Weinlokalen Mode, Sekt zu bestellen, wenn man Champagner trinken wollte. Erst in der zweiten Hälfte des 19. Jahrhunderts wurde der Begriff Sekt schließlich für deutschen Schaumwein verwendet und nicht mehr wie zuvor für Champagner.

Um deutschen Sekt bestellen zu können, musste in Deutschland naturgemäß zunächst einmal Schaumwein hergestellt werden. Wann und wo dies allerdings das erste Mal geschah, darüber streiten die Geister. War es 1783 im Kurfürstentum Trier? Oder doch 1790 in Mainz, wo der Kellermeister Gimbel die Erfahrungen eines Frankreichaufenthaltes umsetzte und mit dem Produkt nicht nur den Kurfürsten, sondern auch einen französischen Revolutionsgeneral erfreute, der Gimbel daraufhin einen Orden verlieh? Das wichtigste Jahr in der Geschichte des deutschen Schaumweines scheint jedoch das Jahr 1826 gewesen zu sein, als Georg Christian von Kessler in Esslingen seine Sektkellerei eröffnete. Zuvor hatte er sich in Frankreich bei Veuve Nicole Clicquot in die Kunst der Champagnerherstellung einweihen lassen. Der sich bald einstellende Erfolg seines Unternehmens zog die Gründung anderer Sektkellereien nach sich. Nahezu alle großen deutschen Sekthäuser wie Deinhard, Kupferberg, Matheus Müller oder Söhnlein wurden Anfang beziehungsweise Mitte des 19. Jahrhunderts ins Leben gerufen.

Der offizielle Begriff ›Schaumwein‹ in Anlehnung an das französische ›vin mousseux‹ hielt sich jedoch nicht lange. Das Volk verlangte nach Sekt. Im Jahre 1908 benannte sich der 1894 gegründete Verband deutscher Schaumweinkellereien dementsprechend in den Verband deutscher Sektkellereien um. Den Versuch, den Begriff Sekt für ausschließlich deutsche Erzeugnisse zu schützen, vereitelte 1996 jedoch der Europäische Gerichtshof.

Doch ob nun Sekt, Champagner, Crémant, Cava oder Spumante auf dem Etikett steht, ist dem wahren Genießer ziemlich gleichgültig. Auf den Inhalt kommt es an. Und wenn der stimmt, wird man bei jedem Glas die Euphorie nachempfinden können, die Dom Pérignon, den blinden Benediktinermönch und angeblichen Erfinder des Champagners, überfiel, als er das erste Glas schäumenden Weins durch seine Kehle laufen ließ. »Ich trinke Sterne!«, soll er begeistert ausgerufen haben.

Wer wollte ihm da widersprechen?

Sherry

Sophies und Siebecks Suppenwein

In seltsamem Einklang plädieren zwei Legenden für den Genuss von Sherry zur Suppe. Die eine Legende ist Miss Sophie und wird seit 1963 auf allen dritten Programmen jedes Jahr zu Sylvester 90 Jahre alt. In ›Diner For One‹

quält sie ihren Butler James durch einen fulminanten Alkoholmarathon, bis er – »the same procedure as every year« – seine Gebieterin zum Vollzug weiterer Freuden die Treppe hinauf in die Schlafgemächer tragen darf. »I think we'll have sherry now, with the soup«, lautet ihre Anweisung an James zu Beginn des Dinners.

Die andere Legende ist der Feinschmecker-Papst Wolfram Siebeck. In der Wochenzeitschrift ›Die Zeit‹ schreibt er knapp vierzig Jahre, nachdem Miss Sophie erstmals zur Mulligatawny-Suppe trockenen Sherry verlangte, mit gewohnt spitzer Feder gegen all jene Gastrokritiker an, die über etwas schreiben, von dem sie nichts verstehen, ihm gleichwohl vorschreiben wollen, was man wozu trinken darf und was nicht. Siebeck schleudert den Dilettanten entgegen, dass Wein sehr wohl zur Suppe und Sherry durchaus zu einer Consommé passt!

Ob zu Siebecks Consommé oder zu Miss Sophies currybetontem, südindischem Kolonialsüppchen: Ein Sherry, ein guter allzumal, lässt sich zu vielen Gelegenheiten trinken und genießen. Als klassischer Begleiter zu Tapas, als Aperitif oder auch, in seiner schweren süßen Ausführung, als Dessertwein. Ob und zu welcher Gelegenheit man Sherry trinken kann, soll oder muss, bleibt eine Frage des persönlichen Geschmacks und ist mithin nicht das Ergebnis gesicherter Erkenntnis. Sicher kann man aber sein, dass Sherry drin ist, wo Sherry draufsteht. Denn der Name ist geschützt: Nur Weine aus dem eng begrenzten Anbaugebiet in Andalusien um das Städtedreieck Jerez de la Frontera, Sanlúcar de Barremedar und Puerto de Santa Maria in der Provinz Cádiz dürfen sich Sherry nennen. Sherry kommt also aus Spanien. Was die Frage aufwirft, warum der bekannteste Südwein eine durch und durch englische Bezeichnung trägt.

Dass der Sherry so und nicht anders heißt, hängt mit der wechselvollen Geschichte Andalusiens zusammen. Es begann mit den Phöniziern, die um 1100 v. Chr. nach Andalusien kamen. Im Gepäck hatten sie unter anderem auch Rebstöcke, die sie im Gebiet um das heutige Jerez anpflanzten. Aus einem phönizischen Handelsplatz entwickelte sich vermutlich die Stadt Jerez, die sich damals ›Shera‹ nannte. Anschließend kamen die Griechen, später die Römer, welche den Anbau von Wein vorantrieben. Von den Wandalen erhielt die Region ihren Namen: Vandalusia. Die Mauren, die die Region Al-Andalus nannten, brachten blühenden Handel, Handwerk und die Kunst. Und sie brachten den Koran. Was für den Wein ein gewisses Problem darstellte, das von den Mauren damit aus der Welt geschafft wurde, dass sie sich mehr um den Wein als um den Koran kümmerten.

Lediglich Kalif Alhaken II. verfügte im Jahre 966 die Entwurzelung aller Rebstöcke in Jerez. Sein Vorhaben wurde jedoch mit dem Hinweis der Bevölkerung vereitelt, dass ein Teil der Trauben zu Rosinen verarbeitet würde, die der Ernährung der maurischen Soldaten im Krieg gegen die Spanier dienten. So fielen nur ein Drittel der Rebstöcke dem Wüten des Kalifen zum Opfer.

Vom Ende des 11. Jahrhunderts an zeigte das Bemühen der Könige von Kastilien, die Mauren aus Südspanien zu vertreiben, Wirkung. 1265 eroberte Alfons X. Jerez, das fortan an der Grenze zwischen spanischem und islamischem Einfluss lag und daher den Beinamen ›de la frontera‹ erhielt. Isabella I. von Kastilien und Ferdinand II. von Aragonien schlugen schließlich 1492 das letzte maurische Königreich von Granada und schlossen damit die Rückeroberung, die Reconquista, ab. Sie vertrieben aber nicht nur die Mauren, sondern auch die vornehmlich im Handel und Handwerk tätigen Juden, was für den Weinhandel negative Konsequenzen hatte. Nun kamen die seit dem 12. Jahrhundert bereits Wein importierenden Engländer ins Spiel. Sie sprangen in die Handelsbresche und entwickelten sich fortan zu den größten Weinabnehmern der Region. Doch das harte ›Jerez‹ (gesprochen: Cheres), wie die Spanier die Stadt nunmehr nannten, entsprach nicht den englischen Sprachgewohnheiten, und so wandelten sie den Namen in das weichere und eher dem alten arabischen ›Scheris‹ entlehnte ›Sherry‹ um.

Im viktorianischen 19. Jahrhundert wurde der Sherry in England schließlich zum beliebten Modegetränk: 30 Millionen Liter importierte man jährlich. Das ermutigte einige englische Weinhändler, sich im Sherryland selbst zu engagieren. Die Gründung englischer Sherrymarken wie Harvey oder Sandeman rühren aus dieser Zeit. Seit 1906 verkaufen auch Williams & Humbert sehr erfolgreich ihre Marke ›Dry Sack‹, die allerdings weniger ›dry‹ schmeckt, als der Markenname verspricht. Beim ›Dry Sack‹ handelt es sich nämlich um einen halbtrockenen Sherry. Und der wird heute traditionell in Jute-Säckchen verpackt im Handel angeboten. Was als folkloristischer Marketing-Gag anmutet, erfüllte ursprünglich einen prakrischen Zweck: Die angefeuchtete Jute-Verpackung diente einst der Kühlung des edlen Inhalts.

Tapas

Spanische Fliegendeckel

Wenn am Ende der Saison der letzte prall gefüllte TUI-Airbus mit seiner braun gebrannten Nutzlast in die untergehende Sonne gestartet ist, legt sich über die entvölkerten Touristenzentren an den Küsten Spaniens oder Mallorcas eine seltsam melancholisch-morbide Tristesse. In den leeren Straßen und Gassen künden nur noch gastronomische Werbeschilder und -tafeln von der vorwiegend deutschen Urlauberkundschaft und deren geschmacklichen Vorlieben: »Hier gibt's deutschen Filterkaffee«, »Grillhendl zum halben Preis«, »Thüringer Rostbratwurst«, »Bier vom Fass« – banale Ikonen kulinarischen Wandalentums. Ob an der Costa Blanca oder am Ballermann auf Mallorca: Der Pauschaltourist möchte auch im Ausland nicht auf den gewohnten heimischen Standard verzichten. Und er bekommt, wonach ihn gelüstet.

Um wie viel überzeugender mutet da die spanische Import-Antwort an: Tapas. In zahlreichen deutschen Städten kann man sich mittlerweile in so genannten Tapas-Bars von den geschmacklichen und fantasievollen Vorzügen dieser spanischen Spezialität überzeugen. Tapas sind kleine, warm oder auch kalt gereichte Häppchen. Die Bandbreite reicht von einfachen Oliven über hauchdünne Scheiben abgehangenen Schinkens, gereiften Käse, gefüllte Eier, Kartoffelsalat, marinierte Muscheln, frittierte oder gefüllte Calamares, in Essig marinierte Sardellen, mit Schweinefleisch, Fisch oder Meeresfrüchten gefüllte Teigtaschen, Kroketten aus frittierter Béchamelsauce mit Schinken oder Garnelen, gebratene Kartoffelwürfel mit einer pikanten

Sauce bis hin zu marinierten Schweinelendenscheiben auf Brot und vieles, vieles mehr.

Wichtig: Zu Tapas trinkt man in der Regel immer auch einen Schluck Wein, trockenen Sherry, Sekt, Cidre oder auch nur ein einfaches Bier. Jedenfalls in Spanien. Auch wichtig: Tapas isst man im Stehen an der Bar! Jedenfalls in Spanien. Nimmt man sie im Sitzen zu sich, bezeichnet man dieselben Speisen nicht mehr als Tapas, sondern als ›aperitivos‹. Jedenfalls in Spanien. In Spanien ist es auch Sitte, die Tapas-Häppchen ab 11 Uhr morgens bis zum Mittagessen zwischen 14 und 15 Uhr sowie zwischen 19 und 22 Uhr vor dem Abendessen einzunehmen. Was sich in Deutschland aller Vermutung nach weniger durchsetzen wird. Hier ticken die Uhren eben nach alemannischem und nicht nach iberischem Takt.

Besonders wichtig: Das Tapas-Essen, das so genannte Tapeo, ist ein Akt der Kommunikation, ein Ritual. Man trifft in den Tapas-Bars Freunde, Kollegen oder Nachbarn, um sich bei einem Glas Alkohol und einer Kleinigkeit zu essen über Fußball, Politik oder das Neueste aus der Nachbarschaft auszutauschen. Jedenfalls in Spanien. Was sich in Deutschland aller Vermutung nach schon eher durchsetzen könnte.

Doch wo rührt der Name ›Tapa‹ her, und wie lange gibt es die Tradition des ›Tapeo‹ schon? Aus dem Spanischen übersetzt, bedeutet Tapas nichts anderes als ›Deckel‹. Was ein erstes Indiz auf den Ursprung der Namengebung darstellt. Denn einer weit verbreiteten Theorie zufolge wurden die ersten Tapas in Form einer einfachen Scheibe Brot von andalusischen Wirten auf dem Wein- oder Sherry-Glas liegend den Gästen ihrer Weinschänke serviert. Den Aufzeichnungen eines Chronisten zufolge aus einem einfachen

Grund: »Das Servieren der Tapas zum Weine muss aus der Notwendigkeit entstanden sein, zu verhindern, dass vorlaute Insekten sich auf dem Glase niederlassen und angezogen und berauscht vom Aroma unseres Weines hineinfallen.« Mit dem Brot kamen dann die Zutaten, denn Trinken und Plaudern macht hungrig. Also reichte man zum Brot eine Scheibe Käse oder Schinken. Im Laufe der Jahrhunderte wurden die zum Wein gereichten Snacks immer raffinierter und variantenreicher.

Demnach wären Tapas also eine Erfindung andalusischer Wirte gewesen. Ob nun ursprünglich zum Fernhalten der Fliegen oder zum Erhalt des Wein-Aromas, so eine andere Begründung, sei dahingestellt. Vielleicht kommt die Tapas-Tradition gar nicht von unten, aus dem Volk, sondern per königlichem Dekret von ganz oben. Demnach war es Alfons der Weise (1221–1284), König von León und Kastilien, der von seinen Ärzten mit Hilfe kleiner Diät-Häppchen und Wein von einer Krankheit geheilt worden war und aus Dankbarkeit verordnete, dass fortan in ganz Kastilien kein Wein mehr ohne Beilage serviert werden dürfe. Einer anderen Version zufolge soll er sich über die Trunksucht seiner Kutscher geärgert und deshalb verordnet haben, auf jedes ausgeschenkte Glas einen kleinen Snack zu legen. Und in der dritten Legende erregte die Trunksucht seiner Soldaten den Zorn des Königs. Alfons kämpfte gegen die Mauren. Da brauchte er möglichst nüchterne Soldaten. Also sollten sie ohne entsprechende Grundlage nicht saufen.

Der spanische Autor Juan Madrid geht gar noch einen Schritt weiter. Er ist sich ziemlich sicher, dass das andalusische Ritual des Tapeo mit ebenjenen Mauren, die nicht nur Alfons vergeblich bekämpfte, nach Spanien gekommen war. Seiner Ansicht nach ist es von jeher bei den arabischen Beduinen Sitte, im Vorfeld der Hauptmahlzeit mit dem Gast eine bis zu mehrere Stunden andauernde Ouvertüre zu zelebrieren, bestehend aus kleinen Hors-d'œvres wie Datteln oder Salat sowie Tee oder Kamelmilch als Aperitif. In Andalusien wurden dann Juan Madrid zufolge aus der Kamelmilch Wein und Sherry und aus Datteln und Salat wurden Oliven und Schinken.

Wie dem auch sei. Tapas zu essen ist wohl die schönste Art, Alkohol zu trinken. Man sollte es machen wie die Andalusier. Und wie die es machen, hat der englische Autor und Spanienkenner Gerald Brenan so treffend wie wohl kaum ein anderer beschrieben: »Hier in Andalusien trinkt man nicht, um sich zu besaufen, sondern, um sich zu unterhalten. Das Geheimnis liegt in den Tapas. Sie erlauben es, in Ruhe zu sprechen, den Wein zu genießen, die Unterhaltung, das Essen und das Leben.«

So soll es sein.

Tilsiter

Schweizer Entwicklungshilfe

Der Tilsiter ist ein Käse. Bis hierher wird vermutlich niemand widersprechen. Aber nur bis hierher. Denn darüber hinaus gibt es durchaus unterschiedliche Vorstellungen, welche Nationalität der Käse besitzt und welcher Landsmannschaft er angehört: »Der Tilsiter ist *der* traditionelle Käse Norddeutschlands«, behaupten die einen. Und sie haben Recht. »Der Tilsiter ist neben Emmentaler, Gruyère und Appenzeller *der* klassische Schweizer Käse«, behaupten die anderen. Auch sie haben Recht. Auf vielen Tilsiter-Laiben weist das weiße Kreuz auf rotem Grund eindeutig die Schweiz als Heimatland aus. Doch bei genauerem Hinsehen wird man feststellen, dass es weder in Schleswig-Holstein noch in der Schweiz einen Ort gibt, der Tilsit heißt und somit dem Käse seinen Namen geben konnte.

Das besagte Tilsit liegt nämlich weder in Deutschland noch in der Schweiz und schon gar nicht im traditionellen Käseland Holland, sondern im nördlichen Ostpreußen, das seit der wiederholten Neuordnung der politischen Landkarte heute zu der russischen Exklave Kaliningrad gehört. Hier wurde er erfunden, der Tilsiter.

Das wäre also geklärt. Doch wer hat ihn erfunden, in Tilsit? Die Preußen selbst? Die Holländer? Die Schweizer? Im Verdacht stehen die Holländer ebenso wie die Preußen. Doch belegt sind vor allem die Käse-Aktivitäten der Schweizer im Hinterland des Kurischen Haffs. Sogar ein Schweizer Zeitzeugenbericht liegt vor. 1966 schrieb W. Zwahlen seine Erlebnisse als Kind eines Schweizer Käsers in Ostpreußen und seine beruflichen Erfahrungen als Betriebsleiter einer Käserei in der Nähe von Tilsit nieder. Und diese Aufzeichnungen lassen keinen Zweifel daran, wer den Tilsiter erfunden und seine Herstellung perfektioniert hat. Es waren die Schweizer, die erst der preußischen Milchherstellung und dann der preußischen Käsekultur auf die Sprünge halfen!

Nach dem deutsch-französischen Krieg 1870/71 hatte die deutsche Regierung vor allem in der Schweiz inseriert: »Wir suchen Leute für die Milchwirtschaft.« Man wusste: Wenn einer was versteht von der Milchwirtschaft, dann das Bergvolk jenseits der Alpen! Derlei geschmeichelt, fanden viele Schweizer Freude daran, im Land zwischen Memel und Pregel Entwicklungshilfe zu leisten. Und was sie im Norden vorfanden, hatte in der Tat eine ordnende Hand nötig. Die Sauberkeit in den Ställen ließ arg zu wünschen übrig, ebenso die Fütterung und die Tierpflege. Zudem war die Milchgewinnung allein den Frauen überlassen. Für einen preußischen Mann galt es als Schande, unter einer Kuh zu sitzen und zu melken.

Als Erstes führten die Schweizer das Melken durch Männer ein. Was zur Folge hatte, dass man die ›Melker‹ in Ostpreußen fortan nur noch ›Schweizer‹ nannte. Anschließend kümmerten sie sich um die Fütterung und die Aufzucht. Die Milcherträge stiegen und der Viehbestand gesundete. Anfangs besorgten die Schweizer sowohl das Melken wie auch die Käseherstellung. Doch in Ostpreußen hatten die größeren Güter nicht selten einen Viehbestand von über hundert Kühen. Zu viel für beides. Also spezialisierten sich die Schweizer. Die einen auf die Milchgewinnung, die anderen auf die Käseherstellung. In Westpreußen gründete Leonhard Krieg in Tiegenhof 1871 die erste Käserei. In kurzer Zeit brachte er es zu insgesamt fünf Käsebetrieben. Weitere Käsereigründungen folgten.

Die zunächst hauptsächlich hergestellte Käsesorte war der Schweizer Emmentaler, den man in Ostpreußen nur ›Schweizerkäse‹ nannte. Doch da man hier nicht das Gras der Schweizer Bergwiesen verfüttern konnte, erzielte man beileibe nicht die Qualität wie in der Heimat. In der Stadt Tilsit begann man daher, mit den zur Verfügung stehenden Rohstoffen einen neuen Käse zu entwickeln. Das Ergebnis war ein Schnittkäse, bei dem der Bruch statt gepresst in eine Form geschüttet wurde. Die Molke lief unter dem Eigengewicht der Käsemasse ab und hinterließ kleine Löcher im fertigen Käse, den man ›Tilsiter‹ taufte. Da man auch kleinere Mengen Milch zu Tilsiter verarbeiten konnte, wurde um 1900 immer weniger ›Schweizerkäse‹ produziert, dafür aber umso mehr Tilsiter in Schweizer Käsereien. Um 1910 wurden circa 80 Prozent der preußischen Käsereien von Schweizern geführt.

Einige Schweizer kehrten von Tilsit wieder zurück in die Heimat. So auch die Thurgauer Otto Wartmann und Hans Wegmüller, die dem ostpreußischen Weiler ›Milchbude‹ den Rücken kehrten. In ihrem Gepäck hatten sie das Rezept für Tilsiter. 1893 begannen die beiden mit der Herstellung von Tilsiter in der Schweiz. Vor allem Otto Wartmann setzte sich intensiv für eine normierte Qualität des Tilsiters ein. Mit Erfolg, wie wir heute wissen. Der Schweizer Tilsiter, ob mit rotem Etikett für die gereifte und kräftig schmeckende Sorte, mit grünem Etikett für die mildere Variante oder mit gelbem Etikett für den Rahm-Tilsiter, ist berühmt für seine Qualität.

Von Ostpreußen drang der Tilsiter jedoch auch an der Ostsee entlang bis nach Norddeutschland vor. Schleswig-Holstein ist heute ein Schwerpunkt der deutschen Tilsiterproduktion. Und so werden mittlerweile die unterschiedlichsten Tilsiter-Qualitäten unterschiedlichster Herkunft angeboten. Nur echten Tilsiter aus Tilsit wird man vergeblich suchen. Selbst auf dem Lebensmittelmarkt seiner Geburtsstadt. Denn erstens heißt Tilsit seit 1946 ›Sowjetsk‹. Und zweitens hat man in Sowjetsk schon lange die Käseproduktion eingestellt. Was aber nicht am Käse lag. Der war gut.

Tournedos à la Rossini

Erst der Barbier, dann das Vergnügen

Tief gelegte Kleinwagen wippen mit kurzen Federbeinen staccatoartig im Rhythmus eines laut dröhnenden Takts. Auf der Heckscheibe verkünden die Fahrer mit großen Lettern das musiktechnische Equipment ihrer rollenden Musikbüchsen: KENWOOD. Jugendzimmer werden alltäglich nach Schulschluss mit musikalischer Konservenkost von VIVA und MTV geflutet. Zum Hausputz und an der Werkbank dudeln Roland Kaiser und Maria Hellwig ihr auf Harmonie gebügeltes Liedgut. Liebeshungrige versuchen in Feinschmeckertempeln beim Candle-Light-Dinner zu Mozarts ›Kleiner Nachtmusik‹ ihr Gegenüber zu erotisieren. Und in der Weihnachtszeit schieben Festberauschte ihren Einkaufswagen durch die Regalgänge der Backwaren, während es aus unsichtbaren Lautsprechern säuselt: ›Süßer die Glocken nie klingen.‹ Mutti summt mit.

So kann man Musik hören. U-Musik! Für Anhänger der E-Musik eine grauenhafte Vorstellung. Die Puristen unter ihnen pflegen eine diametral entgegengesetzte Hör-Kultur. Sie respektieren den Autonomieanspruch ihrer Musik, indem sie die Welt getrost dem Lauf der Dinge überlassen. Es geht um den reinen Genuss der Klänge, ohne jede Irritation. Mit allen Sinnen wird die Musik aufgesogen, konkurrierende Sinnesreize werden konsequent ausgeblendet. Chopin beim Staubsaugen verbietet sich. Haydn und Filetsteak schließen einander aus.

Vor knapp zweihundert Jahren war Gioacchino Antonio Rossini (1792–1868) eindeutig für U-Musik zuständig. Er war das, was man heute einen Megastar der Popmusik nennen würde. Was er komponierte, war populär, war Volksmusik, Alltagsmusik. Seine Melodien pfiff man in den Gassen, sang sie bei Hausfeiern und Gondelfahrten, man tanzte zu seiner Musik, marschierte oder wanderte in ihrem Takt. Nicht dass er selbst die volkstümliche Haltung seines Publikums so angestrebt hätte. Im Gegenteil: Als er 1822 nach Wien kam, die Stadt der Klassik, zeigte er sich von der hier praktizierten, nahezu religiösen und sachverständigen Verehrung der Musik durch das Publikum überrascht und begeistert. Aber Rossini war Italiener. Und er war in eine Zeit geboren, in der in Italien die Opernhäuser keine ehrfürchtigen Kunsttempel darstellten, sondern laute Vergnügungszentren. Man traf sich hier nicht nur, um Musik zu hören, sondern zum Gespräch, zum Rendezvous, um Gäste zu empfangen. Selbst in den Logen der Mailänder Scala war es üblich, während der Aufführung zu soupieren. Die meisten Besucher kannten die Musik zudem in- und auswendig, hatten sie zigmal gehört und sangen die schönsten Passagen laut mit.

Besonders beliebt beim Volk war die ›Opera buffa‹, die heitere, komische Oper. Sie erzählte mit parodistischen Elementen versehene Geschichten aus dem Alltag. Die Opera buffa wollte amüsieren. Und dieses Fach beherrschte der aus kleinen Verhältnissen stammende Rossini, der Sohn eines städtischen Trompeters und Fleischbeschauers, perfekt. Seine Musik war spritzig, lebendig und fröhlich. Sie vermittelte Lebensfreude. Und die Geschichten waren ebenso frech wie geistreich. Rossini machte in seinen Opern auch vor populären politischen Anspielungen nicht Halt. Italien war Anfang des neunzehnten Jahrhunderts noch Spielball vieler Mächte. Neben dem Kirchenstaat regierten in den italienischen Provinzen Spanier,

Franzosen und die ungeliebten Österreicher. Die nationale Einigungsbewegung ›Risorgimento‹ hatte dementsprechend großen Zulauf. Und so johlte Rossinis Publikum, wenn die Isabella in ›L'Italiana in Agieri‹ (1813) ›Pensa alla Patria‹ (Denk an das Vaterland) sang. Die Zensur reagierte prompt und verfügte auf Jahre, dass stattdessen ›Pensa alla sposa‹ (Denk an den Verlobten) gesungen wurde. Was beweist, dass politische Zensur zeitlos doof ist.

Früh begann seine musikalische Karriere. Mit 16 schrieb Rossini seine erste Kantate, mit 17 die erste Oper. Bis zu seinem 37. Lebensjahr sollte er insgesamt 40 Opern komponieren. Nicht alles, was seiner Feder entsprang, war Gold. Vieles versank in der Bedeutungslosigkeit – die Zeit war auf schnelle Abfütterung des Publikums ausgerichtet. Dann kamen die ersten Erfolge mit ›Tancredi‹ und ›L'Italiana in Agieri‹. Und schließlich 1816 sein bis heute bewundertes Meisterwerk ›Il barbiere di Siviglia‹ (Der Barbier von Sevilla). Mit dem Barbier erzielte er den Durchbruch. Von Italien aus ging er 1822 nach Wien, 1823 nach England, dann noch im gleichen Jahr weiter nach Paris. Und überall wurde er enthusiastisch gefeiert. Europa erlag einem Rossini-Fieber, das Publikum reagierte bisweilen wie 150 Jahre später in den Konzerten der vier Liverpooler Pilzköpfe: Junge Frauen fielen geschlossen in Ohnmacht.

Und dann 1829 der Schock: Rossini stieg aus. Mit 37! Er schmiss die Brocken einfach hin, pfiff auf die weitere Karriere und erklärte sich zum Privatier. Das war unerhört, aber verständlich. Denn erstens hatte Rossini prall gefüllte Konten, und zweitens hegte er neben der Musik noch eine weitere Leidenschaft. Und der gedachte er den Rest seines Lebens kompromisslos nachzugehen: Rossini kochte, aß und trank für sein Leben gern!

Nachdem er die höhere Berufung an den Nagel gehängt hatte, trennte er sich von seiner ersten Frau, der Primadonna Isabella Colbrán, und heiratete die Balzac zufolge ›schönste Hure von Paris‹, Olympe Pélissier. Sie kümmerte sich fortan nicht nur um sein alltägliches Wohl und seine angeschlagene Gesundheit, sie schützte ihn nicht nur vor Kritikern und anderen unangenehmen Erscheinungen. Sie teilte mit ihm vor allem die geradezu fanatische Leidenschaft fürs Essen. Rossini, der sich mit seiner Frau von 1932 an vornehmlich in Italien aufhielt und 1855 seinen letzten Wohnsitz in Paris nahm, enthielt seine Liebe zum Essen und sein Können den Freunden und Bewunderern nicht vor. In Paris veranstaltete er jeden Samstag Diners, zu denen ausgewählte Gäste geladen und nicht selten mit den kulinarischen Eigenkreationen des Meisters beköstigt wurden. Manche seiner Schöpfungen gingen ein in die Küchengeschichte. ›À la Rossini‹ stand vor allem für seine Liebe zu Trüffeln und Gänseleber. Den Trüffel hielt er für den ›Mozart der Pilze‹.

Eines denkwürdigen Tages wollte Rossini vor geladenen Gästen seine neueste Erfindung von einem Maître d'Hôtel vorkochen lassen. Es handelte sich dabei um runde Rinderfiletscheiben, die in der Pfanne gebräunt, auf Toast gelegt und anschließend mit Gänseleber und Trüffeln in einer Madeirasauce garniert werden sollten. Der Koch war entweder peinlich berührt von der Vorstellung, vor Gästen derart Banales wie das Braten von Fleisch vorzunehmen. Oder er war einfach ein besonders arroganter Vertreter seines Berufsstandes. Jedenfalls weigerte er sich. Der Maestro jedoch war ein Mann fürs Praktische und erwiderte auf die Einwände des Kochs einfach: »Na, dann drehen Sie uns doch einfach den Rücken zu. – Tournez-moi le dos!« Seither nennt man die runden Filetscheiben vom Rind ›Tournedos‹ und die gebratene Ausführung mit Gänseleber und Trüffeln in Madeirasauce ›Tournedos à la Rossini‹.

Rossini selbst übrigens beschrieb den Zusammenhang zwischen Musik, Leben und Essen in ebenso anschaulichen wie viel zitierten Worten, die auch Ihnen nicht vorenthalten bleiben sollen: »Der Magen ist der Kapellmeister, der das große Orchester unserer Leidenschaften regiert und in Tätigkeit versetzt. Den leeren Magen versinnbildlicht das Fagott oder die Piccoloflöte, wie er vor Missvergnügen brummt oder vor Verlangen gellt. Der volle Magen ist dagegen die Triangel des Vergnügens oder die Pauke der Freude ... Essen, Singen, Lieben und Verdauen, das sind wahrhaftig die vier Akte der komischen Oper, die das Leben heißt und die vergehen wie der Schaum einer Flasche Champagner. Wer sie verrinnen lässt, ohne sie genossen zu haben, ist ein vollendeter Narr.«

Bei so viel sinnlicher Nähe zwischen Essen und Musik: Kann man da noch den Puristen folgen, die behaupten, Musik und Essen, das ginge nicht? Versuchen Sie es: Mozart und Leberpastete, Rossini und Tournedos. Das geht, geht sogar hervorragend. Nur Beethoven und Currywurst – das geht nicht.

Veuve Clicquot Ponsardin

Prickelnder Witwenwein

Es war die Traumhochzeit des Jahrzehnts. Fürst Rainier III. von Monaco heiratete am 19. April 1956 Miss Grace Kelly, die Schönheits-Ikone Hollywoods, den Inbegriff blonder Anmut. 1 500 Reporter und Fotografen aus 31 Ländern berichteten vom adeligen Vermählungsfest. Alter Adel und aufstrebende Filmprominenz, Glamour und Glitter, die Schönen und die Reichen – Stoff für die Klatschblätter aller Länder. Und womit stieß man an bei Hofe? Nur mit dem Besten! Das französische Champagnerhaus Veuve Clicquot Ponsardin hatte anlässlich der hohen Festlichkeit spezielle Magnum-Flaschen Brut, Jahrgang 1928, abgefüllt. Das war angemessen und schmeckte.

»Une seule qualité – la toute première!« Eine einzigartige Qualität – nur das Beste! So lautete die Parole von Madame Nicole-Barbe Clicquot Ponsardin (1777–1866), die als Unternehmerin dem Produkt ihres Hauses im 19. Jahrhundert den Namen gab. Sie war ambitioniert, ehrgeizig und hatte Fantasie. Und sie hatte Mut. Mit anderen Worten: Sie verfügte über die klassischen Unternehmertugenden. Zu Beginn des 19. Jahrhunderts gab es nicht sonderlich viele weibliche Unternehmer. Und schon gar nicht solch erfolgreiche wie Madame Clicquot Ponsardin. Mit eiserner Hand, Weitsicht und Geschick führte sie ihr Unternehmen in die Spitzengruppe der sich gerade entwickelnden Champagnerbranche. Nicht umsonst sieht man rückblickend in Madame Clicquot Ponsardin den ersten weiblichen ›Tycoon‹ und lobt jährlich einen nach ihr benannten Preis für besonders erfolgreiche und ambitionierte Unternehmerinnen aus: den ›Prix Veuve Clicquot de la Femme d'Affaires‹.

Dabei hatte sie sich gar nicht nach einer beruflichen Erfolgslaufbahn gedrängt. Ihre Unternehmerkarriere war vielmehr die Folge eines unvorhersehbaren Schicksalsschlages. 1798 hatte die wohl behütete Großbürgerstochter den Weinbergsbesitzer François Clicquot geheiratet, der das Champagnerhaus 1772 gegründet und durch die Zeiten der Revolutionswirren geführt hatte. Monsieur Clicquot war für die Geschäfte zuständig, Madame Clicquot kümmerte sich um Tochter Clémentine. Und so wäre es noch sehr lange weitergegangen. Doch 1805, nur sieben Jahre nach der Heirat, schied der gute Gatte plötzlich und unerwartet am ›bösen Fieber‹ dahin. Madame Clicquot war zwar erst 27 Jahre alt, doch sie entschied sich, die neuen Herausforderungen, mit denen das Leben sie konfrontierte, anzunehmen.

Die erste Hürde, die sie zu überspringen hatte, war ihr Schwiegervater, der das Unternehmen seines Sohnes verkaufen wollte. Sie setzte ihn vor die Tür und sich auf den Chefsessel. Konsequenterweise benannte sie das Champagnerhaus um. Dazu reaktivierte sie ihren Mädchennamen und stellte ihren neuen Familienstand ›Witwe‹ (Veuve) dem Namen voran: ›Veuve Clicquot Ponsardin‹ nannten sich fortan Unternehmen und Champagner.

Unbeirrt setzte sie ihren Weg fort. Madame Clicquot Ponsardin brauchte Kapital und Teilhaber? Sie suchte und fand sie. Es gab technische Probleme? Sie löste sie: Gemeinsam mit ihrem Kellermeister Antoine de Müller erfand sie um 1815 das legendäre Rüttelpult (s. S. 112, Dom Pérignon), jenes zeltähnlich aufgestellte Flaschengerüst, mit dessen Hilfe der Champagner geklärt wird. Für den

Prototyp stellte sie ihren Küchentisch zur Verfügung. Madame Clicquot Ponsardin brauchte Kunden? Sie suchte, fand und belieferte sie: 1814 – noch tobte der Krieg zwischen dem napoleonischen Frankreich und dem zaristischen Russland – ließ sie das Schiff ›Le Gebroders‹ mit Champagner beladen, die britische Seeblockade durchbrechen und nach Russland segeln. In Russland zeigte man sich in feinen und feinsten Kreisen begeistert von der gelieferten Ware. Der französische Schriftsteller Prosper Merimée berichtete, dass Russland mit ihrem Wein ›überschwemmt‹ werde. Man trinke nur noch ›Klikofskoë‹. Puschkin, Gogol und Tschechow sangen ein Hohelied auf den Champagner der Witwe. Während ihre Vertreter durch das von den napoleonischen Kriegen zerstörte Europa reisten und Kunden warben, wachte Madame Clicquot Ponsardin über ihre Weinkeller. Als sie Plünderungen durch preußische und kosakische Soldaten befürchtete, ließ sie die Keller zumauern.

Madame Clicquot Ponsardin brauchte Weinberge? Sie kaufte sie, Parzelle für Parzelle. Madame Clicquot Ponsardin brauchte einen Nachfolger? Sie suchte und fand ihn in ihrem Mitarbeiter Eduard Werle aus Hattersheim am Main. Er erbte das Unternehmen, als die Witwe 1866 mit 89 Jahren starb. Bis 1987 blieb es in der Hand dieser Familie. Heute gehört Veuve Clicquot zum Luxus-Trust LVMH (Louis Vuitton/Moët/Hennessy).

Die Geschichte der Veuve Clicquot – eine grandiose Erfolgsgeschichte! Nur in einer Hinsicht musste sie eine herbe Niederlage einstecken. Als sie den Schwaben Georg Christian von Kessler aus Heilbronn in die Geheimnisse der Champagnerherstellung einweihte, spielte sie wohl auch mit dem Gedanken, den Deutschen zu ehelichen. Der jedoch bekam kalte Füße, suchte in seiner Heimat Asyl vor der energischen Champagner-Witwe, heiratete heimlich eine andere Frau und gründete schließlich 1826 in Esslingen seine eigene Sektkellerei.

Man kann eben nicht alles haben. Schon gar nicht jeden Schwaben. Vielleicht auch besser so.

Waldorfsalat

Oscars Selleriesalat

Der Alte hatte mit dem Monopoly begonnen. Sein Spielbrett war New York, Manhattan. John Jakob Astor (1763–1848), in Walldorf (im Amerikanischen ging später ein ›l‹ verloren) bei Heidelberg als Sohn eines Metzgers geboren, riss mit 16 von zu Hause aus. Erst ging er nach England, wo sein Bruder ein Instrumentengeschäft betrieb. Dort lernte er Instrumentenbau. Dann setzte er über nach Amerika, wo er mit dem Verkauf von Instrumenten und vor allem im internationalen Pelzhandel ein gigantisches Vermögen machte. Das erwirtschaftete Geld investierte er unter anderem in Grundstücke und Häuser in Manhattan. Bald hatte John Jakob Astor sie alle gekauft: die roten, die gelben, die grünen Straßen. Schlossallee und Parkstraße – ihm gehörte alles. Monopoly war *sein* Spiel. Er starb als der reichste Mann Amerikas.

Hatte der Alte die Straßen gekauft und Häuser gebaut, machten sich später zwei seiner Erben daran, Hotels zu errichten. Denn Monopoly-Spieler wissen: Ein Hotel in bester Lage füllt die Kassen, mehrt den eigenen Reichtum und leert die Taschen der Mitspieler. Also ließ William Waldorf Astor, ein Urenkel des Alten, 1893 ein geerbtes Wohnhaus an der Ecke Fifth Avenue und 33. Straße abreißen, um das ›Waldorf-Hotel‹ zu errichten und damit seiner angesehenen Tante, die das Nachbargrundstück besaß, und ihrem Sohn, einem weiteren Urenkel des Alten, wegen eines kleinen Familienstreits eins auszuwischen. Die im Schatten des Waldorf-Hotels sitzende Tante erlaubte daraufhin ihrem Sohn John Jacob Astor IV., ihr Haus an der Ecke Fifth Avenue und 34. Straße abzureißen und dort ebenfalls ein Hotel zu errichten: das ›Astoria‹.

Bevor es zur Aussöhnung und zum Zusammenschluss der beiden Hotels zum legendären ›Waldorf-Astoria‹ kam, suchte man im Waldorf-Hotel 1894 einen Küchenchef. Was man schließlich einstellte, nannte sich allerdings nicht Küchenchef, sondern Maître d'Hôtel – eine für amerikanische Hotelverhältnisse bis dahin ungewöhnliche Bezeichnung. Und Maître hört sich zwar sehr französisch an, doch der Waldorf-Maître hieß ganz unfranzösisch Oscar Tschirky und kam aus der Schweiz. Tschirky hatte zuvor als Kofferträger, Kellner und Schiffssteward, dann im ›Delmonico's‹, dem vornehmsten und elegantesten Restaurant New Yorks, gearbeitet. Auch wenn Tschirky keine typische Koch-Karriere vorweisen konnte, soll er es gewesen sein, der als Restaurant- und Küchenchef für das Waldorf-Hotel den mittlerweile weltberühmten Waldorf-Salat erfand.

Das Rezept für den Salat ist eigentlich relativ einfach: Rohe Knollensellerie sowie säuerliche Äpfel werden in sehr kleine Würfel oder dünne Streifen geschnitten, mit einer leichten Mayonnaise (s. S. 216) gebunden und mit gehobelten Hasel- oder Walnüssen bestreut. Unterschiedliche Varianten sehen auch den Einsatz von Geflügelfleisch oder entkernten Weintraubenhälften vor. Was einst im Waldorf-Astoria in New York die Gaumen der feinen Gesellschaft entzückte, zählt heute zu den klassischen Partysalat-Varianten, ja sogar als fertig abgepackte Convenience-Ware im Supermarktregal ist die Waldorf-Mixtur für jedermann erhält- und erschwinglich.

Dass Tschirky nicht sich selbst im Salat verewigte, mag daran gelegen haben, dass ein ›Tschirky-Salat‹ im Amerikanischen schon sprachlich nicht den Hauch einer Chance gehabt hätte. Also erschien es durchaus opportun, das Mayonnaisengeschnetzelte nach dem deutschen Heimatdorf des Alten und dem gleichnamigen Hotel zu benennen. Doch Tschirky war auch ohne namentliche Speisekartenerwähnung und trotz seines zungenbrechenden Namens zu Lebzeiten ein gefragter Mann. Er richtete zahlreiche Feste und Bankette für Könige und Präsidenten zur Begeisterung aller anwesenden Gäste aus. Das konnte er, das war seine Welt. Als man ihm anbot, Direktor des Waldorf-Astoria zu werden, lehnte er dankend ab. Er wollte bleiben, was er war. Zumal sein Einkommen selbst für New Yorker Verhältnisse ausgesprochen luxuriös war und ihm problemlos den Kauf einer Farm und eines Schweizer Chalets für seine Familie ermöglichte.

1928 wurde das alte Waldorf-Astoria an der Fifth Avenue für rund 20 Millionen Dollar verkauft. (1827 hatte der Sohn des alten Astor das Grundstück für etwas mehr als 20 000 Dollar erstanden!) An Stelle des alten Waldorf-Astoria baute man das nicht minder berühmte Empire State Building. Währenddessen wurde das bis heute weltberühmte neue Waldorf-Astoria mit 42 Stockwerken, 1 401 Zimmern und den bekannten Waldorf Towers im Art déco nördlich der Grand Central Station auf der heutigen Park Avenue gebaut. Bis 1943 blieb Tschirky hier in Diensten des Luxushotels. Heute nennt sich das Bistro im Waldorf-Astoria in Erinnerung an ›Oscar of the Waldorf‹ schlicht – und den Nachnamen galant aussparend, dafür aber aussprechbar – ›Oscar‹.

Das ›neue‹ Waldorf-Astoria ist bis heute eine der ersten Adressen in New York. Doch Luxus hat auch seinen Preis. Allein ein einfaches De-luxe-Zimmer kann an die 600 Dollar kosten. Und wer im separaten Suitenhotel, im Waldorf Towers, eine Zweibettsuite mieten möchte, darf dafür auch gerne einmal 1 800 Dollar hinblättern. Die Krönung der Unterkünfte, die monatsweise vermietete ›Residential Suite‹, kostet hingegen zwischen 17 000 und 65 000 Dollar.

Um das bezahlen zu können, muss man schon viele, viele Male über *Los* gekommen sein. Aber die Park Avenue ist schließlich auch nicht die Badstraße. Die Park Avenue ist die Schlossallee New Yorks!

Wiener Schnitzel

Radetzkys Costoletta

Doch, es gibt einen Unterschied zwischen einem ›Wiener Schnitzel‹ und einem ›Schnitzel Wiener Art‹. Das original ›Wiener Schnitzel‹ besteht aus Kalbfleisch aus der Oberschale oder der Nuss des Schlegels (Keule), also aus dem hinteren Oberschenkel beziehungsweise Hüftteil des Kalbs. Das ›Schnitzel Wiener Art‹ hingegen darf auch vom Schwein sein, was der ein oder andere Fleischliebhaber lieber hat, weil das Fleisch vom Schwein angeblich nicht so trocken ist. Ist das Schnitzel aber vom Schwein, darf sich das Gericht auf Karte und Teller nicht ›Wiener Schnitzel‹, sondern nur ›Schnitzel Wiener Art‹ nennen.

Das ›Wiener Schnitzel‹ wird sehr dünn geklopft, am Rand mehrfach eingeschnitten, gesalzen, in Mehl, Eiern und Bröseln gewendet und dann in Butter oder Schweineschmalz goldbraun gebraten. Dazu werden Zitronenviertel und Petersilienbüschel sowie Bratkartoffeln und eine Orangenscheibe mit Preiselbeeren gereicht. So jedenfalls wird's in Wien gemacht.

Das Wiener Schnitzel ist also eine beliebte Wiener Spezialität und wird deshalb nicht umsonst so genannt. Hört sich einfach und gut an, stimmt auch, ist aber nur die halbe Wahrheit. Denn erstens wurde das Wiener Schnitzel nicht in Wien erfunden, sondern von Joseph Wenzel Graf Radetzky (1766–1858) aus der Lombardei in Oberitalien nach Wien importiert und müsste deshalb streng genommen ›Mailänder Schnitzel‹ heißen, und zweitens und noch viel strenger genommen müsste es eigentlich ›Byzantinisches Schnitzel‹ heißen.

Der Reihe nach: Der im Radetzkymarsch von Johann Strauß 1848 unvergesslich gemachte Graf Radetzky war ein Spross aus altem böhmischen Adel, der sich bereits mit Anfang zwanzig während eines der vielen österreichischen Feldzüge gegen die Türken 1788 als Truppenführer einen Namen machte. Als Europa insgesamt und Österreich im Besonderen sich dann 15 Jahre später anschickte, die napoleonische Vorherrschaft zu beenden und die französischen Truppen zu vertreiben, wurde Radetzky 1813 zum Chef des österreichischen Generalstabs ernannt. An der strategischen Planung der berühmten Völkerschlacht bei Leipzig hatte er maßgeblichen Anteil. Und zusammen mit dem damaligen preußischen Generalquartiermeister Gneisenau trat er vehement für die konsequente Verfolgung der feindlichen Truppen ein. Radetzky war kein Hasenfuß. Er war ein harter Knochen und äußerst populär.

Vielleicht wurde er gerade deshalb von 1831 bis 1857 als Oberkommandeur der österreichischen Truppen nach Norditalien berufen. Mailand in der Lombardei, das – sieht man von dem napoleonischen Zwischenspiel ab – seit 1713 zu Österreich gehörte, entwickelte sich während der auch in Italien um sich greifenden nationalen Aufstände 1848 zu einem Zentrum des Widerstands gegen die Österreicher. Gemeinsam mit Truppen aus dem benachbarten und zum Königreich Sardinien gehörenden Piemont gelang es den Lombarden sogar für kurze Zeit, die Österreicher zu vertreiben. Für kurze Zeit! Dann räumte der 82-jährige Radetzky in Norditalien kräftig auf und stellte die österreichische Ordnung wieder her. Politik im Dreivierteltakt!

In dieser Zeit meldete Radetzky im Zuge einer militärischen und politischen Lagebeurteilung an den Wiener Hof, dass er abseits aller strategischen Belange auf eine Spezialität der Mailänder Küche gestoßen sei, die aller Wertschätzung würdig sei. Was Radetzky entdeckt hatte, war das ›Costoletta alla milanese‹, ein Kalbskotelett (Fleisch von der Rippe mit Knochen, also kein Schnitzel!), das paniert und in Butter gebraten wurde und bis heute einen Klassiker der italienischen Küche darstellt.

So gesehen ist das Wiener Schnitzel also eigentlich ein Mailänder Kotelett. In Mailand blickt man auf diese Art der Zubereitung schon sehr lange zurück. Bereits im 12. Jahrhundert sollen für ein Mailänder Bankett panierte Kalbskoteletts zubereitet worden sein. Doch auch die Mailänder waren offenbar nicht die originären Erfinder. Die hatten es wohl von den Spaniern, die es wiederum in der Zeit der maurischen Besetzung von den Arabern kennen gelernt hatten. Die Mauren wiederum scheinen die panierte Fleischbereitung aus Byzanz (dem heutigen Istanbul) mitgebracht zu haben. So ist das ›Wiener Schnitzel‹ also nicht gar so wienerisch, wie es scheint, sondern sehr viel spanischer und byzantinischer, als man meint.

Worcester(shire)sauce

Koloniales Drogeristengebräu

Man mag es angesichts ihres generell ramponierten Küchenrufs nicht glauben, aber die Engländer sind Saucenkasper. Ihre Liebe zu gebratenem oder gekochtem Fleisch macht Saucen in den vielfältigsten Zusammensetzungen und für die unterschiedlichsten Funktionen geradezu notwendig. Besonders beliebt ist die Mustard Sauce (Senfsauce). Aber was gibt es darüber hinaus nicht noch für fantastische Kreationen: die Rhubarb-Sauce, die Horseradish-Sauce, die Cheese- und die Mint-Sauce, die Orange-and-Port-Wine- und die Raisin-and-Celery-Sauce, die Cumberland- und die Cream-Sauce und so weiter und so weiter. Mit am bekanntesten ist aber wohl die Worcestersauce beziehungsweise die Worcestershiresauce. Die wiederum ist jedoch keine Beilagen-, sondern eine reine Würzsauce. In den meisten englischen, aber auch deutschen Haushalten steht sie irgendwo im Küchenschrank. Und das deshalb, weil sie ausgesprochen vielseitig verwendbar ist: Ein einfacher Tomatensaft bekommt durch sie die richtige Würze, eine Bloody Mary erhält mit ein, zwei Spritzern den letzten Pfiff, in Frikassees, Salatmarinaden, in der Rindfleischbrühe, in Eintöpfen, Gemüsegerichten, in vielen Saucen für Fisch und Fleisch ist sie Gewinn bringend einsetzbar. Mit anderen Worten: Sie ist eine Allzweckwaffe an der Küchenfront, die Würze für alle Fälle.

Was in englischen Haushalten jedoch keine Frage, ist in deutschen Haushalten bis heute ein Problem: Wie spricht man das aus? Wortschestersoße? Wortschesterschiersoße? Wusterschiersoße? Es erschließt sich nicht auf den ersten Blick, aber die Worcestershiresauce wird korrekt und englisch ›Wustaschasoß‹ ausgesprochen, wobei das ›W‹ mit gespitzten Lippen daherkommt. Der Küchenprofi spricht jedoch einfach und verkürzt nur von ›Wusta‹ und schenkt sich das ›schasoß‹.

Grund für die Sprachverwicklung ist allein die Tatsache, dass die Erfindung auf Lord Marcus Sandys zurückgeht, den englischen Gouverneur im indischen Bengalen zu Beginn des 19. Jahrhunderts. Und der kam nun einmal aus Ombersley in der Grafschaft Worcestershire (›Wustascha‹). Als seine Zeit in Indien abgelaufen war, kehrte Lord Sandys ins heimische Großbritannien zurück. Mit im Gepäck hatte er die Rezeptur für eine indische Sauce, an die sich seine britische Zunge während des kolonialen Aufenthalts gewöhnt hatte und auf die er nimmermehr verzichten mochte. Nun war Ihre Lordschaft aber weder der Kunst des Saucenzubereitens noch der Kunst des Mazerierens (Aromagewinn durch Einlegen und Ziehenlassen) mächtig, wofür Lords, zumal als Gouverneure in Bengalen, auch nicht bezahlt wurden. Also begab sich Hochwohlgeboren in die Stadt Worcester (›Wusta‹) in der Grafschaft Worcestershire (›Wustascha‹) und suchte die Drogerie von John Lea und William Perrin in der Broad Street auf. Die beiden gaben sich zwar redlich Mühe, des Inders Zutaten wie befohlen anzurühren, doch das Ergebnis schmeckte zur Enttäuschung aller abscheulich. Das Fass mit der angerührten Brühe wurde in die letzte Ecke eines Kellers verbannt – und vergessen.

Gut zwei Jahre später, im Jahre 1837, stießen Lea und Perrin bei Aufräumarbeiten ihrer Lagerkeller erneut auf das besagte Fass, das sie in Erinnerung an die erste geschmackliche Erfahrung sofort zu entsorgen gedachten. Doch dem Zufall ist es zu danken, dass sie zuvor spaßeshalber noch einen Löffel probierten. Und siehe da: Die fermentierte Sauce schmeckte. Sie schmeckte sogar so gut, dass Lea und Perrin das Rezept von Lord Sandys kauften und fortan die in Flaschen abgefüllte Würzsauce als ›Lea & Perrins Original Worcestershire Sauce‹ verkauften. Mit durchschlagendem Erfolg zunächst in England. Als Würzflasche auf den Esstischen von Passagierschiffen eroberte die Sauce schließlich Schritt für Schritt auch den Rest Europas und die Vereinigten Staaten.

Bis heute wird die Worcestersauce von Lea & Perrin hergestellt, wenngleich sich auch andere Saucenhersteller mittlerweile am Markt mit ihrer jeweiligen Saucenversion etabliert haben. Das Originalrezept ist wie so oft geheim. Man weiß nur, dass Zuckermelasse, Essig, Salz, Sardellen, Sojasauce, Tamarindenpulpe, Schalotten, Chilis und Knoblauch enthalten sind. Alle Zutaten werden auch heute noch in großen Eichenfässern zur Mazeration zunächst drei Jahre gelagert, bevor die Flüssigkeit in Flaschen abgefüllt wird.

Selbst in Japan gehört die Worcestersauce neben der Sojasauce seit langem zur Standardwürze.

Und wie sagen die Japaner zur Worcestersauce?

»Ustasosu«.

Auch nicht schlecht.

Aber nicht so gut wie ›Wustaschasoß‹.

Zabaione

Heilige Schaumschlägerei

Ist er schlecht gelaunt, wird er sich einfach weigern, für nur eine oder zwei Portionen eine Zabaione zuzubereiten. Ist er weder gut noch schlecht gelaunt, wird er in der Küche stumm seine Pflicht tun und den Besen rhythmisch in der Schüssel rühren. Ist er hingegen gut gelaunt, wird er bei der Zubereitung Ihrer Zabaione in der Küche singen. Und ist er besonders gut gelaunt, wird er die Küche verlassen und an Ihrem Tisch singen, während er die Eier und den Zucker für die Zabaione in einer halbkugelförmigen Schüssel mit einem Schneebesen im Takt irgendeiner italienischen Schnulze schaumig schlägt. Die Bestellung einer Zabaione ist also eine Art Gutelaunetest für den Koch des italienischen Restaurants Ihrer Wahl.

Die Zabaione, eine Weinschaumcreme, zählt zu den bekanntesten und beliebtesten italienischen ›dolci‹, den italienischen Süß- und Nachspeisen. In der perfekten Zubereitung der relativ wenigen Zutaten liegt ihr himmlisches Geheimnis. Zunächst werden in einer Schlagschüssel mehrere Eigelbe und Zucker mit einem Schneebesen schaumig geschlagen, bis die Mischung nahezu weiß ist. Sodann wird Zimt in Marsala (italienischer Dessertwein) aufgelöst und mit ein wenig Rum aromatisiert. Die Marsala-Rum-Zimt-Mischung wird anschließend vorsichtig und unter ständigem Rühren in die Ei-Creme gegeben, die abschließend im Wasserbad schaumig verquirlt und zum Verzehr in Dessertschalen gegossen wird. Je nach Laune versenkt der Koch dann pro Portion noch eine Kugel Vanilleeis in der warmen Creme. Alles in allem ein Genuss von besonderer Güte, der zudem schon auf einer relativ langen Tradition beruht. Wie lange diese Tradition zurückreicht, hängt davon ab, welcher der beiden Theorien über ihren Erfinder man bereit ist zu folgen.

Der einen Theorie zufolge war es Bartolomeo Scappi (1500–1570), der die Zabaione erfunden haben soll. Scappi war so etwas wie der Starkoch der Renaissance, den man auch gerne den Michelangelo der italienischen Küche nannte. Er richtete für Päpste, Kaiser und Könige Bankette aus und verhalf neben Platina (eigtl. Bartolomeo Sacchi, 1421–1481) der italienischen Küche schließlich europaweit zu dem Ruf, die beste zu sein. Platina und Scappi begannen mit den über den Seehandel nach Italien gekommenen neuen Zutaten und Rezepten zu experimentieren und machten ihren Koch-Kollegen vor, worauf es ankam: Es galt Abschied zu nehmen von der schweren mittelalterlichen Küche und sich stattdessen einer leichteren, ›sanften‹ Küche zuzuwenden. Eine 900-seitige und 1570 in Venedig veröffentlichte Rezeptesammlung Scappis offenbarte all jene Leckereien, die der Spitzenkoch unter anderem bei offiziellen Anlässen, zum Beispiel für Papst Pius V., den ehemals gefürchteten Großinquisitor und Zerstörer des italienischen Protestantismus, auftischte.

Der anderen Theorie zufolge soll nicht Scappi im 16. Jahrhundert der Erfinder der Zabaione gewesen sein, sondern Ende des 17. Jahrhunderts ein späterer Koch von Karl Emanuel I. (1701–1773), Herzog aus dem Hause Savoyen und König von Sardinien. Diese Theorie ist auf dreierlei Weise überzeugender als die vom Starkoch. Erstens ist es unglaubwürdig, dass immer nur Starköche leckere (Süß-)Speisen erfinden. Zweitens liebte man im Hause Savoyen traditionell zartes Gebäck aller Art und achtete bei der Auswahl der Köche entsprechend auf deren Süßwaren-Qualifikation. Und drittens spricht vor allem die Herkunft des Namens ›Zabaione‹ eindeutig gegen den Starkoch Scappi.

Der Name Zabaione weist nämlich auf einen Heiligen, der zu Lebzeiten Scappis noch gar kein Heiliger war, sondern ein noch sehr lebendiger Franziskanermönch. Es handelte sich um Paschalis Babylón. 1540 war er im spanischen Torrehermosa zur Welt gekommen, lebte zunächst als Hirte und trat dann 1564 als Laienbruder in das Franziskanerkloster Montforte bei Alicante ein, wo er seinen Dienst als Pförtner in großer Demut verrichtete. Er starb 1594. Wohl auch dank der ihm zugesagten mystischen Visionen wurde er schließlich heilig gesprochen. Das aber war erst im Jahre 1690. San Pasquale Bayon, wie man ihn in Italien nannte, eine Süßspeise zu widmen war insofern nicht unklug, weil er Schutzpatron nicht nur der Hirten, sondern auch der Köche war (und ist). Doch um als Koch die Süßspeise San Pasquale widmen zu können, musste man darauf warten, dass er erstens starb und dass er zweitens heilig gesprochen wurde. Auf beides konnte Scappi, der noch vor Pasquale hinschied, nachweislich nicht warten. Also ist es eher unwahrscheinlich, dass Scappi die Süßspeise Pasquale widmete oder erfand.

Ob nun stattdessen ein Koch am Hofe der Savoyens die Süßspeise erfunden und dem Heiligen gewidmet hat oder ob es vielleicht ein ganz anderer Schaumschläger war, mag dahingestellt sein. Aus ›San Pasquale Bayon‹ wurde jedenfalls im piemontesischen Volksmund schließlich ›Sanbajun‹, und von ›Sanbajun‹ aus war es nicht mehr weit zur italienischen ›Zabaione‹ beziehungsweise zu dem international für eine aufgeschlagene Weinschaumcreme verwendeten Begriff ›Sabayon‹.

Eine Zabaione zu bestellen und zu genießen dürfte also die wohl cholesterinhaltigste Art und Weise sein, einem Heiligen zu huldigen. Da kann man verlangen, dass der Koch gut gelaunt ist. Und dass er singt. Und zwar am Tisch! Denken Sie dran! Beim nächsten Mal.

Bibliographie

Bücher und Artikel

Andreae, Illa: *Alle Schnäpse dieser Welt*, Herford 1998
Artusi, Pellegrino: *Von der Wissenschaft des Kochens und der Kunst des Genießens*, München 1998 (Originalausgabe 1891)
Bächtold-Stäubli, Hanns/Hoffmann-Krayer E. (Hrsg.): *Handwörterbuch des deutschen Aberglaubens*, Berlin/ Leipzig 1927
Beitl, Richard/Erich, Oswald A.: *Wörterbuch der deutschen Volkskunde*, Stuttgart 1974
Bichler, Gudrun/Heraut, Barbara: *Gerichte mit Geschichte*, Wien 1994
Bickel Walter: *Wer ist Wer auf der Speisekarte*, Stuttgart 1993
Bickel, Walter/Maus, Paul: *Große Namen, berühmte Speisen*, Stuttgart 1998
Bircher, Ralph: *Bircher-Benner-Handbuch*, Zürich 1982
Bismarck, Otto von: *Gedanken und Erinnerungen*, Gütersloh o. J.
Böck, Karl: *Menschen und Heilige*, Donauwörth 1985
Brillat-Savarin, Jean Anthèlme: *Physiologie des Geschmacks*, Frankfurt a. M. 1979 (Originalausgabe 1825)
Brockhaus Enzyklopädie, Leipzig/Mannheim, 1986 und 1996
Carluccio, Antonio u. Priscilla: *Antipasti*, München 1999
Casas, Penelope: *Tapas*, New York 1991
Chocosuisse (Hrsg.): *Chocologie*, Bern o. J.
Cipriani, Arrigo: *Harry's Bar Kochbuch*, München 1993
Craig, Gordon A.: *Deutsche Geschichte 1866–1945*, München 1980
Cùnsolo, Felice: *Italien. Eine kulinarische Reise*, München 1997
Danforth, Randy (Hrsg.): *Culinaria. USA*, Köln 1999
Das Rezept der Café de Paris Sauce, in: Lucullus Helveticus, 17/2001
Das große Lebensmittel-Lexikon, Innsbruck 1985
Davidson, Alan: *The Oxford Companion to Food*, New York 1999
Der große Ploetz, Würzburg 1986
Bauer, Hermann (Hrsg.): *Die große Enzyklopädie der Malerei*, Freiburg/Basel/Wien 1976–1978
Diening, Deike: *Das Grüne Rauschen*, in: Stadtleben, 16. 04. 2000
Dohm, Horst: *Flaschenpost aus der Champagne*, München 1990
Dominé, André (Hrsg): *Culinaria. Naturkost*, Köln 1998

Dominé, André/Römer, Joachim/Ditter, Michael (Hrsg.): *Culinaria. Europäische Spezialitäten*, Köln 1999
Dominé, André: *Die Kunst des Aperitifs*, Weingarten 1989
Dor-Ner, Zvi: *Kolumbus und das Zeitalter der Entdeckungen*, Köln 1991
Dreckmann, Claus:Die Verlockungen der grünen Fee, in: MOZ, 02. 07. 2000
Duden. Etymologie, Mannheim 1999
Dumont, Cédric: *Kulinarisches Lexikon*, Bern/Stuttgart 1997
Duve, Karen/Völker, Thies: *Lexikon berühmter Pflanzen*, Zürich 1999
Eggli, Daniel: *Die Eingeborenen schämen sich seiner*, in: *Salz & Pfeffer*, Nr. 2, Winterthur 2001
Eiselen, Hermann (Hrsg.): *Brotkultur*, Köln 1995
Encke, F./Buchheim, G./Seybold, S.: *Zander. Handwörterbuch der Pflanzennamen*, Stuttgart 1984
Engelbrecht, Beate: *Von Armen Rittern, Falschen Hasen und Verlorenen Eiern*, München 1999
Engels, Friedrich: *Die Lage der arbeitenden Klasse in England*, München 1973
Feldmann, David: *Was ist des Pudels Kern?*, München 1994
Fink, Gerhard: *W ho's who in der antiken Mythologie*, München 1993
Fischer Weltgeschichte. Die Kolonialreiche seit dem 18. Jahrhundert, Frankfurt a. M. 1977
Foley, Ray (Hrsg.): *Das Bar-Handbuch*, München 2000
Friedell, Egon: *Kulturgeschichte der Neuzeit*, München 1979
Gall, Lothar: *Bismarck. Der weiße Revolutionär*, Frankfurt a. M., Berlin, Wien 1980
Gasser, Manuel: *Köchel-Verzeichnis*, Frankfurt a. M. 1998
Geiss, Imanuel: *Geschichte griffbereit* (5 Bd.), Reinbek bei Hamburg 1979
Gerichte, die Geschichte machten: Die Pizza der Königin Margherita, in: Lucullus Helveticus, 12/Januar 2000
Göldenboog, Christian: *Champagner*, Stuttgart 1998
Goodwin, Donald W.: *Alkohol und Autor*, Zürich 1995
Gööck, Roland: *Berühmte Leute, gerühmte Speisen*, Bern/ München o. J.
Gorys, Erhard: *Das neue Küchenlexikon*, München 2001
Grauls, Marcel: *Lord Sandwich und Nellie Melba*, München 1999

Habs, Rudolf/Rosner, L.: *Appetitlexikon,* Frankfurt a. M. 1998
Hadwiger, Peter/Hippler, Jochen/Lotz, Helmut: *Kaffee,* Wuppertal 1983
Haffner, Sebastian: *Preußen ohne Legende,* Hamburg 1982
Harris, Marvin: *Wohlgeschmack und Widerwillen,* München 1995
Hauser, Arnold: *Sozialgeschichte der Kunst und Literatur,* München 1978
Henkel, Knut: *Rum – das Aroma der Karibik. Vom Desinfektions- zum Genussmittel,* in: Neue Zürcher Zeitung, 13.01.2001
Heyden, Ulrich van der: *Roter Adler an Afrikas Küste. Die brandenburgisch-preußische Kolonie Großfriedrichsburg in Westafrika,* Berlin 2001
Hillman, David/Gibbs, David: *Genial. 100 geniale Erfindungen des 20. Jahrhunderts, ohne die unser Alltag nicht mehr vorstellbar ist,* Köln 1998
Hirschfelder, Gunther: *Europäische Esskultur,* Frankfurt a. M. 2001
Hodgson, Randolph: *Französischer Käse,* München 1997
Hobhouse, Henry: *Seeds of Change. Five Plants that transformed mankind,* London 1985
Hoffmann, Sandra: *Absinth. Grüne Fee bei der Happy Hour,* Bonner General-Anzeiger, 08./09. 09. 2001
Hyman ,Mary u. Philip: *Mythen und Legenden. Hähnchen à la Marengo,* in: Slow, Nov. 1998
Ilgen, Volker: *Der süße Schnee,* in: Badische Zeitung (Zeitung zum Sonntag) 12. 9. 1999 (Freiburg)
Imhof, Paul: *Schnitzeljagd. Auf der Suche nach dem Urrezept des Cordon bleus,* in: Sonntagszeitung, 10. 01. 1999
Jenny, Fränzi/Gugger, Chris: *BASELexikon,* Basel 2001
Jöckle, Clemens: *Das große Heiligen-Lexikon,* München 1995
Kägi, Peter: *Die Pfirsiche der schönen Melba,* Au 1994
Kaltenbach, Marianne/Cerabolini, Virginia: *Aus Italiens Küchen,* Bern 1982
Kaltenbach, Marianne: *457 Saucen und Saucengerichte,* Luzern 1987
Karmasin, Helene: *Die geheime Botschaft unserer Speisen. Was Essen über uns aussagt,* Bergisch Gladbach 2001
Klever, Ulrich: *Köstliche Mix Getränke,* München 1987
Kluge, Friedrich: *Etymologisches Wörterbuch,* Berlin 1963
Krämer, Walter/Trenkler, Götz/Krämer, Denis: *Das neue Lexikon der populären Irrtümer,* München/Zürich 2000

Krämer, Walter/Trenkler, Götz: *Lexikon der populären Irrtümer,* Frankfurt a. M. 1996

Küng, Max: *Alles in Butter,* in: Das Magazin, Nr. 37, 16. 09. 2000

Küng, Max: *Der Hund ist eine Wurst,* in: Das Magazin, Nr. 39, 02. 10. 1999

Küster, Hansjörg: *Kleine Kulturgeschichte der Gewürze,* München 1997

Lämmel, Reinhard: *Ein guter Sachs' will genießen – nicht prassen ... Ein Gang durch die Historie der Sächsischen Essgewohnheiten,* Dresden 1997

Lebert, Norbert: *Kulinarische Rätsel,* Frankfurt a. M. 1998

Lechthaler, Ernst/Prost, Hans-Ulrich: *Die große Welt der Spirituosen,* Augsburg 1998

Lewinsky, Tamar: *Das Lexikon unbekannter Bekannter,* Frankfurt a. M. 1999

Liebster, Günther: *Warenkunde. Obst & Gemüse, Band 1, Obst,* Düsseldorf 1990

Liebster, Günther: *Warenkunde. Obst & Gemüse, Band 2, Gemüse,* Düsseldorf 1990

Lill, Peter M./Margraf, Ludwig: *Mythos Weißwurst,* München 1998

Lissen, Adrian/Cleary, Sara: *Tapas,* Köln 1995

Liu, Gretchen: *Raffles Hotel,* Singapore 1992

Lödige, Hartwig: *Ketchup, Jeans und Haribo,* Berlin 1998

Lorentz, Frank: *Die »grüne Fee« kehrt zurück,* in: Welt am Sonntag, 24. 06. 2001

Lüdecke, Barbara: *Speise wie ein König,* Stuttgart 1967

MacLean, Charles: *Malt Whisky,* München 1998

MacQuitty, Jane: *Champagner, Sekte, Schaumweine,* Bern 1987

Maier-Bruck, Franz: *Das Große Sacher Kochbuch,* Herrsching 1975

McGuigan, Dorothy Gies: *Familie Habsburg 1273–1918,* Bergisch Gladbach 1988

McNeill, Daniel: *Das Gesicht. Eine Kulturgeschichte,* Wien 2001

Metzger, Christine (Hrsg.): *Culinaria. Deutsche Spezialitäten,* Köln 1999

Meyer, Stefan: *Grüner Zauber,* in: Berliner Morgenpost, 19. 11. 2000

Microsoft® Encarta® 99 Enzyklopädie

Montagu, John Edward Hollister: *Schnittige Doppeldecker,* in: SonntagsZeitung, 10. 08. 1997

Nantet, Bernard: *Alles Käse,* Köln 1998

Neuberger, Günter: *Zum Beispiel Kaffee,* Göttingen 1991
Norman, Jill: *Das große Buch der Gewürze,* Aarau/Stuttgart 1998
Ott, Günter: *Und sie erlebten ihr grünes Wunder,* in: Augsburger Allgemeine, 22. 08. 2000
Pack, James: *Nelson's Blood: The Story of Naval Rum,* Annapolis 1982
Paczensky, Gert von/Anna Dünnebier: *Kulturgeschichte des Essens und Trinkens,* München 1999
Palmer, Alan: *Bismarck,* Bergisch Gladbach 1978
Panati, Charles: *Universalgeschichte der gewöhnlichen Dinge,* Frankfurt a. M. 1994
Panjabi, Camellia: *50 Great Curries of India,* London 1994
Parisi, Giuseppe: *Cuccina Italiana,* München 1987
Pauli, Eugen: *Lehrbuch der Küche,* Wiesbaden 1988
Perrier-Robert, Annie: *Bonbons und andere Süßigkeiten,* Köln o. J.
Peter, Charlotte: *Doktor Bircher hat aus fremden Töpfen genascht,* in: Sonntagszeitung, 17. 10. 1999
Pfeifer, Wolfgang: *Etymologisches Wörterbuch des Deutschen,* Berlin 1993
Pini, Udo: *Das Gourmet-Handbuch,* Köln 2000
Piras, Claudia/Medaglani, Eugenio (Hrsg.): *Culinaria. Italien,* Köln 2000
Pöllath, Josef K. (Hrsg.): *Hausbuch der Feste und Bräuche,* München 1993
Pollmer, Udo/Warmuth, Susanne: *Lexikon der Ernährungs-Irrtümer,* Frankfurt a. M. 2000
Polster, Bernd: *Westwind. Die Amerikanisierung Europas,* Köln 1995
Priewe, Jens: Wein. Die neue große Schule, München 1999
Quondamatteo, Gianni/Pasquini, Luigi/Caminiti, Marcello: *Mangiari di Romagna,* Bologna 1979
Rey, Alain: *Dictionnaire Historique de la Langue Française,* Paris o. J.
Rias-Bucher, Barbara: *Feste & Bräuche,* München 1999
Rieder, Marilise/Rieder, Hans Peter/Suter, Rudolf: *Basilea Botanica,* Basel/Boston/Stuttgart 1979
Ries, Harald: *Die grüne Fee,* in: Westfalenpost, 05. 08. 2000
Rock, Gini: *Aus der Bohne wird Kaffee,* Düsseldorf 1985
Rodenberg, Hans-Peter: *Ernest Hemingway,* Reinbek 1999
Rodger, N. A. M.: *The Insatiable Earl: A Life of John Montagu, Fourth Earl of Sandwich 1718–1792,* New York 1994

Röhrich, Lutz: *Das große Lexikon der sprichwörtlichen Redensarten,* Freiburg/Basel/Wien 1975
Root, Waverley: *Das Mundbuch,* Frankfurt a. M. 1994
Roth, Peter/Bernasconi, Carlo: *Das Jahrhundert-Mixbuch,* Niedernhausern 1999
Rückkehr der »grünen Fee«, in: Der Spiegel, 01.01.2001
Rumohr, Karl Friedrich von: *Geist der Kochkunst,* Frankfurt a. M. 1978 (Originalausgabe 1822)
Schäfke, Werner: *Normandie. Kunst-Reiseführer. Vom Seine-Tal zum Mont-Saint-Michel,* Köln 1997
Schendl, Anna: *Wiener Kochbuch und Wiener Küche im Spiegel der Zeit,* Diss. Wien 1960
Schilling-Strack, Ulrich: *Graf Sandwich schmiert jetzt Schnittchen,* in: General-Anzeiger Bonn, 22.11.2000
Schivelbusch, Wolfgang: *Das Paradies, der Geschmack und die Vernunft,* Frankfurt a. M. 1990
Schneider, Wolf: *Die Sieger. Wodurch Genies, Phantasten und Verbrecher berühmt geworden sind,* Hamburg o. J.
Schobert, Walter: *Das Whisky-Lexikon,* Frankfurt a. M. 1999
Schobert, Walter: *Malt Whisky Guide,* Weil der Stadt 1992
Schönfeldt; Sybil Gräfin: *Feste & Bräuche durch das Jahr,* Berlin 1999
Schraemli, Harry: *Das große Lehrbuch der Bar,* Luzern o. J.
Schraemli, Harry: *Von Lucullus zu Escoffier,* Bielefeld o. J.
Schramm, Karin: *Erotissimo Verführerische Rezepte aus dem Garten der Aphrodite,* Köln 1998
Schröder, Rudolf: *Kaffee, Tee und Kardamom,* Stuttgart 1991
Schumann's Barbuch, München 1984
Schumann's Tropical Barbuch, München 1986
Seidel-Pielen, Eberhard: *Aufgespießt – Wie der Döner über die Deutschen kam,* Hamburg 1996
Spode, Hasso: *Die Macht der Trunkenheit,* Opladen 1993
Stelzig, Matthias: Verflogener Rausch, in: Essen & Trinken, 05.01.2001
Stökl, Günther: *Russische Geschichte,* Stuttgart 1973
Tempestini, Marzia Moranti: *Nudeln,* München 1996
Teubner, Christian: *Das große Buch vom Käse,* Füssen 1999
Teubner, Christian: *Food. Die ganze Welt der Lebensmittel,* München 2001
Thieme, Wolf/Rockendorf, Siegfried: *Berlin kocht,* Münster 2000

Tilsiter Switzerland (Hrsg.), *Schweizer Tilsiter – von Natur aus gut,* Weinfelden 1996

Trefzer, Rudolf: *Revival des grünen Stinkers,* in: Die Weltwoche, Nr. 22, Zürich 2001

Treibstoff Alkohol. Die Dichter und die Flasche, du, 12/1994

Tröster, Christian: Das Koks der frühen Jahre, in: Die Woche, 27.07.2001

Uecker, Wolf: *Brevier der Genüsse,* München 1986

Uecker, Wolf: *Das Püree in der Kniekehle der Geliebten,* Frechen o. J.

Venohr, Wolfgang: *Fridericus Rex. Friedrich der Große – Porträt einer Doppelnatur,* Bergisch Gladbach 1986

Vierich, Askan: *Die Renaissance des Absinth,* in: zitty, 23/2000

Vogel, Benedikt: *Ein Berliner wird dreißig: Der Döner Kebab,* in: Basler Zeitung, 21.03.2001

Wallechinsky David/Wallace, Irving u. Amy: *Rowohlts Bunte Liste,* Reinbek bei Hamburg 1983

Walther, Rudolf: *Absinth. Im Land der grünen Fee,* in: Die Zeit Magazin, 12.04.1996

Zwahlen, W.: *Was ich vom Tilsiter-Käse in Ostpreußen weiß,* Bern 1966, Abschrift, Geschäftsstelle für Schweizer Tilsiter, Weinfelden

Zweifel, Edith: *Der Besuch der grünen Fee,* in: Essen & Trinken, 24/2001